COMENTARIOS

BÍBLICOS
CON APLICACIÓN

CARTAS
DE JUAN

Del texto bíblico
a una aplicación
contemporánea

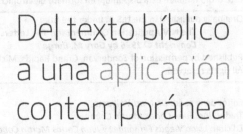

GARY M. BURGE

NVI℠

Vida

La misión de Editorial Vida es ser la compañía líder en satisfacer las necesidades de las personas, con recursos cuyo contenido glorifique al Señor Jesucristo y promueva principios bíblicos.

COMENTARIO BÍBLICO CON APLICACIÓN NVI: LAS CARTAS DE JUAN

Editorial Vida—©2012
blicado en Nashville, Tennessee, Estados Unidos de América.

Este título también está disponible en formato electrónico

Originally published in the U.S.A. under the title:
The NIV Application Commentary: The Letters of John
Copyright © 1996 by Gary M. Burge
Published by permission of Zondervan, Grand Rapids, Michigan.
All rights reserved.

Editor de la serie: *Dr. Matt Williams*
Traducción: *Juan Carlos Martín Cobano*
Edición: *Loida Viegas Fernández y Juan Carlos Martín Cobano*
Diseño interior: *José Luis López González*

CATEGORÍA: Comentario bíblico / Nuevo Testamento

A Donald Mitchell y LeRoy King
Ancianos sabios en la fe
que me guiaron al pasar
por dos importantes puertas.

Contenido

5

Introducción a la serie CBA NVI

10

Prefacio del editor

12

Prefacio del autor

15

Abreviaturas

16

Introducción a las Cartas de Juan

46

Bibliografía selecta

49

Texto y comentario de las Cartas de Juan

Introducción a la serie CBA NVI

Los *Comentarios bíblicos con aplicación* NVI (*CBA NVI*) son únicos. La mayoría de los comentarios bíblicos nos ayudan a recorrer el trecho que va desde el siglo XXI al siglo I. Nos permiten cruzar las barreras temporales, culturales, idiomáticas y geográficas que nos separan del mundo bíblico. Sin embargo, solo nos ofrecen un billete de ida al pasado y asumen que nosotros mismos podemos, de algún modo, hacer el viaje de regreso por nuestra cuenta. Una vez nos han explicado el *sentido original* de un libro o pasaje, estos comentarios nos brindan poca o ninguna ayuda para explorar su *significado contemporáneo*. La información que nos ofrecen es sin duda valiosa, pero la tarea ha quedado a medias.

Recientemente, algunos comentarios han incluido un poco de aplicación contemporánea como *una* de sus metas. No obstante, las aplicaciones son a menudo imprecisas o moralizadoras, y algunos volúmenes parecen más sermones escritos que comentarios.

La meta principal de los *Comentarios bíblicos con aplicación* NVI es ayudarte con la tarea, difícil pero vital, de trasladar un mensaje antiguo a un contexto moderno. La serie no se centra solo en la aplicación como un producto acabado, sino que te ayuda también a pensar detenidamente en el *proceso* por el que se pasa del sentido original de un pasaje a su significado contemporáneo. Son verdaderos comentarios, no exposiciones populares. Se trata de obras de referencia, no de literatura devocional.

El formato de la serie se ha concebido para conseguir la meta propuesta. El tratamiento de cada pasaje se lleva a cabo en tres secciones: *Sentido Original, Construyendo Puentes,* y *Significado Contemporáneo.*

Esta sección te ayuda a entender el significado del texto bíblico en su contexto del primer siglo. En este apartado se tratan —de manera concisa— todos los elementos de la exégesis tradicional, a saber, el contexto histórico, literario y cultural del pasaje. Los autores analizan cuestiones relacionadas con la gramática, la sintaxis y el significado de las palabras bíblicas. Se esfuerzan asimismo en explorar las principales ideas del pasaje y el modo en que el autor bíblico desarrolla tales ideas.[1]

Tras leer esta sección, el lector entenderá los problemas, preguntas y preocupaciones de los *primeros receptores* y el modo en que el autor bíblico trató tales cuestiones. Esta comprensión es fundamental para cualquier aplicación legítima del texto en nuestros días.

Como indica el título, en esta sección se construye un puente entre el mundo de la Biblia y el de nuestros días, entre el contexto original y el moderno, analizando tanto los aspectos circunstanciales del texto como los intemporales.

La Palabra de Dios tiene un aspecto *circunstancial*. Los autores de la Escritura dirigieron sus palabras a situaciones, problemas y cuestiones específicas. Pablo advirtió a los gálatas sobre las consecuencias de circuncidarse y los peligros de intentar justificarse por la ley (Gá 5:2–5). El autor de Hebreos se esforzó en convencer a sus lectores de que Cristo es superior a Moisés, a los sacerdotes aarónicos y a los sacrificios veterotestamentarios. Juan instó a sus lectores a "someter a prueba a los profetas" que enseñaban una forma de gnosticismo incipiente (1Jn 4:1–6). En cada uno de estos casos, la naturaleza circunstancial de la Escritura nos capacita para escuchar la Palabra de Dios en situaciones que fueron *concretas* y no abstractas.

No obstante, esta misma naturaleza circunstancial de la Escritura crea también problemas. Nuestras situaciones, dificultades y preguntas no están siempre relacionadas directamente con las que enfrentaban los primeros receptores de la Biblia. Por ello, la Palabra de Dios para ellos no siempre nos parece pertinente a nosotros. Por ejemplo, ¿cuándo fue la última vez que alguien te instó a circuncidarte, afirmando que era una parte necesaria de la justificación? ¿A cuántas personas de nuestros días les inquieta la cuestión de si Cristo es o no superior a los sacerdotes aarónicos? ¿Y hasta qué punto puede una "prueba" diseñada para detectar el gnosticismo incipiente, ser de algún valor en una cultura moderna?

---

1. Obsérvese, por favor, que cuando los autores tratan el sentido de alguna palabra en las lenguas bíblicas originales, en esta serie se utiliza el método general de transliteración en lugar del más técnico (el que utiliza los alfabetos griego y hebreo).

Afortunadamente, las Escrituras no son únicamente documentos circunstanciales, sino también *intemporales*. Del mismo modo que Dios habló a los primeros receptores, sigue hablándonos a nosotros a través de las páginas de la Escritura. Puesto que compartimos la común condición de humanos con las gentes de la Biblia, descubrimos una *dimensión universal* en los problemas a los que tenían que hacer frente y en las soluciones que Dios les dio. La naturaleza intemporal de la Escritura hace posible que nos hable con poder en cualquier momento histórico y en cualquier cultura.

Quienes dejan de reconocer que la Escritura tiene una dimensión circunstancial y otra intemporal se acarrean muchos problemas. Por ejemplo, quienes se sienten apabullados por la naturaleza circunstancial de libros como Hebreos o Gálatas pueden soslayar su lectura por su aparente falta de sentido para nuestros días. Por otra parte, quienes están convencidos de la naturaleza intemporal de la Escritura, pero no consiguen percibir su aspecto circunstancial, pueden "disertar elocuentemente" sobre el sacerdocio de Melquisedec a una congregación muerta de aburrimiento.

El propósito de esta sección es, por tanto, ayudarte a discernir lo intemporal (y lo que no lo es) en las páginas del Nuevo Testamento dirigidas a situaciones temporales. Por ejemplo, si la principal preocupación de Pablo no es la circuncisión (como se nos dice en Gálatas 5:6), ¿cuál *es* entonces? Si las exposiciones sobre el sacerdocio aarónico o sobre Melquisedec nos parecen hoy irrelevantes, ¿cuáles son los elementos de valor permanente en estos pasajes? Si en nuestros días los creyentes intentan "someter a prueba a los profetas" con una prueba diseñada para una herejía específica del primer siglo, ¿existe alguna otra prueba bíblica más apropiada para que podamos hoy cumplir este propósito?

No obstante, esta sección no solo descubre lo intemporal de un pasaje concreto, sino que también nos ayuda a ver *cómo* lo hace. El autor del comentario se esfuerza en hacer explícito lo que en el texto está implícito; toma un proceso que es normalmente intuitivo y lo explica de un modo lógico y ordenado. ¿Cómo sabemos que la circuncisión no es la principal preocupación de Pablo? ¿Qué claves del texto o del contexto nos ayudan a darnos cuenta de que la verdadera preocupación de Pablo está en un nivel más profundo?

Lógicamente, aquellos pasajes en que la distancia histórica entre nosotros y los primeros lectores es mayor, requieren un tratamiento más extenso. Por el contrario, los textos en que la distancia histórica es más reducida o casi inexistente requieren menos atención.

Una clarificación final: puesto que esta sección prepara el camino para tratar el significado contemporáneo del pasaje, no siempre existe una precisa distinción o una clara división entre esta y la sección que sigue. No obstante, cuando ambos bloques se leen juntos, tendremos una fuerte sensación de haber pasado del mundo de la Biblia al de nuestros días.

Significado Contemporáneo

Esta sección permite que el mensaje bíblico nos hable hoy con el mismo poder que cuando fue escrito. ¿Cómo podemos aplicar lo que hemos aprendido sobre Jerusalén, Éfeso o Corinto a nuestras necesidades contemporáneas en Los Ángeles, Lima o Barcelona? ¿Cómo tomar un mensaje que se expresó inicialmente en griego y arameo, y comunicarlo con claridad en nuestro idioma? ¿Cómo utilizar las eternas verdades que en su origen se plasmaron en un tiempo y una cultura distintos, en las parecidas, pero diferentes, necesidades de nuestra cultura?

Para conseguir estas metas, esta sección nos ayuda en varias cuestiones clave.

En primer lugar, nos permite identificar situaciones, problemas o preguntas contemporáneas que son verdaderamente comparables a las que la audiencia original hubo de hacer frente. Puesto que las situaciones de hoy rara vez son idénticas a las que se dieron en el siglo I, hemos de buscar escenarios semejantes para que nuestras aplicaciones sean relevantes.

En segundo lugar, esta sección explora toda una serie de contextos en los que el pasaje en cuestión puede aplicarse en nuestro tiempo. Buscaremos aplicaciones personales, pero nos estimulará, asimismo, a pensar más allá de nuestra situación personal, considerando cuestiones que afectan a la sociedad y a la cultura en general.

En tercer lugar, en esta sección seremos conscientes de los problemas o dificultades que pueden surgir en nuestro deseo de aplicar el pasaje. Y, caso de que existan varias maneras legítimas de aplicar un pasaje (cuestiones en las que no exista acuerdo entre los cristianos), el autor llamará nuestra atención al respecto y nos ayudará a analizar a fondo las implicaciones.

Para la consecución de estas metas, los colaboradores de esta Serie intentan evitar dos extremos. El primero, plantear aplicaciones tan específicas que el comentario se convierta rápidamente en un texto arcaico. El segundo, evitar un tratamiento tan general del sentido del pasaje que deje de conectar con la vida y cultura contemporáneas.

Por encima de todo, han realizado un esfuerzo diligente para que sus observaciones no suenen a perorata moralizadora. Los *Comentarios bíblicos con aplicación NVI* no pretenden ofrecerte materiales listos para ser utilizados en sermones, sino herramientas, ideas y reflexiones que te ayuden a comunicar la Palabra de Dios con poder. Si conseguimos ayudarte en esta meta, se habrá cumplido el propósito de esta serie.

Los editores

Prefacio del editor

Vivimos en una era en la que el discernimiento tiene una importancia mayor que nunca: discernimiento cristiano; discernimiento teológico; discernimiento basado en estándares bíblicos; discernimiento que mostrará el poco trecho que hay del exceso a la mezquindad, de la licencia al legalismo, de la innovación a la esterilidad. Frente a una cultura que nos bombardea con la sabiduría popular de que la diferencia entre lo verdadero y lo falso es una reminiscencia obsoleta del dualismo occidental, los cristianos no deben renunciar jamás a la necesidad de proclamar la diferencia entre lo que es correcto y lo que no. Las Cartas de Juan nos enseñan ese discernimiento.

Como el profesor Burge muestra en este comentario, la comunidad joánica estaba luchando con amenazas teológicas internas que no podemos llamar sino heréticas. "Amenazas que en otro tiempo eran externas" —creyentes en la sabiduría secreta esotérica, opiniones incorrectas sobre Jesús, conducta inmoral— "estaban ahora dentro de las filas de la propia comunidad". Juan, el autor de estas cartas, pide que los cristianos que lean esas palabras se den cuenta de que tienen una responsabilidad de discernir entre lo verdadero y el falso, entre el comportamiento cristiano y el que no lo es. Las cartas joánicas son un claro llamamiento a permanecer firmes a la revelación histórica de Jesucristo y a la encarnación.

Necesitamos el discernimiento tanto como los primeros lectores de 1 Juan, 2 Juan y 3 Juan, pero la necesidad adquiere una forma distinta en estos días. Vivimos en un momento entre cosmovisiones, un periodo vacío, de transición, entre el dominio ortodoxo y consensuado de un único sistema teológico y un todavía desconocido modo de abordar la verdad que se enfrentará (y finalmente derrotará) a esa poderosa convicción de que no hay una única verdad del evangelio. En este vacío ha irrumpido un aluvión de experimentos teológicos, tratando todos ellos de reconciliar la naturaleza eterna e inmutable de Dios con el enfoque en constante cambio de la vida cotidiana.

No nos equivoquemos. Este vacío es real, y producirá una forma nueva de abordar la teología respetuosa con el evangelio, una teología que reflejará la verdad escritural que no cambia. Pero, mientras tanto, brotarán un millar de teologías y tendrán su día bajo el sol. Como flores silvestres que salpican el actual desierto teológico, desplegarán una natural, aunque temporal, belleza. Tenemos que juzgar cuál va a durar.

Cada una de estas teologías silvestres tiene su valor. Son como la flora y fauna efímeras que brotan en sistemas ecológicos devastados por desastres como los incendios forestales. Mantienen el terreno hasta que las plantas mayores, más estables, tienen una oportunidad para volver a crecer. Cuando se derriba un edificio y se convierte en un solar, las hierbas y flores silvestres brotan antes del retorno de las otras especies más duraderas. La teología silvestre puede servir para un propósito similar, pero al final aparece su verdadera naturaleza de errores oportunos, y desaparecen.

Se marchitan, quiero decir, si nosotros como iglesia verdadera estamos haciendo nuestro trabajo, el del discernimiento teológico, una labor que en su esencia no ha cambiado desde el tiempo de Juan. Él enseñó que las varas de medir del verdadero discernimiento nunca cambiarán: la verdad revelada en la venida histórica de Jesucristo y todo lo que este glorioso hecho reveló, y en las valiosas tradiciones teológicas que han madurado en torno a ese acontecimiento. Estas son también nuestras varas de medir.

Al final prevalecerá una teología, una que lidie con la amenaza a la verdad que se remonta a la creación misma. Pero esta teología no vendrá sin arduo trabajo y algún riesgo. Gary M. Burge nos muestra cómo las Cartas de Juan pueden jugar un papel crucial en la tarea de discernir la verdad.

Terry C. Muck

Prefacio del autor

Hay pocos escritos en el Nuevo Testamento que nos fascinen como los de Juan. Los comentarios del Cuarto Evangelio, como los de Romanos, provocan un sorprendente interés entre eruditos y maestros de las Escrituras. En cierto sentido, nos parece que Juan ha demostrado cuál es el centro de la práctica y fe cristianas que describe una profundidad de comprensión y experiencia sin parangón en muchos otros escritores. No sorprende que en los concilios de la iglesia primitiva, como Nicea y Calcedonia, los teólogos mirasen a los escritos de Juan en busca de guía cuando discernían los contornos de la relación de Cristo y el Padre, y el significado de la encarnación.

Siento un especial interés por la literatura joánica desde principios de los ochenta, cuando escribí una tesis sobre la teología del Espíritu Santo en Juan (publicada en 1987 como *The Anointed Community The Holy Spirit in the Johannine Tradition* [La comunidad ungida: el Espíritu Santo en la tradición joánica]). Desde ese tiempo, los expertos en Juan han llegado a apreciar cómo el Evangelio y las cartas del apóstol brotan de una viva comunidad de cristianos que trabajaban para vivir y expresar su fe en un mundo que ya no congeniaba con ellos. Para algunos eruditos, esto significa poner en compromiso el carácter histórico del Evangelio de Juan, pero, para otros, significa descubrir un segundo nivel, más profundo, de significado para las palabras y relatos que hemos leído durante tantos años.

Las Cartas de Juan han recibido tradicionalmente una atención limitada. Para algunos cristianos, 1 Juan es una colección resumida y familiar de versos preferidos a los que volvemos cuando buscamos ánimo; es un *patchwork* de líneas memorables que nos hablan del perdón, de la verdad y, en particular, del amor. Las otras dos Cartas de Juan, por desgracia, han sido conducidas a la periferia de los escritos del Nuevo Testamento. Su brevedad y su carácter tan personal han hecho que no tengan un claro valor para el cristiano promedio.

Este comentario me ha desvelado el valor de las Cartas de Juan, porque revelan algo de la historia del cristianismo del principio. Cuando reconstruimos el mundo de las iglesias de Juan (uniendo el Cuarto Evangelio con sus cartas) y empezamos a ubicar esas epístolas en ese mundo, se abre ante nosotros un panorama totalmente nuevo. No se trata de una iglesia establecida en el relax y la calma; más bien es una iglesia que está luchando con el entorno intelectual de su día y con cuestiones de liderazgo y pensamiento internos. Juan escribe porque han surgido problemas: algunas personas han desafiado su liderazgo o han refutado las enseñanzas tradicionales acerca de Jesús. Y estas cuestiones hay que tratarlas.

Observar que podemos y debemos dejar a un lado la fantasía de una prístina y armoniosa comunidad cristiana primitiva refuerza nuestra confianza.. La iglesia —la de Juan y la nuestra— es tanto una creación *divina* como una institución *humana*. Y en el grado en que podamos valorar las luchas y victorias de Juan, aprenderemos cómo lidiar y vencer las luchas humanas de nuestras propias comunidades cristianas.

La comunidad cristiana en la que vivo ha contribuido a muchos de los pensamientos de este comentario. Wheaton College, con su rigor intelectual y su celo espiritual, refleja muchos de los altos ideales que la comunidad de Juan mantenía de corazón. Sus alumnos y profesores nunca cesan de ser ejemplos para mí de hombres y mujeres que desean con pasión "vivir en la luz", conforme a la visión de Juan (1Jn 1:7). La Glen Ellyn Covenant Church es otra comunidad, para mí, que sostiene una visión de la vida cristiana que combina con delicadeza los temas joánicos de la obediencia y el amor (3:18-24). David y Judy Smith, Lee y Ken Philips, Kaye y Wally Filkin, mi esposa Carol y yo, formamos nuestra propia comunidad en un grupo pequeño que estudió las Cartas de Juan durante un año. Los pensamientos y experiencias que compartimos aparecen a los largo de las secciones de aplicación del libro.

El equipo editorial de Zondervan y los editores generales de esta serie han proporcionado una ayuda incalculable. Jack Kuhatschek dio generosos consejos y ánimo en momentos críticos, y Verlyn Verbrugge, con su pericia editorial, mejoró el manuscrito en todas sus páginas. Marianne Meye Thompson y Terry Muck lo leyeron cuidadosamente y sugirieron mejoras sabias y lúcidas. Meredith Omland, que preparó el índice de citas bíblicas, merece un agradecimiento especial.

Por último, unas palabras para explicar la dedicatoria. En 1981, Donald Mitchell era presidente del King College en Bristol, Tennessee. En lo que debió de parecer una importante apuesta, le ofreció un trabajo a un recién doctorado. Siempre estaré agradecido por esa confianza. LeRoy King sigue sirviendo en Tennessee como representante de Eerdmands Publishing Company, un auténtico hombre del Renacimiento, con un gran amor por la literatura y la teología cristianas. Estoy agradecido por su esfuerzo y ánimo para publicar mi primer manuscrito. Los doctores Mitchell y King abrieron puertas que yo no podía abrir solo y se convirtieron en amigos a los que he llegado a admirar profundamente. El escritor de Hebreos pudo muy bien tener a estos hombres en mente cuando escribió, en Hebreos 13:7:

> Acuérdense de sus dirigentes, que les comunicaron la palabra de Dios. Consideren cuál fue el resultado de su estilo de vida, e imiten su fe.

Gary M. Burge

Otoño 1995

__Abreviaturas__

AB	Anchor Bible
BTB	*Biblical Theology Bulletin*
gr.	griego
ICC	International Critical Commentary
IVPNTC	InterVarsity Press New Testament Commentary
JSOT	Journal for the Study of the Old Testament
LXX	Septuaginta
MNTC	Moffatt New Testament Commentary
NICNT	New International Commentary on the New Testament
NIV	New International Version
NRSV	New Revised Standard Version
NTS	*New Testament Studies*
NVI	Nueva Versión Internacional
RevExp	*Review and Expositor*
RSV	Revised Standard Version
TDNT	*Theological Dictionary of the New Testament*
WBC	Word Biblical Commentary

Introducción a las Cartas de Juan

En las iglesias suele haber luchas. Incluso en las buenas. Lo que a simple vista parece ser una situación ideal y armoniosa puede esconder una congregación que tiene profundas luchas con cuestiones de misión, creencia y liderazgo. A veces el conflicto es evidente.

Por desgracia, con frecuencia idealizamos la época del Nuevo Testamento y sus iglesias. Fantaseamos acerca de cómo debía de ser la vida entonces. Por ejemplo, creemos que las congregaciones de Pablo, por regla general, se encontraban con que sus conflictos venían *de fuera de* su vida congregacional. Tal vez una sinagoga, como en Antioquía de Pisidia o Iconio (Hch 13:14), era la causante de los problemas de los seguidores de Pablo. O tal vez era un grupo rival de creyentes, otra "denominación", como los judaizantes que acosaban a sus iglesias de Galacia. Pero rara vez aceptamos la idea de que algunas de esas iglesias tuvieran sus luchas a nivel *interno*; que tuvieran a sus laicos en revuelta o a sus dirigentes en fracaso, o que sus ancianos rivalizaran por la autoridad del pastor, o que existiera verdadera confusión acerca de la fe y la práctica cristianas.

De forma ocasional se nos muestran vislumbres de tales luchas. La iglesia de Corinto, por ejemplo, tenía claramente problemas de liderazgo y misión. En 1 Corintios 1:10-17, al menos, lo tenemos muy presente. Igualmente, las persecuciones de los hostiles a Cristo (Fil 1:27-30) no originaron sencillamente la carta de Pablo a los Filipenses. Fueron también los informes sobre miembros de la propia iglesia que estaban enemistados entre sí, vivían de manera egoísta, discutían con agresividad y reflejaban muy poco del carácter de Cristo (2:1-8). Expresado con sencillez: Pablo tenía iglesias que se encontraban inmersas en una conducta seriamente destructiva.

Estoy convencido de que las iglesias lideradas por el apóstol Juan tenían luchas semejantes. Y las Cartas de Juan, en particular la primera, son documentos que ayudan a entender unos años difíciles de dirección pastoral. Por ejemplo, 1 Juan 2:18-19 da a entender que la iglesia destinataria de esta carta se había dividido; algunos miembros habían dejado la congregación armando alboroto. Juan llega a usar el término "anticristo" para describir su conducta. Pero la lucha no termina ahí. Estos exmiembros descontentos seguían tirando de la iglesia.[1] Seguían una política de muy mal gusto. Halagaban a los miembros fieles de Juan para que salieran y se unieran a la revuelta (2:26). Juan no escatima los términos al criticar a esas personas. Los llama "hijos del diablo" (3:10).

En este comentario nos comprometemos a establecer un puente entre el trasfondo del texto bíblico y el contexto en que vivimos hoy. En el pasado, yo daba valor a las Cartas de Juan como fuente de exhortación y ánimo personal. Sigo dándoselo. Igual que el Cuarto Evangelio, estas cartas —en particular 1 Juan— están repletas de pensamientos memorables que parecen atemporales. Sin embargo, en años recientes ha habido gran aportación para reconstruir el probable entorno de estas cartas y desvelar las circunstancias que las hicieron nacer. Descubrir el contexto original les ha dado, para mí, una relevancia sin parangón para la iglesia moderna. *En otras palabras, el contexto joánico puede unirse con un puente al nuestro, porque su entorno es profundamente similar al de nuestro mundo de hoy.*

Hace poco estuve en un retiro de hombres, pensando que la mayoría serían laicos de nuestra iglesia. Pero la primera mañana, enfrente de mí estaba sentado un ministro de una denominación protestante tradicional —debería decir "exministro"— al que habían "echado de su iglesia" (según sus palabras). Un círculo de ancianos que se atribuía la inspiración del Espíritu había desafiado su autoridad y echado abajo su ministerio. Afirmaban conocer nuevas cosas sobre el Señor y el Espíritu, y con su capacidad de persuasión se ganaron a la mayoría de la congregación. El pastor se había convertido en una víctima de las muchas refriegas letales de cada semana.

Las epístolas de Juan saben de conflicto y lucha. Nacieron en medio de intensa controversia. En sus páginas, Juan se esfuerza por dar guía; al hacerlo, nos dibuja un panorama general de lo que debería ser el pensamiento y la conducta del cristiano normal cuando la vida congregacional se pone difícil. Pero eso no significa necesariamente que tengamos que estar en crisis para apreciar las palabras de estas cartas. *Aunque el contexto original pueda haber sido de conflicto, no obstante, la sustancia de la respuesta de Juan al mismo tiene valor para muchas otras situaciones.* La vida en comunidad es a menudo desafiante y a veces difícil. Juan nos proporciona pautas que nos ayudan a evaluar la

---

1. Para nosotros es difícil saber si las Cartas de Juan representan sus comentarios a una sola congregación o a un grupo de iglesias plantadas por el apóstol. Me inclino a pensar esto último.

calidad de nuestra vida en común mientras intentamos construir el tipo de comunidades cristianas que, sin duda, tenía Juan en su visión.

Cuestiones atemporales de Juan

Desafortunadamente, muchos comentarios de estas cartas intentan reconstruir las cuestiones de tiempos antiguos sin traer sinceramente sus preocupaciones a nuestra propia generación. Estoy convencido de que estas epístolas tienen mucho que decir cuando traemos sus temas del primer siglo hasta el nuestro. Se me ocurren muchos de inmediato:

Manejar conflictos. ¿Hay límites para disentir en una congregación? ¿Qué hacen los responsables cuando los miembros deciden que el discurrir habitual de la iglesia ya no les satisface? ¿O qué pasa si el rumbo de la teología ortodoxa se cataloga como arcaico? ¿Qué ocurre cuando la disensión se hace tan ácida y corrosiva que divide inevitablemente a la congregación? ¿Qué se espera que haga el pastor? Juan se encontró en esa misma tesitura.

Tensiones carismáticas. Cuando lo que alimenta el debate son las afirmaciones de haber tenido nuevas experiencias y revelaciones en el Espíritu de Dios, los conflictos se vuelven mucho más intensos. ¿Cómo enfrentarse a las enseñanzas erróneas cuando se *apoyan en afirmaciones de autoridad espiritual*? ¿Cómo podemos capacitar espiritualmente a creyentes sinceros para que no caigan en las garras de los que socavan irresponsablemente la autoridad pastoral? Los que se oponían a Juan decían estar llenos del Espíritu, y esa inspiración era la base de sus quejas.

Probar la fe auténtica. Muchas personas afirman hoy ser cristianas e incluso adoptan una fe que dice: "Jesús es el Hijo de Dios". ¿Pero qué ocurre cuando al comprometer la doctrina parece cambiarse qué es lo que estas personas creen en realidad? ¿Tiene la fe cristiana una carga de contenido —no una mera experiencia o sentimiento— que no puede someterse a concesiones? ¿Qué es doctrinalmente *esencial* para la fe cristiana? Hoy vivimos en un mundo de vindicaciones de verdad religiosa que compiten entre sí, y el sustantivo "herejía" es una palabra que no nos gusta usar ya. Los opositores de Juan dirían sin problemas que eran cristianos, pero le habían dado a la doctrina cristiana un giro que el apóstol consideraba del todo detestable. ¿Deberíamos ser nosotros tan intolerantes —incluso ásperos— como Juan al enfrentarnos a esas perspectivas?

Probar la conducta cristiana. ¿Qué sucede cuando personas que tienen una cristalina ortodoxia siguen un estilo de vida que te hace preguntarte si la fe cristiana ha tocado siquiera sus vidas personales? ¿Y si su conducta, actitudes o decisiones éticas son absolutamente ajenas al discipulado en Cristo? ¿Exige la fe cristiana que la conducta en ella sea válida? O, mejor aún, ¿es apropiado medir la sinceridad de la fe de alguien mirando la manera como se comporta en la comunidad y en el mundo? Los contrarios de Juan estaban amenazando a su congregación. ¿Esa conducta invalidaba su afirmación de ser cristianos? Si era así, ¿cómo identificar esa conducta sin volvernos legalistas?

¿Es el amor el valor más importante? Todo el mundo sabe que Primera de Juan afirma una y otra vez la importancia del amor y la aceptación en una comunidad cristiana. Pero en la actualidad se ha suscitado una cuestión más desconcertante: ¿Deberían ser el amor y la tolerancia la prueba determinante de una teología aceptable? ¿Ya no hay lugar para serios (o graves) desacuerdos doctrinales? Mis colegas presbiterianos están luchando con esto mientras escribo. Por ejemplo, los que asumen una lectura "literal" de la Biblia sostienen que la homosexualidad es una forma de vida inaceptable y que los que son miembros declarados y activos de la comunidad gay no deben ser ordenados. Otros, en la denominación presbiteriana PCUSA, tachan esa actitud de "golpear al gay" de ser una "grave distorsión de la enseñanza y la lógica cristianas" que niega el mandamiento bíblico de amar y respetar las diferencias entre los hijos de Dios.[2] ¿Es que el amarnos unos a otros implica que no debamos atrevernos a ser inflexibles en algunas posturas teológicas?

La historia de la iglesia de Juan

Los eruditos actuales rara vez consideran la literatura joánica[3] como resultado de un autor sin un contexto histórico. De hecho, elaboradas teorías han intentado reconstruir el contexto exacto de los cristianos a quienes pertenecía esta literatura, para ayudarnos a entender mejor sus convicciones. Para las iglesias de Pablo, esa historia nos ayuda a conocerla Lucas, quien redactó los Hechos, dándonos así un marco cronológico para situar a Pablo y sus cartas. Así, por ejemplo, la lectura de

---

2. A E. Crouch, R. A Crouch, y P. D. Crouch, "Silence Would Mean Betrayal", *Monday Morning* ([publicado por Church Vocations Unit, The Presbyterian Church, USA], 22 marzo 1993), 11.

3. Al hablar de *literatura* joánica me refiero al Evangelio de Juan y sus tres Epístolas: 1, 2 y 3 de Juan. Muchos eruditos incluyen también el libro de Apocalipsis. A mí me parece fuera de toda duda que el mismo autor escribió el Evangelio y las tres Epístolas.

Hechos 15 nos ayuda muchísimo a entender la profundidad de los sentimientos de Pablo en Gálatas.

La literatura joánica no cuenta con tal cronología. Sin embargo, podemos asumir con seguridad que no surgió en un vacío, sino que cristianos de congregaciones vivas leían y veneraban esos documentos. Tampoco es descabellado asumir que el propio apóstol Juan —el apóstol, hijo de Zebedeo, uno de los Doce— fue un pastor evangelista que levantó iglesias en el mundo mediterráneo y fue custodio de las tradiciones acerca de Jesús.[4] Si es así, podemos plantearnos si la literatura que sobrevivió a esa comunidad, los documentos bíblicos que poseemos hoy, no tienen cierta carga de evidencias del carácter de aquellos cristianos. Toda literatura nos cuenta algo de su autor y destinatarios.[5] Y en ocasiones, cuando los fragmentos de esa literatura se comparan con cuidado, aprendemos más: nos cuentan algo acerca del desarrollo del pensamiento entre los seguidores de Juan, así como de sus pasiones, sus guerras e incluso su historia.

La incipiente comunidad de Juan[6]

Las tradiciones más antiguas indican que Juan estableció iglesias en Éfeso. Eusebio, el historiador del siglo IV, cita a Ireneo (130-200 d.C.), obispo de Lyon (Francia), quien nos cuenta que Juan era una figura eclesiástica principal en Asia Menor (la Turquía actual). Personas del clero de toda la región se desplazaban a Éfeso solo para aprender de Juan y escuchar sus relatos acerca de Jesús. ¿Cómo lo sabía Ireneo? Dice que fue confirmado por Policarpo, obispo de Esmirna, quien, *en su juventud, fue instruido por Juan.*[7] Asimismo, Eusebio ha conservado también una carta del obispo de la misma Éfeso (Polícrates), en la que

---

4. El vínculo entre el apóstol Juan y la literatura joánica es complejo, pero no serviría al propósito de este libro desarrollarlo aquí. En otro lugar he demostrado que la integridad de esa antigua tradición es bastante razonable. Véase G. M Burge, *Interpreting the Gospel of John* (Grand Rapids: Baker, 1992), 37-54.

5. Incluso la literatura moderna (además de libros, películas y revistas) revela los valores y la cultura de sus usuarios.

6. Varios eruditos han tratado de reconstruir la historia de la iglesia de Juan, valiéndose de los documentos del Antiguo Testamento. Ver R. E. Brown, *The Community of the Beloved Disciple* (New York: Paulist, 1979), J. L. Martyn, *History and Theology in the Fourth Gospel*, 2ª ed. (Nashville: Abingdon, 1979); O. Cullmann, *The Johannine Church* (Philadelphia: Westminster, 1975). Brown revisa sus opiniones en su propio comentario *The Epistles of John* (AB 30; New York: Doubleday, 1982), 69-115.

7. El texto completo de Ireneo se cita en G. M. Burge, *Interpreting the Gospel of John*, 46-50.

el obispo nos cuenta que Juan, el que se recostó junto al Señor en la Última Cena (Jn 13:25), estaba enterrado en Éfeso. En la actualidad, sigue habiendo dos tumbas en esa antigua ciudad que afirman ser el lugar donde Juan fue sepultado.

Aunque la iglesia de los primeros tiempos era famosa por sus imaginativas tradiciones acerca de los apóstoles, muchos expertos consideran que estos relatos no figuran entre dichas tradiciones.[8] Juan fue un pastor, uno de los principales, cuyos recuerdos de Jesús y cuya recopilación de enseñanzas del Maestro le otorgaron un valor único en la antigüedad.

La comunidad de creyentes de Juan vivía en las fronteras del judaísmo. Su iglesia era heterogénea: los judíos que se habían pasado al mundo griego vivían al lado de los griegos que no sabían nada del Antiguo Testamento.[9] Lo que tenían en común era una firme lealtad a Jesús, su Mesías, y Juan era su líder. Y pese a que Juan y su "mensaje cristiano" estaban arraigados en el judaísmo, era natural que esta comunidad pudiera vivir en estrecho contacto con las sinagogas de su ciudad. De hecho, es aquí, en esta relación con la sinagoga, donde se forjó el "relato" de la comunidad joánica.

El Cuarto Evangelio

El Evangelio de Juan es resultado del ministerio de Juan. Por eso fundamenta reiteradamente su mensaje en su testimonio presencial (Jn 19:35; 20:24). Su texto nos habla de Jesús, desde luego; pero más que eso, la manera en que se estructura su mensaje nos habla acerca de su autor y sus destinatarios. Por ejemplo, explica por qué una y otra vez el Evangelio se refiere a "los judíos" como si fueran los opositores de la iglesia (ni Pablo ni Lucas escriben en ese tono).[10] Aunque algunos han criticado el Nuevo Testamento, sobre todo el Cuarto Evangelio, por antisemita, esa perspectiva no es fiel al singular marco histórico y cul-

---

8. Hay otros relatos ficticios, como el apócrifo del siglo III *Hechos de Juan* y la rara obra siriaca *Historia de Juan*. Los dos hacen ficción sobre la vida del apóstol. Algunos discuten, sin embargo, si hasta lo que escribe Eusebio es de buena fuente. Otro escritor, Papías, menciona a un "anciano Juan" y hay debate acerca de si es el mismo Juan apóstol o algún otro Juan de la iglesia antigua.

9. Es difícil saber si deberíamos entender que la comunidad joánica consistía en una sola iglesia doméstica o en una cantidad de congregaciones relacionadas bajo la dirección de Juan. Dada la amplia distribución de las iglesias de Pablo, me inclino por lo segundo.

10. El Cuarto Evangelio hace referencia a "los judíos" sesenta y cuatro veces. Mateo se refiere a ellos en cuatro ocasiones, Marcos y Lucas, cinco veces cada uno.

tural de esos escritos. En sus primeros días, la congregación de Juan se sentía bajo asedio: enemigos externos, especialmente de la sinagoga, discutían con ellos. Esto explica también la importancia de la extensa historia de Juan 9, donde la expulsión del ciego de la sinagoga podía haber tenido gran significado para los seguidores judíos de Juan que habían sufrido esa misma expulsión.

En sus más tempranas etapas, esta comunidad estaba desarrollando una perspectiva de división: el mundo de fuera de la iglesia era un lugar de oscuridad, persecución y confusión. En la oración de Jesús, en Juan 17, no hay ni una mención a Jesús orando por el mundo; ora únicamente por la supervivencia y el éxito de sus seguidores. Sobre todo, las historias de mayor significado para la comunidad acabaron en el archivo joánico sobre Jesús: luchas con los dirigentes judíos (véase Jn 5, 8, 9 y 10), la permanente relevancia de festividades judías como la Pascua (véase Jn 6) y la importancia constante de Juan el Bautista (1:35-51; 3:22-36), por citar algunas. Sabemos, por ejemplo, que en Éfeso había una comunidad cuyos miembros seguían a Juan el Bautista pero no a Jesús (Hch 19:1-7). ¿Había discusión con ellos? ¿Les animaba un relato como Juan 1:35-51 a unirse a los seguidores de Jesús?

En esos primeros tiempos, puede que el Cuarto Evangelio hubiera sido una colección suelta de historias que contaba Juan. Incluso puede que concluyese sin el capítulo 21 (nótese que el cap. 20 tiene su final natural). Asimismo, este Evangelio temprano tal vez no contuviera su singular prólogo (1:1-18), de modo que contaría con un punto de partida como el de Marcos, donde el personaje de introducción es Juan el Bautista. Eran los años de formación de la comunidad, cuando las preciadas historias sobre Jesús se estaban conservando y puliendo, cuando se estaba escribiendo una colección de los mejores recuerdos y relatos personales de Juan.

Sin duda, era un Evangelio del que sentirse orgulloso. Elevaba a Jesús a un estado superior y mostraba cómo estaba por encima de los esfuerzos de Moisés (para los polemistas judíos) y llevaba a cumplimiento las diversas festividades judías, como los Tabernáculos, la Pascua, el sabbat, y se convertía claramente en su sustituto. El Evangelio de Juan aportaba abundante enseñanza de las palabras de Jesús que predecían el tipo de persecución que la iglesia estaba teniendo, pero también prometía una intimidad con Cristo que convertía en nada esos sufrimientos. Era un Evangelio que describía al Espíritu Santo con detalle, que hablaba de la conversión como "nacer de nuevo", "beber del agua viva" y "comer el pan de vida". Era este un Evangelio que alentaba a tener una profunda relación con Dios y podía inspirar las fantasías de aquellos creyentes inclinados a las experiencias místicas de la fe.

En efecto, el Evangelio de Juan era un *Evangelio para dar fuerza*, que dio forma a la comunidad cristiana de tal modo que pudiera esperar experiencias espirituales dinámicas. ¡Jesús y el Padre moraban juntos dentro de estos creyentes espiritualmente renacidos (Jn 14:23)! ¡Ningún otro Evangelio se expresa así! El Espíritu Santo prometía proporcionarles poderes increíbles: poder para recordar las palabras de Jesús (14:12), para hacer milagros incluso mayores que los de Jesús (14:12), para orar y tener respuesta (14:13-14) y para enfrentarse a un mundo hostil (16:7). Hasta tenían el poder de perdonar el pecado (20:23). Ante todo, el Espíritu les dio el poder de la *profecía*, para seguir hablando con la voz de Jesús, desvelando *nuevas cosas* no reveladas en la Escritura (16:13).

El Evangelio de Juan sugiere que su comunidad era una *comunidad pneumática*. Hoy podríamos llamarla una *comunidad carismática*. Esto no significa que la literatura joánica provea un detallado desarrollo de los dones espirituales como hace, por ejemplo, Pablo en 1 Corintios 12–14. No hay evidencia de que los cristianos seguidores de Juan hablasen en lenguas (aunque no deja de ser plausible). Más bien, la literatura joánica evidencia una comunidad atenta a la centralidad del Espíritu y dispuesta a experimentarlo en su plenitud. En resumen, la teología joánica estableció el contexto en el que florecería un cristianismo pneumático/carismático.

Caos y conflicto

Pero solo podemos especular acerca de si ocurrió algo grave en una etapa posterior de la vida de la iglesia. La antes unida congregación empezó a dividirse desde dentro. Las amenazas que antes eran de afuera ahora se encontraban en las filas de la propia comunidad. Para Juan debió de haber sido una crisis que no podemos ni imaginar. En 1 Juan 2:18 llega a decir que es el "último tiempo" para la comunidad.

¿Quiénes eran los de la disensión? En seguida esbozaremos sus creencias y hablaremos, como especulación, acerca de quiénes eran. Pero de momento debemos bosquejar el papel que desempeñaban. Básicamente, se trataba de un grupo selecto de cristianos joánicos que conocían bien el Cuarto Evangelio, afirmaban estar inspirados por el Espíritu y ponían en entredicho la manera como Juan entendía la persona y obra de

Jesucristo.[11] Y parece ser que estaban teniendo éxito. La comunidad se estaba dividiendo, se estaban intercambiando palabras duras, y el vocabulario que en el Cuarto Evangelio se reservaba para los "del mundo" se estaba ahora dirigiendo a otros cristianos dentro de la iglesia.

Nuestras pruebas de esta división se encuentran en la respuesta de Juan a la crisis: su primera epístola. En sus páginas tenemos evidencias de un serio conflicto social: la dolorosa salida del grupo (1Jn 2:19-26) y las advertencias contra "engañadores" y "mentirosos" que torcían la verdad de Cristo (2:22; 2Jn 7). Además, se estaban librando graves polémicas teológicas (1Jn 5:58) entre maestros que afirmaban estar llenos de la inspiración del Espíritu Santo (2:20-21; 4:1-6). El reiterado énfasis de la carta en el amor nos da una idea de lo grave y desesperada que era la situación.

El experto en Juan, Raymond Brown, cree que en ese momento el Evangelio de Juan pudo haber pasado una revisión para corregir algunos de sus puntos mal entendidos.[12] Por ejemplo, se enriqueció el Evangelio con el prólogo (Jn 1:1-18) que enfatiza la plena encarnación de Jesús (v. 14). Estos versículos introductorios tienen un parecido poco normal con los versículos de apertura de la primera carta de Juan (1Jn 1:1-4). Es posible que el hecho que inspiró esta "redacción" del Evangelio fuese la muerte de Juan. El capítulo 21 da a entender que el apóstol ha muerto, pese a que su comunidad creía que iba a sobrevivir hasta la Segunda Venida de Cristo (véase Jn 21:20-25). De hecho, cuando los discípulos de Juan compusieron la historia que su líder había hecho de Cristo, le pusieron un título venerable que le haría famoso: el discípulo amado (13:23; 19:26; 20:2; 21:7, 20). Juan no se llamó a sí mismo de esa manera; fueron sus seguidores los que le pusieron ese nombre.

Por tanto, podemos ver la secuencia literaria de esta manera: (1) Un borrador inicial del Cuarto Evangelio que circula extensamente y es objeto de mala interpretación. (2) Juan escribe sus cartas y redacta un prólogo para el Evangelio. (3) Juan muere y sus seguidores publican la versión definitiva del Evangelio (que incluye el prólogo y el capítulo 21), a la vez que organizan y conservan sus cartas.

---

11. Hay numerosas teorías para identificar a estos oponentes de otras maneras. Algunos han sostenido que eran judíos que se oponían al carácter mesiánico de Jesús (como los adversarios judíos en el Evangelio de Juan). Otros han aducido que serían cristianos judíos que se habían apartado, y que las cartas prosiguen la polémica del Evangelio de Juan. Para un bosquejo de las opiniones de los eruditos, ver Brown, *The Epistles of John*, 49-55.

12. Ver Brown, *The Community of the Beloved Disciple, The Epistles of John*, 73-86.

En otras palabras, podemos decir que, en algunos aspectos, las Cartas de Juan son una respuesta escrita en medio de la polémica con los que podrían estar interpretando un primer borrador del Cuarto Evangelio. Para algunos, las cartas sirven como una especie de comentario del Evangelio. Hay otros que las describirían como un "epílogo" al Evangelio, diseñado para circular con el mismo, de modo que no se llegase a las interpretaciones erróneas. Stephen Smalley prefiere describir la primera carta de Juan como un *artículo* que:

> ... se dispone a exponer la enseñanza e ideas de Juan, ya conservadas en la tradición y teología del Cuarto Evangelio, para que sirva a los miembros heterodoxos de la comunidad de Juan que debían mucho a la enseñanza del Evangelio, pero que la estaban entendiendo de manera diferente y, por tanto, errónea.[13]

El destino de la iglesia

Pero la iglesia joánica no iba a sobrevivir al conflicto. La iglesia se dividió, unos líderes fuertes condujeron a la iglesia por el camino del gnosticismo y el docetismo, mientras los discípulos de Juan se mantuvieron en comunión con las otras iglesias neotestamentarias de Pablo y los apóstoles. Los más tempranos comentarios de Juan (por ej., Heracleón) los escribieron los gnósticos, y esto da muestra de cómo abrazaron los círculos heréticos este Evangelio. Y la iglesia ortodoxa (la "Gran Iglesia", como Brown la llama) no adoptó ese Evangelio sin reticencias. Los enemigos gnósticos de la iglesia lo estaban usando (o una versión del mismo). *Como creen muchos eruditos, fueron las Cartas de Juan, especialmente la primera, las que redimieron el Cuarto Evangelio para el Nuevo Testamento que hoy tenemos.*

¿Fue Juan un pastor de éxito?

Esta es una pregunta muy interesante. Según los patrones modernos, si la reconstrucción histórica que presentamos es correcta, Juan no llegó a edificar el tipo de iglesia que hoy apreciamos mejor. Su congregación no creció y prosperó. La iglesia de Pablo y Bernabé en Antioquía llegó a ser una megaiglesia. Era grande, rica e influyente, y enviaba misioneros por el Mediterráneo. Incluso eruditos bíblicos famosos de siglos

---

13. S. Smalley, *1, 2, 3 John* (WBC 51; Waco, Tex. Word, 1984), xxvii. Smalley señala numerosos paralelismos entre 1 Juan y el discurso de despedida del Evangelio (Juan 14-17).

posteriores (como Diodoro y Luciano) procedían de esas iglesias. Durante seiscientos años (hasta las conquistas de los omeyas musulmanes), Antioquía proporcionó liderazgo teológico y pastoral al mundo cristiano.

Pero no se puede decir lo mismo de la obra de Juan. La comunidad joánica desaparece en la historia. Sin herencia. Sin constancia escrita. Sin fama. La controversia se iba cerniendo sobre sus escritos conforme iban siendo tergiversados por sus opositores. De modo que sigue vigente la cuestión: ¿Fue Juan un pastor de éxito? Juan fue un *pastor fiel* que se encontró llevando el timón de su congregación a través de una tormenta imposible. Y cuando hacían daño a su comunidad, él ponía en su liderazgo el toque de distinción del buen juicio y la discreción. Con la ayuda del Espíritu y un profundo estudio cultivó atinados instintos teológicos que le fueron de mucha ayuda en la batalla. Sabía cuáles eran las cuestiones realmente esenciales para la fe. Sabía dónde no podía hacer concesiones. También poseía una aguda visión acerca de qué hacía falta para tener una comunidad cristiana vital. Juan no quería una iglesia que fuese ortodoxa sin amor, como tampoco quería una iglesia que representase erróneamente a Jesucristo. Él quería tanto sana doctrina como vibrante comunidad, y se negó a conformarse con menos.

Juan era fiel porque sabía cómo permanecer firme en lo que era esencial. Su compasión por su congregación ardía con la misma intensidad que su furia contra los que la estaban devorando. En un abrir y cerrar de ojos podía hablar de sus "hijitos" y después castigar a sus opositores como "hijos del diablo".

Los opositores de Juan

¿Quiénes eran estos opositores a los que Juan se enfrentaba? ¿Cuáles eran los temas de su polémica? Es prácticamente imposible mencionarlos específicamente o rotular su "movimiento" (aunque algunos expertos han intentado hacerlo). Lo que podemos hacer es esbozar sus creencias, esbozando la información que Juan nos ha dado en sus cartas. Pero déjenme decir, para empezar, que esta es una empresa difícil. Los escritores rara vez prestan una completa atención a las opiniones de sus oponentes, y no tenemos información de primera mano de los adversarios de Juan. *Ninguno de los escritos de ellos ha sobrevivido.* Es más, a veces, Juan se opone en sus cartas a cosas que tal vez no estuvieran en el programa de sus oponentes. Por ejemplo, en 1 Juan 4:18 dice que donde hay amor no hay temor, porque el amor perfecto echa fuera el temor. Juan tal vez estuviera aprovechando una oportunidad para reprender a sus seguidores, no se estaría dirigiendo *necesariamente* a cualquier otra persona.

Pero es importante que nos esforcemos por descubrir el contexto que obligó a Juan a escribir las cartas que tenemos hoy. Si lo hacemos concienzudamente, podemos captar las pistas que se nos dan en estas cartas y compararlas con las distorsiones doctrinales que según sabemos existían en la antigüedad. Entendiendo a sus oponentes, podemos entender mejor al propio Juan y reflexionar sobre sus temas.

Este era un periodo difícil en la historia cristiana, cuando los límites entre la ortodoxia y la herejía no estaban claros. No había credos ni concilios eclesiales. Ni siquiera había una colección de libros llamada el Nuevo Testamento que se pudiera utilizar como árbitro en las disputas teológicas. Pero Juan retorna a dos temas principales de forma reiterada en su redacción. La cristología y la conducta ética.[14] Y es probable, como veremos, que ambas estén íntimamente conectadas. Los secesionistas habían adoptado una aberrante forma de cristología que les llevaba a realizar juicios erróneos acerca de la vida cristiana.

Cristología

En la mayoría de disputas teológicas suele estar lo que uno piensa acerca de Jesús. Juan dice que sus opositores sostenían las siguientes creencias:

- Negaban al hijo (1Jn 2:23)
- Negaban que Jesucristo hubiese venido en carne (4:2; 2Jn 7)
- Negaban que Jesús sea el Cristo (1Jn 2:22)

Estas declaraciones podrían compararse con declaraciones de las cartas que sirven de fundamento para la propia cristología de Juan. Es probable que estos versículos estuviesen también conectados con el error cristológico de sus oponentes.

- *Jesús* es el Cristo (5:1)
- Jesucristo ha venido en carne (4:2)

---

14. Estos dos temas principales han dejado algunas, como S. Smalley, "What About 1 John?", *Papers on Paul and Other New Testament Authors*, ed. E. A. Livingstone (JSOT Supp Series 3, Sheffield JSOT, 1980), 337-43; y J. Painter, *John, Witness and Theologian* (London SPCK, 1978), para especular que Juan se opone en realidad a dos diferentes grupos en esta carta. Pero esas teorías han encontrado poca aceptación. Ver I. H. Marshall, *The Epistles of John* (Grand Rapids Eerdmans, 1978), 16-17.

- *Jesús* es el Hijo (2:23; 3:23; 5:11) o el Hijo de Dios (1:3, 7; 3:8, 23; 4:9, 10, 15, etc.)
- Jesucristo vino "mediante agua y sangre" (5:6)

De estas afirmaciones empieza a surgir la composición de una imagen de los opositores de Juan. Sin duda eran cristianos que habían comenzado a desviarse de la forma recibida por tradición, de entender quién era Jesucristo. Afirman la idea de Cristo, pero dudan acerca de si se hizo carne y de si Jesús hombre era en realidad la encarnación de Dios.

En la actualidad, muchos expertos han llegado a la conclusión de que los opositores de Juan adoptaron una "alta cristología" que elevaba la divinidad de Cristo en detrimento de su humanidad. El mundo helenista sostenía, por lo general, un cosmos habitado por numerosas deidades. Era fácil elevar a Cristo a su compañía, dada la visión tolerante y sincretista de entonces. No obstante, este mismo mundo helenista tenía predisposición a rechazar que tales divinidades entrasen de manera material en nuestro mundo. Usando una perspectiva dualista, Cristo estaba separado del mundo, puesto aparte con las divinidades del cielo, y dejado allí para gobernar. Una variante cristiana de esta perspectiva decía que Cristo podía haber "parecido" (gr. *dokeo*; de donde viene docetismo) aparecer en la carne, pero sin hacerlo realmente. Para ellos, la idea de que Cristo pudiese aparecer "en carne" era ridícula, por no decir detestable.[15]

Si la vida terrenal de Jesucristo resultaba ahora irrelevante, estas personas seguían afirmando tener acceso inmediato a Dios. En su opinión, habían ido más allá de la enseñanza ortodoxa elemental y básica del cristianismo e, inspirados por el espíritu, ahora podían conocer a Dios directamente. I. Howard Marshall los describe con acierto: "Eran como hombres derribando de una patada la escalera en la que habían subido a las alturas, de manera que se quedaban sin ningún apoyo visible".[16] Se estaban deshaciendo del evangelio que había dado a luz a su fe. En 2 Juan 9 dice que no permanecen en la enseñanza de Cristo, *sino que van más allá de ella*.[17]

Esta tendencia a dividir el mundo con dos líneas dualistas que separaban la realidad en dos fuerzas opuestas (luz y oscuridad, arriba y abajo, espíritu y carne, etc.) era común en el siglo I. Por tanto, el concepto de

---

15. Nótese el fuerte énfasis de Juan 1:14 en este contexto. Su énfasis en una cristología encarnacional sugiere que se escribió en el contexto de este debate.
16. Marshall, *The Epistles of John*, 21.
17. Así es como la NRSV traduce *pas ho proagon kai me menon en tei didachei tou Christou*.

una revelación inmediata a través del conocimiento divino (conocido como gnosticismo) estaba naciendo justo entonces.[18] Pero la aplicación de esos principios a una cristología cristiana era algo nuevo.

Uno de los primeros maestros en hacerlo fue Cerinto. Lo que sabemos de él se encuentra en los registros de sus opositores, en especial de Ireneo, en cuya obra *Contra las herejías* (h. 180 d.C.) encontramos un relato importante del que da cuenta Policarpo. En él aparecen juntos Juan y Cerinto. Al parecer, en una ocasión en que Juan estaba en los baños públicos de Éfeso, vio que Cerinto se encontraba allí y dijo en alta voz: "Sálvese quien pueda; estos baños van a derrumbarse, porque dentro está Cerinto, el enemigo de la verdad". Ireneo llega a decir que Juan proclamó su evangelio para refutar los errores de Cerinto.[19]

Ireneo esboza con detalle la teología de Cerinto. Fue uno de los primeros en realizar una concienzuda distinción entre *Jesús* y *Cristo*. Su argumento consistía en que *Jesús* era el hombre terrenal de Nazaret, famoso por su piedad y sabiduría. Cristo era una deidad celestial que descendió sobre Jesús en su bautismo y le dejó antes de la crucifixión. Así, el hombre Jesús murió en la cruz, pero el Hijo de Dios no. Cuando leemos en 1 Juan 2:22: "¿Quién es el mentiroso sino el que niega que Jesús es el Cristo?",[20] muchos comentaristas se preguntan si es este tipo de distinción el que Juan tiene en mente (véase también 5:1, 11, etc.). Alguien estaba diciendo que el hombre Jesús no es el Cristo.

Resulta difícil confirmar el relato de Policarpo en las termas o construir cualquier tipo de cronología de Cerinto. Pero aunque hubiese vivido después del tiempo de Juan, las ideas incipientes como las suyas, conformadas por el entorno dualista del helenismo, estaban probablemente presentes en Asia Menor.

En resumen, hemos reconstruido con esmero el contexto cristológico desde el que elaboraban sus teorías los que se oponían a Juan. El

---

18. No se ha demostrado que el gnosticismo, como sistema formal y organizado de creencias, estuviese desarrollado en tiempos de Juan. Sin embargo, las tendencias que florecieron más tarde en los siglos segundo y tercero ya estaban con seguridad. Ver E. Yamauchi, *Pre-Christian Gnosticism: A Survey of the Proposed Evidences* (Grand Rapids: Eerdmans, 1973).

19. Ver Ireneo, *Contra las herejías*, 3.3.4 y 3.11.1. Existe un pleno registro de las evidencias antiguas acerca de Cerinto en Brown a nuestra disposición: *The Epistles of John*, Apéndice 2, 766-71.

20. De hecho, Juan emplea el término "mentirosos" (gr. *pseustes*) siete veces, pero esta es la única en que usa un artículo definido. Esto suele ser una indicación de que el autor tiene en mente a un individuo en particular.

Jesucristo encarnado ya no ocupaba el lugar central de la fe cristiana. Como mucho, los secesionistas tenían un interés nominal en el Jesús de la historia y de la tradición, y más bien buscaban experiencias espirituales inspiradas que les elevasen por encima de las perspectivas convencionales de Juan.

Ética

Las Cartas de Juan evidencian también una crítica continuada de la disposición moral de ciertas personas. No son exhortaciones como las que solemos encontrar en los escritos de Pablo, donde se nos advierte contra catálogos de pecados (1Co 6) o disposiciones del corazón (Gá 5). Se había formado un argumento teológico en el contexto joánico que hacía que la conducta ética no tuviese consecuencias en la vida cristiana. Juan menciona las opiniones de sus oponentes en varios lugares:

- se jactaban de ser "sin pecado" (1Jn 1:8, 10)
- se jactaban de que "tenían comunión" con Dios, pero andaban en tinieblas (1:6)
- se jactaban de conocer a Dios, pero eran desobedientes (2:4)
- se jactaban de "amar a Dios", pero odiaban a sus hermanos y hermanas (4:20)
- se jactaban de estar "en la luz", pero odiaban a los demás cristianos (2:9)

Juan repite también una serie de afirmaciones que arrojan luz sobre la naturaleza de la posición ética de los separatistas:

- permanecer en Dios es obedecerle, es andar como Jesús anduvo (1Jn 2:6)
- pecar voluntariamente muestra que uno no ha conocido a Dios (3:3-6; 5:18)
- todo aquel que practica el pecado es del diablo (3:7-10)
- debemos amarnos unos a otros (3:11-12, 17-18)
- negarse a amar al hermano o la hermana significa que uno no ha heredado la vida eterna (3:14-15)
- Dios es amor, y conocerle es amar (4:8-10)

Si bien creo que la cristología fue el campo de batalla de la comunidad, la expresión tangible de tales desacuerdos llegó en forma de conflicto abierto y de hostilidad. En otras palabras, la defectuosa cristología rebosaba en conducta inmoral.

¿Qué quiere decir Juan cuando afirma que estas personas no eran obedientes? No hay evidencia de que estuvieran viviendo vidas inmorales; 1 Juan 2:15-16 es probablemente una exhortación general para que la iglesia no fuera mundana. Más bien, estas personas no estaban siguiendo las enseñanzas autoritativas convencionales de la iglesia. Puesto que habían negado la importancia de la encarnación de Cristo, cabía esperar que negaran la importancia de sus enseñanzas en la tierra. Como resultado, no prestaron atención a las palabras de Jesús escritas en el Evangelio. Igualmente, si negaban su condición pecaminosa, no necesitarían la muerte expiatoria de Cristo en la cruz. La suya era una religión "más profunda", una fe mística, nutrida por perspectivas no tradicionales obtenidas del Espíritu (2:20-23; 4:1). Se negaban a conformarse a las enseñanzas tradicionales y rechazaban, por tanto, someterse a los líderes que traían tales enseñanzas.

Lo secesionistas no eran indiferentes a los que no coincidían con ellos; eran intolerantes. Esto explica la reiterada referencia de Juan a "aborrecer" a los hermanos. Su espiritualidad superior provocaba el conflicto. *Estas personas se habían hecho elitistas en su visión de sí mismos.* Y los que se atrevieran a exhortarles, los que no pudiesen aportar experiencias similares a las de ellos, no tenían credibilidad.

Sin embargo, no debemos leer las palabras de Juan sobre el amor en la comunidad como si se aplicasen únicamente a sus oponentes. Con demasiada frecuencia, hemos caracterizado a estos cristianos poco ortodoxos como personas difíciles, altivas y rígidas en sus actitudes hacia la iglesia. Juan exhorta *también* a sus propios seguidores a mostrar amor, porque estaban respondiendo a los separatistas con similar hostilidad. Y que su teología fuese la correcta no significaba de ningún modo que haya excusa para actitudes de enojo. Los defensores de las buenas tradiciones no pueden defender su propia conducta errónea por tener tradiciones correctas.

Esta disposición a espiritualizar el ministerio terrenal de Cristo, no concediéndole su gran importancia salvífica, y a negar la importancia espiritual de la vida moral y física de uno mismo tuvo cierto predicamento en la antigüedad. Los sistemas gnósticos de pensamiento religioso estaban en un intenso debate con el cristianismo desde aproximadamente los años 150-300 d.C., bastantes años después de la muerte de Juan, aunque el marco que habría conducido hasta esos sistemas seguía presente. Esta literatura más tardía habla de una religión de iluminación y de conocimiento especial, guardado únicamente para los iniciados. Los creyentes "renacían", creando una unión singular con Dios que literalmente daba lugar a un estado de perfección sin pecado. El "pecado" pertenece a otra naturaleza, nuestra naturaleza material, que ya no cuenta para nada en la economía de Dios. Por tanto, las experiencias de iluminación espiritual validaban la espiritualidad al mismo tiempo que las cuestiones prácticas de la conducta moral se tenían por irrelevantes.

Inquietudes secundarias de Juan

Encontramos a lo largo de estas cartas una serie de temas secundarios. En cierto sentido, aparecen de forma accidental, porque son una parte de la refutación que el autor esgrima contra sus oponentes. En la mayoría de casos están íntimamente conectados con los dos temas principales a debate en su iglesia: la cristología y la ética.

El Espíritu Santo. Si el estudio del Cuarto Evangelio era crucial para la formación espiritual de esta comunidad, como he sugerido, no es de sorprender que el Espíritu jugase un papel central en el discipulado. Ningún Evangelio pone tanto énfasis en el Espíritu como el de Juan.[21] De hecho, en sus escritos, el habitar Cristo en nosotros y la transformación del creyente se explican enmarcados en términos de experiencia del Espíritu (Jn 3:1-8; 14:23-24). Por eso he sugerido anteriormente que la comunidad de Juan tenía fuertes tendencias pneumáticas o extáticas. Sus seguidores estaban confiados en su "unción" y, en su polémica contra los secesionistas, Juan debía tener en consideración este contexto pneumático.

En 1 Juan 4:13, Juan reafirma a sus seguidores que tener el Espíritu Santo es algo característico de los que "permanecen en Dios". Esta permanencia no es una simple cuestión de confesión ortodoxa (4:15) ni de conducta de amor (4:16), aunque son importantes. Permanecer en Dios es algo *experiencial*, una experiencia personal con el Espíritu Santo. Por tanto, los oponentes de Juan (los falsos maestros) debían respaldar su autoridad con alguna experiencia pneumática, con alguna evidencia de que tenían también el Espíritu. Esto explica por qué en 4:1-3 se llama a la iglesia a "someter a prueba a los espíritus". Los adversarios

---

21. Varios estudios han examinado el papel del Espíritu en la teología del Cuarto Evangelio. Ver G. M. Burge, *The Annointed Community. The Holy Spirit in the Johannine Tradition* (Grand Rapids: Eerdmans, 1987).

afirman ser profetas (4:1 los etiqueta como *falsos* profetas) que, bajo inspiración del Espíritu, realizan llamativas nuevas afirmaciones acerca de Cristo.

Se trata de un contexto pneumático. Es interesante ver lo que Juan no dice. No emplea su autoridad apostólica como, por ejemplo, Pablo lo hace en Gálatas para refutar a los judaizantes. No hace uso de la autoridad pastoral, de un poder basado en una posición. En lugar de eso, urge a la iglesia a probar los espíritus para ver si afirman las creencias tradicionales sobre Jesús, menoscabando así la autoridad de tales profetas. Su táctica es, pues, característica de los que luchan contra las afirmaciones de liderazgo rival en un contexto "carismático". Uno no puede negar el Espíritu, sino que debe enseñar *discernimiento* y urgir a los congregantes a evaluar afirmaciones hechas en la voz del Espíritu.

Pero Juan va más allá. Si estos separatistas están afirmando una espiritualidad superior, Juan recuerda a la iglesia que cada miembro ha sido ungido por igual con el Espíritu (2:20, 27). En otras palabras, el discernimiento espiritual es tarea de *cada* persona. Ser cristiano es tener el Espíritu, y nadie puede venir afirmando una visión espiritual exclusiva. Por eso 2:27 señala: "Todos ustedes, en cambio, han recibido unción del Santo, *de manera que conocen la verdad*". Los cristianos deben estar firmes y confiados en la autenticidad de su experiencia espiritual, no influenciados por las aparentemente más persuasivas experiencias de otros.

Discernimiento y tradición. Estas cartas nos recuerdan que la iglesia es guardiana de la verdad. Una de las principales inquietudes de Juan es la responsabilidad de la comunidad como cuerpo de discernir las creencias y prácticas falsas, de distinguir entre la verdad y el error. Aunque este tema se menciona de forma explícita únicamente en 4:1ss, se asume en toda la primera carta. La iglesia tiene que mantenerse en guardia contra todo lo que pueda traer error o distorsión (*cf.* 2Jn 8).

Pero esto plantea un problema. ¿Cómo podemos diferenciar lo verdadero de lo falso? Si un profeta promueve algo nuevo bajo la autoridad del Espíritu, ¿cómo se puede evaluar? En 1 Corintios 14:29, Pablo se enfrentó a un dilema similar. Su solución era tener profetas que se evaluaran mutuamente lo que decían, comprobando así la inspiración individual en un cuerpo deliberativo. Juan no usa esta táctica de poner a un profeta ante otro. Más bien, cree que la iglesia es responsable de la revelación histórica dada en Jesucristo y transmitida por medio de los apóstoles. *La inspiración individual, por tanto, debe evaluarse en función de la verdad revelada en la Escritura y la tradición.*

A lo largo de 1 Juan, el autor afirma que lo que "ha sido desde el principio" debería ser el ancla firme de lo que creemos ahora (1:1; 2:13, 14; 3:11). De hecho, "desde el principio" llega a ser prácticamente un estribillo cuando Juan urge a sus lectores a recordar lo que aprendieron en el principio y a evaluar todas las cosas en función de ello. "Permanezca en ustedes lo que han oído *desde el principio*. Si permanece en ustedes lo que han oído *desde el principio*, ustedes permanecerán también en el Hijo y en el Padre" (2:24, insertando nota de margen). Dice que sus mandamientos no son nuevos, "sino uno antiguo que han tenido desde el principio" (2:7, *cf.* 2Jn 5).

Juan no está simplemente escribiendo en defensa de la tradición, como si "lo pasado es mejor" o cualquier innovación genere sospecha. Señala en otra dirección. Cuando dice "desde el principio" se refiere a la histórica venida de Jesucristo y a la conservación de su revelación. El test definitivo para todas las nuevas perspectivas teológicas debe ser lo que se reveló en la encarnación. Así, en 1 Juan 1:1-3, el apóstol señala lo que vio con sus ojos y tocó con sus manos, al Cristo encarnado. *La cristología histórica debe ser la piedra de toque de toda la fe cristiana.* ¿Cómo conocemos el amor? Dios "envió a su Hijo unigénito al mundo para que vivamos por medio de él" (4:9). Curiosamente, su exhortación de 2:12-14 recuerda dos veces a los padres —los que son mayores— para reavivar su responsabilidad con las antiguas enseñanzas, las cosas que la generación más joven quizás ya no valore como tesoro.

Este anclaje teológico en la cristología histórica nos recuerda lo que leemos en el Evangelio de Juan. En su discurso de despedida, Jesús habla acerca del Espíritu y los límites de lo que hará. Así como las palabras de Jesús no se pueden apartar de las del Padre (Jn 5:19), las del Espíritu reiteraran lo que Jesús mismo ha dicho en la historia (Jn 14:26). El Espíritu "no hablará por su propia cuenta sino que dirá sólo lo que oiga" (Jn 16:13). En la fe cristiana, Padre, Hijo y Espíritu proporcionan una revelación coherente y armónica. No hay revelación posterior que contradiga lo anterior.

Puesto que Juan no contaba con las Escrituras como las tenemos hoy, estaba obligado a elevar la "tradición" o enseñanza histórica transmitida con autoridad apostólica. Sin duda, su propio relato sobre Cristo —el Evangelio de Juan— fue una veta para dichas enseñanzas tradicionales. Si Juan estuviera con nosotros hoy, seguro que señalaría la

Escritura como archivo apostólico de enseñanzas frente al cual deberían evaluarse nuestras enseñanzas modernas. Y así es como muchos cristianos han entendido generalmente la perspectiva de Juan. Pero otras comunidades cristianas más antiguas (como la Iglesia Católica y la Ortodoxa Oriental) plantean su objeción a una explicación tan limitada del término "tradición". Tradición es el archivo de verdades religiosas normativas transmitidas de una generación a la siguiente, que posee una voz autoritativa en el presente. Los ejemplos más obvios son los concilios de Nicea (325 d.C.) y Calcedonia (451 d.C.), donde las perspectivas ortodoxas de la Trinidad y la teología encarnacional quedaron establecidas.[22] Juan está afirmando que la sabiduría y verdad cristianas —ancladas en la correcta cristología— son acumulativas y vinculantes. Todos los que son herederos de la tradición hacen bien en defender su legado.

Amor, unidad y comunión. Las Cartas de Juan, junto con su Evangelio, hacen hincapié en la calidad de la comunidad cristiana. Los mandamientos de Jesús en Juan 13:34 y 15:12, 17 dejan claro que el amor debería ser la seña distintiva de sus seguidores. En su oración de Juan 17, Jesús ora por armonía y unidad entre sus seguidores, para "que sean uno", según el modelo de unidad del Padre y el Hijo (17:20-23).

Sin duda, el cisma en la iglesia de Juan colocó la unidad y el amor en el programa eclesial. Juan hace del amor un mandamiento: los cristianos que aman a Dios *deben* amar a sus hermanos o hermanas de la iglesia (1Jn 4:21). Esta enseñanza también tiene su base "desde el principio" (3:11; 2Jn 5), refiriéndose sin duda al Evangelio. En 1 Juan 3:23, prácticamente resume la vida cristiana en dos sencillas exhortaciones: creer en Jesucristo y amarse unos a otros.

Pero Juan no da una exhortación sin ofrecer una base teológica, puesto que hay ocasiones en las que amar a los que son difíciles de amar parece imposible. Dios nos amó primero, dice (1Jn 4:19). El amor, sobre todo en circunstancias difíciles, no se puede nutrir de la energía humana. El

---

22. Muchos de nosotros necesitamos al menos reconocer que nuestra herencia depende de interpretaciones tradicionales de las Escrituras. Las decisiones acerca de la adoración, forma de vida e incluso música proceden a menudo de la tradición. En una ocasión pasé tres años en Escocia entre bautistas escoceses conservadores, y, aunque negaban con vehemencia que su mundo estuviese basado en cualquier cosa que no fuese la Biblia, había tradiciones centenarias escocesas que habían moldeado lo que ellos percibían como "cristiano". Lo mismo se puede decir del evangelicalismo americano. Actualmente participo en los cultos de una iglesia de herencia sueca (Pacto Evangélico) y la tradición —teológica— es en ella palpable y autoritativa.

amor se origina en Dios cuando captamos la profundidad de *su* amor por nosotros (4:7a) y cuando nacemos de nuevo por *su* Espíritu (4:7b). Para Juan, el conocimiento íntimo de Dios es lo mismo que disfrutar de la íntima reciprocidad de su amor: él nos ama, le amamos, y este amor se derrama a los que están cerca de nosotros. En términos menos diplomáticos, *no amar* es una evidencia, una seria evidencia, de que no conocemos a Dios ni hemos llegado a experimentarle plenamente (4:8).

Si no estamos seguros en cuanto al profundo deseo de Dios por nosotros, solo necesitamos contemplar el amor de Dios que nos mostró en Cristo. Él es la expresión material del tangible amor de Dios y, así, una vez más, Juan realiza una nueva afirmación del valor de la cristología histórica, encarnacional, para abordar las cuestiones de ética. Puesto que Cristo dio su vida por nosotros, lo mismo hemos de hacer unos por otros (1Jn 3:16). Juan lo presenta de manera resumida en 4:10: "En esto consiste el amor: no en que nosotros hayamos amado a Dios, sino en que él nos amó y envió a su Hijo para que fuera ofrecido como sacrificio por el perdón de nuestros pecados".

Juan describe el vivir en el amor de Dios, conocerle y obedecer sus mandamientos como "andar en la luz" (RVR60). Esta es una metáfora más para el discipulado cristiano normativo. Por tanto, en 1:7 afirma que cuando las personas andan juntas en la luz, cuando experimentan *como cuerpo* el amor de Dios, el resultado es unidad y comunión. El fruto natural de personas que viven de forma genuina en la presencia de Dios es una comunidad vibrante. Pero lo inverso también es cierto. Cuando las personas muestran hostilidad y división, cuando hay "odio" (en términos de Juan), demuestran que están viviendo sus vidas "en la oscuridad" (2:9-11) o incluso "en la muerte" (3:14). Tales supuestos cristianos son "mentirosos" e hipócritas (4:20). Juan no escatima palabras para las personas que afirman conocer a Dios, pero no lo muestran con una genuina piedad.

Existe un importante matiz a la enseñanza de Juan que no nos atrevemos a omitir. Anclar nuestro amor en el afecto de Dios puede inspirar pasividad. Es decir, podemos caer en esperar que el amor de Dios nos cambie y haga madurar, nos dé forma, antes de poner ningún esfuerzo propio para nuestro crecimiento. Si no podemos sentir el amor de Dios, Juan nos diría que mostremos nuestro amor hacia los demás como una forma de entrar en la presencia de Dios. En 1 Juan 4:12 habla acerca de los límites de nuestra experiencia: "Nadie ha visto jamás a Dios, *pero si nos amamos los unos a los otros, Dios permanece entre nosotros, y entre nosotros su amor se ha manifestado plenamente*. Amar al que es difícil o imposible de amar es un camino, una vía mística, para descubrir a Dios en medio nuestro.

Un ejemplo concreto de cómo puede expresarse este amor es en un simple acto de caridad entre el pueblo de Dios. En 1 Juan 3:17-18 se señala: "Si alguien que posee bienes materiales ve que su hermano está pasando necesidad, y no tiene compasión de él, ¿cómo se puede decir que el amor de Dios habita en él? Queridos hijos, no amemos de palabra ni de labios para afuera, sino con hechos y de verdad". En 3 Juan 10 se nos da un ejemplo negativo de alguien llamado Diótrefes, que no conocía lo básico de la caridad y la hospitalidad cristianas.

¿Hay límites para el amor? ¡Por supuesto! Juan dice que no debemos amar el mundo (1Jn 2:15), lo cual no se refiere a las personas del mundo ni a la creación de Dios (17:24). Alude más bien a todo lo que es hostil a Dios o enemigo de la verdad del evangelio. Pero en 2 Juan 10 tenemos un interesante problema que exigirá una cuidadosa atención. Juan insta a sus seguidores a no dar la bienvenida (mejor dicho, a no recibir en su compañerismo) a nadie que profese deliberadamente falsa doctrina. ¿Se estaría Juan refiriendo a los separatistas que habían dividido la iglesia? Aunque participar en el mundo no creyente es una faceta del discipulado cristiano, con todo, si hemos de mantener la integridad, debe haber un límite para la tolerancia. Hay rayas en la relación personal y la participación pública que los cristianos no deben traspasar.

Autor y contexto

Autoría

Aunque la tradición cristiana ha atribuido estas cartas al apóstol Juan, las epístolas joánicas son anónimas, salvo que 2 y 3 Juan llaman a su autor "el anciano" (2Jn 1; 3Jn 1). Dar con su identidad sería, por supuesto, resolver el misterio. Por un lado, el título podría simplemente referirse a un hombre de alta estima en la comunidad. Por otro lado, hay buenas evidencias que nos muestran que se describía a los apóstoles como "ancianos" en la antigüedad.[23]

La situación se complica seriamente por una referencia que hace Eusebio (*Historia eclesiástica*, 3.39.4) a dos "Juanes"; está claro que uno es el apóstol y el otro, posiblemente, era un anciano que vivió

---

23. Ver 1 Pedro 5:1, la cita de Eusebio de Papías en su *Historia eclesiástica*, 3.39.4.

después (algunos han especulado que era un discípulo del apóstol). ¿Podría ser el anciano de nuestras cartas este *segundo* Juan? Marshall ha demostrado que no tiene por qué ser así y que incluso habiendo dos personas con el nombre de Juan en este periodo, la atribución de la autoría a este último es puramente hipotética.[24]

Aunque 2 y 3 Juan parecen proceder de la misma pluma, ¿tiene 1 Juan su origen en ese autor, si en ninguna parte de la epístola se le menciona como "el anciano"? Las exhaustivas comparaciones de estilo y contenido muestran claras similitudes entre los tres escritos y sugieren que la autoría única de las tres no es algo improbable.[25] Algo más acuciante es la cuestión de si la misma pluma escribió estas cartas y el Evangelio de Juan. Ya en el siglo tercero, los expertos lo afirmaban así, sobre la base de similitudes de contenido y estilo, y hoy son un lugar común en los estudios del Nuevo Testamento los paralelismos entre el Evangelio de Juan y las cartas joánicas. Esto es así sobre todo con respecto a 1 Juan y el Evangelio. De hecho, una detallada comparación de 1 Juan y el discurso de despedida del Evangelio (Jn 13–17) muestra paralelismos incluso más destacados.[26] Como señala Brown, los paralelismos en estilo y contenido son comparables a los que encontramos entre Lucas y Hechos o incluso entre Colosenses y Efesios. Esto ha llevado a la mayoría de expertos a afirmar la autoría común de 1 Juan y el Evangelio.

Si, como he sugerido, los documentos poseen una historia literaria, podemos ver a Juan como la fuente de la mayoría de materiales joánicos. (1) El primer borrador del Evangelio de Juan circuló ampliamente, pero su mal uso por parte de algunos exigió una posterior clarificación. (2) Juan escribió sus cartas, así como el prólogo joánico para corregir errores cristológicos en su comunidad. Puede que haya añadido otros cambios a su Evangelio (el discurso de despedida es un firme candidato a ello), pero eso sigue sin poder asegurarse. (3) Cuando Juan murió, sus discípulos reunieron sus escritos: el Evangelio (que pudo haber recibido una nueva edición), un relato sobre la resurrección (el cap. 21 del Evangelio que tenemos), y las Cartas de Juan. Este fue, pues, el legado de Juan a su comunidad.

---

24. Marshall, *Epistles*, 42-48.
25. Brown, *Epistles*, 14-35, y en particular el Apéndice I, gráficos 1-2, pp. 755-59.
26. Los paralelismos de Brown se dan en el Apéndice I, gráfico 2. Estas listas suelen encontrarse en la mayoría de comentarios. Ver A. E. Brooke, *A Critical and Exegetical Commentary on the Johannine Epistles* (ICC; Edimburgh: T&T Clark, 1912), i-ix, J. Stott, *The Epistles of John* (Grand Rapids: Eerdmans, 1964), 18-19.

Pero esto sigue sin resolver el misterio completamente: no disponemos de evidencias objetivas y claras de la autoría apostólica del Evangelio *ni* de las cartas. Pero la ausencia de tales pruebas no hace que no sea plausible tal autoría y, diría yo, la necesidad de aportar pruebas la tienen los que quieren desmantelar la tradición.[27] Por consiguiente, he optado por poner a "Juan" como autor de las cartas, teniendo en mente los límites de toda investigación histórica.

Fecha

Puesto que las cartas se han relacionado estrechamente con el Cuarto Evangelio, los que sitúan el Evangelio a finales del primer siglo ubican las cartas entre el 90 y el 110 d.C.[28] Sin embargo, los argumentos en favor de una fecha tan tardía no han soportado el peso de serias críticas, de modo que cada vez se ha dado un marco temporal más temprano al Evangelio, cerca de los años 70-80 d.C.[29] Si damos tiempo para el desarrollo de la herejía descrita en las cartas, es razonable pensar en una fecha entre el 70 y el 90 d.C.

Lugar

La opinión tradicional de que los escritos joánicos se originaron en Asia Menor tiene fundamento. Las herejías tratadas en las cartas (y tal vez en el Evangelio) estaban bien establecidas en esa región. Además, el Cuarto Evangelio se ha relacionado tradicionalmente con Éfeso. Podemos también aportar argumentos por inferencia. Juan 1:35-42; 3:22–4:3 y 10:41 sugieren que la comunidad joánica se encontraba en un debate con los seguidores de Juan el Bautista que no habían afirmado la identidad mesiánica de Jesús. Hechos 19:1-7 describe a doce seguidores del Bautista *en Éfeso* que se encontraban en disputa con los cristianos de esa ciudad.

El orden de 1, 2 y 3 Juan

Puesto que hay poca información suplementaria que nos cuente sobre las circunstancias de estas cartas, no podemos asumir sin más

---

27. He mostrado la credibilidad de esta tradición en otra parte: G. M. Burge, *Interpreting the Gospel of John*, 37-54.

28. Estas fechas suelen conectar los escritos joánicos con los primeros padres, con Ignacio y Policarpo.

29. J.A.T. Robertson argumentó convincentemente que a priori no hay nada en el Nuevo Testamento que requiera que ninguno de sus escritos se fechasen antes del 70 d.C. Ver su *Redating the New Testament* (Philadelphia: Westminster, 1976).

que fueron escritas en el orden en que aparecen en nuestro Nuevo Testamento. Los expertos han reordenado las tres cartas con todas las combinaciones posibles. Algunos han argumentado que 2 Juan precede a 1 Juan porque el tono es bastante diferente. En 2 Juan, se trata a los falsos maestros con suavidad (2Jn 7-9), mientras que en 1 Juan se describe el enfrentamiento de una forma más grave (1Jn 2:19; 4:1ss.). Así, podemos preguntarnos si los problemas ocasionados por los separatistas estaban justo empezando en 2 Juan (lo que le da una fecha anterior) y no llegaron a una disputa más seria hasta 1 Juan.

Por otro lado, las diferencias en las cartas se pueden explicar en función del escenario geográfico. Es decir, 1 Juan puede estar dirigida a una comunidad establecida en el corazón del mundo joánico, tal vez en el centro mismo donde los cismáticos habían lanzado su campaña. Eso explicaría el carácter personal de la carta, así como su intensidad. Por otra parte, 2 Juan puede haberse escrito a iglesias domésticas algo más lejanas que no estuvieran del todo enredadas en la controversia. Tal vez por ello 2 Juan es más formal y distante en la forma de dirigirse a los lectores (véase 2Jn 1, 5, 13) y se trata básicamente de una advertencia sobre lo que se avecina (2Jn 8-11).[30]

Otra posibilidad es que 2 y 3 Juan fueran cartas de presentación y que fuesen acompañadas de un tratado más sustancial: 1 Juan. Algunos creen que eso encaja a la perfección con 3 Juan, puesto que se dirige a Gayo, y Demetrio (encomendado a la iglesia) podía haber sido el portador de la carta (3Jn 12; *cf.* 8). Pero no podemos estar seguros de ninguna de esas teorías.

Sin duda, es mejor ver estas cartas como procedentes del mismo periodo aproximado y dirigidas a la misma crisis general en la iglesia. Primera de Juan es la andanada completa del autor contra sus oponentes, mientras que 2 y 3 Juan son notas personales que o bien acompañan a 1 Juan o fueron enviadas por separado a otro destino.

Estructura epistolar

La segunda y la tercera epístolas de Juan tienen los rasgos habituales de las cartas del primer siglo: el autor y el destinatario se identifican al principio, le sigue una bendición u oración ("La gracia, la misericordia y la paz de Dios ... estarán con nosotros", 2 Juan 3; "... oro para que te vaya bien en todos tus asuntos y goces de buena salud" 3 Juan 2; y

---

30. Esta es la opinión que defiende Brown, *Epistles*, 29-30.

hay un saludo de cierre (2Jn 13; 3Jn 14).[31] Las cartas contienen también referencias y alusiones personales que sugieren que iban dirigidas a una situación personal específica.

Pero no se puede decir lo mismo de 1 Juan. No hay destinatario ni saludo al principio. No hay un cierre: incluso suena abrupto 5:21, como si hubieran cortado los pensamientos del autor. Además, no hay comentarios personales que den a entender que el autor esté escribiendo una carta personal. No aparecen nombres por ninguna parte. Esto es algo muy inusual si tenemos en cuenta el carácter intensamente personal de la crisis de la iglesia. Nos ayudaría compararlo con Gálatas, donde Pablo se enfrenta a una crisis teológica, pero escribe de forma directa y personal a los destinatarios.

La ausencia de forma ha llevado, con razón, a que muchos sugieran que 1 Juan no es una carta personal en absoluto, sino un tratado general destinado a una amplia distribución.[32] Algunos prefieren llamarla un sermón o discurso. Tal vez sea como un folleto, una guía o una encíclica. Kümmel prefiere pensar en un tratado envuelto en algún tipo de polémica, una especie de manifiesto que trata cuestiones teológicas específicas en un frente general.[33]

La estructura de 1 Juan

Se ha visto que es imposible descubrir un patrón de estructura de pensamiento en 1 Juan. La mayoría de eruditos ha procurado dividirla o en dos o en tres secciones.[34] Algunos comentaristas, como Brooke, Dodd, Grayston, Marshall y Houlden, creen que no tiene un tema central y encuentran más bien espirales de pensamiento cíclico o una lista de unidades inconexas. Según esta opinión, las unidades de Juan se enlazan entre sí solo de manera casual y están "gobernadas por una asociación de ideas más que por un plan lógico".[35]

---

31. Este patrón se puede seguir entre las cartas de Pablo, donde los primeros cristianos desarrollaron su singular estilo epistolar. "Gracia y paz" eran típico estilo paulino (*cf.* Gá 1:3; 1Ts 1:1).

32. Marshall, por otro lado, apunta a la estrecha relación que hay entre el autor y los lectores, y la ocasional referencia a una situación específica (2:19) muestra que el autor escribe para un grupo concreto, de modo que "el escrito es en efecto una carta" (*The Epistles of John*, 99).

33. W. G. Kummel, *Introduction to the New Testament* (Nashville: Abingdon, 1975), 437.

34. Algunos eruditos medievales intentaron ver siete partes, pero esto ha encontrado poco apoyo moderno.

35. Marshall, *The Epistles of John*, 26.

La división triple, más famosa, pertenece a Robert Law, cuyo comentario de 1909 argumenta que 1 Juan consta de tres partes, cada una de las cuales ofrece sus "tests de vida": rectitud, amor y creencia.[36] Los separatistas no llegaron a reconocer la importancia de la conducta *recta*, no *amaban* a sus hermanos cristianos y se negaban a *creer* en Jesucristo, el Hijo de Dios. Aunque la creatividad de dicha teoría es atractiva, muestra sus carencias en muchas partes de la carta, sobre todo en la tercera sección (4:7–5:13). No obstante, cierto número de eruditos actuales han defendido esta teoría de tres unidades: A. E. Brooke,[37] E. Malatesta,[38] P. R. Jones,[39] M. Thompson[40] y R. Schnackenburg.[41] Quienes se sienten inclinados a la estructura triple buscan, por lo general, divisiones temáticas en 2:27/28/29 y en 3:22/24, 4:6 o 4:12.

La división doble o bipartita ha sido tradicionalmente menos popular, pero hoy está acaparando renovada atención. Marshall subraya que el erudito francés A. Feuillet defendía esta perspectiva en 1972,[42] y más recientemente R. Brown y S. Smalley se han hecho paladines de la misma en sus comentarios de 1982 y 1984. Hay dos observaciones en favor de esta estructura. (1) Juan realiza dos declaraciones principales sobre Dios en su Evangelio que, según sugiere Brown, son las *claves* de su diseño básico: "Dios es luz" (1:5) y "Dios es amor" (4:8). (2) El Evangelio de Juan, que cuenta con una forma bipartita, puede por tanto ser el *modelo estructural* de este segundo escrito joánico. Las similitudes entre ambos escritos se han considerado con frecuencia. Cada uno empieza con prólogos paralelos, y el cuerpo se mueve de las verdades doctrinales a las aplicaciones prácticas para la vida.

---

36. R. Law, *The Tests of Life. A Study of the First Epistle of St John* (Edinburgh: T. & T. Clark, 1909). Para un útil cuadro que examina las distintas maneras en que se puede dividir 1 Juan, ver R. Brown, *Epistles*, Apéndice 1, gráfico 5, p. 764. Las divisiones de Law son 1:5–2:28, 2:29–4:6, 4:7–5:13.

37. Brooke, *Epistles*.

38. E. Malatesta, *The Epistles of St. John. Greek Text and English Translation Schematically Arranged* (Roma: Universidad Gregoriana, 1973).

39. P. R. Jones, "A Structural Analysis of 1 John", RevExp 67 (1979): 433-44.

40. M. M. Thompson, *1–3 John* (IVPNTC; Downer's Grove, Ill: InterVarsity, 1992).

41. R. Schnackenburg, *Die Johannesbriefe* (Freiberg: Herder, 1965). Estas teorías están bosquejadas por Marshall en *The Epistles of John*, 22-25, y Brown en *Epistles*, 116-29.

42. A. Feuillet, "Étude structurale de la première épître de Saint Jean", en H. Baltensweiler y B. Reicke, eds., *Neues Testament und Geschichte, Festschrift für O. Cullmann* (Zürich, 1972), disponible en inglés como "The Structure of First John. Comparison with the Fourth Gospel", BTB 3 (1973): 194-216.

Si estas observaciones son correctas, la simetría de 1 Juan y el Evangelio de Juan puede ser algo así:[43]

EL EVANGELIO DE JUAN	PRIMERA CARTA DE JUAN
A. Prólogo 1:1-18	**A. Prólogo** 1:1-4
La entrada, en el principio, del verbo de vida en el mundo.	La revelación de la vida en Jesucristo que apareció "desde el principio"
B. El libro de las señales 1:19– 2:50	**B. Parte Uno** 1:5–3:10
La luz brilló en la oscuridad del judaísmo, que la rechazó	Dios es luz y, como Jesús, hemos de andar en su luz.
C. El libro de la gloria 13:1–20:29	**C. Parte Dos** 3:11–5:12
Jesús cuida y alimenta a "los suyos", los que creen en él.	Dios es amor y los que le conocen deben amarse unos a otros.
D. Epílogo 21	**D. Epílogo** 5:13-21
Relatos sobre la resurrección de Jesús y explicación del propósito.	El autor explica sus propósitos.

Smalley prefiere poner la división de la carta entre 2:29 y 3:1, empleando así una partición popular que usan los que optan por la división triple. Las divisiones de Brown aquí mostradas nos dan mitades de tamaños proporcionales para la carta y encuentran también líneas paralelas de introducción en 1:5 y 3:11: "Éste es el mensaje que han oído…".

Aunque ninguna de estas teorías cuenta con aceptación universal, podemos al menos entender con algo de orden la progresión de pensamiento de Juan. Me ha parecido convincente el argumento de la división en dos de Brown, pero dentro de esas divisiones aparece una serie de exhortaciones, débilmente conectadas, que refuerzan los temas de la propia división.

A. Prólogo: 1:1-4

El Verbo de vida de que hemos testificado entre nosotros.

---

43. De modo similar Brown, *Epistles*, 124.

B. Parte 1:1-5–3:10: Dios es luz, y hemos de andar conforme a eso.

"Éste es el mensaje que hemos oído de él y que les anunciamos".

- 1:5-7: Tesis: andar en la luz y andar en la oscuridad
- 1:8–2:2: Primera exhortación: resistir al pecado
- 2:3-11: Segunda exhortación: obedecer los mandamientos de Dios
- 2:12-17. Tercera exhortación: desafiar al mundo y su seducción
- 2:18-27: Cuarta exhortación: renunciar a los que tergiversan la verdad
- 2:28–3:10: Quinta exhortación: vivir como hijos de Dios

C. Parte 2: 3:11–5:12: Dios es amor, y hemos de vivir conforme a eso.

"Éste es el mensaje que han oído desde el principio: que nos amemos los unos a los otros".

- 3:11-24: Amarse unos a otros de maneras prácticas.
- 4:1-6 Cuidado con los falsos profetas que les engañarán.
- 4:7-21 Amarnos unos a otros como Dios nos amó en Cristo.
- 5:1-4 Obedecer a Dios y así vencer al mundo.
- 5:5-12 Nunca hacer concesiones en cuanto al testimonio

D. Conclusión: 5:13-21

El arrojo y confianza de los que andan en la luz de Dios y en amor.

La estructura de 2 y 3 Juan

Son pocos los que han encontrado una estructura literaria cuidada en estas breves cartas. Como cualquier carta personal, empiezan simplemente con un saludo y proceden a desarrollar un tema tras otro de manera informal.[44] Cada carta viene provocada por la misma preocupación: vivir la verdad. Esto implica dos dimensiones: (1) Significa amar a los que están en la familia de Dios; (2) Significa reprender a los que quieren desmantelar esa familia. En cada caso, Juan advierte contra los

---

44. Sin embargo, como se verá en el comentario, siguen una estructura muy conocida entre los autores helenistas.

que destruyen la comunidad, un tema con base en las bien conocidas preocupaciones sobre la división que vemos en toda la Primera Epístola de Juan.

Segunda de Juan

- 1-3: Saludos personales
- 4-6: Amar a la familia de Dios
- 7-11: Proteger a la familia de Dios
- 13: Cierre

Tercera de Juan

- 1-2: Saludos personales
- 3-8: Amar a los emisarios de Cristo
- 9-12: Exhortaciones acerca de Diótrefes
- 13-14: Cierre

Bibliografía selecta

Comentarios de las Epístolas de Juan

Barker, G. W. "1 John, 2 John, 3 John". *The Expositors Bible Commentary*, vol. 12. Grand Rapids: Zondervan, 1981. Un estudio de gran profundidad espiritual de las Cartas de Juan realizado por un estimado decano del Seminario Fuller, famoso por su sabiduría pastoral.

Brooke, A. E. *A Critical and Exegetical Commentary on the Johannine Epistles*. ICC. Edinburgh: T & T Clark, 1912. Este es el estudio clásico del texto griego dentro de la serie International Critical Commentary. Útil sobre todo para cuestiones de crítica textual.

Brown, R. E. *The Epistles of John*. AB 30. New York: Doubleday, 1982. Escrito por uno de los más famosos expertos en Juan, el comentario de Brown cubre cada detalle con profundidad enciclopédica en 812 páginas. Un volumen incomparable, repleto de riquezas de erudición y profunda perspectiva pastoral.

Bultmann, R. *The Johannine Epistles*. Hermenia. Philadelphia: Fortress, 1973. Un breve pero importante estudio de la serie Hermeneia. La obra de Bultmann pone de manifiesto su dominio de las corrientes religiosas del mundo helenístico. No es tan útil para la predicación y exposición.

Dodd, C. H. *The Johannine Epistles*. MNTC New York: Harper & Row, 1946. En ocasiones excéntrico, el comentario de Dodd siempre ofrece una renovada perspectiva o una solución inesperada a problemas históricos. Una obra de erudición con aplicación limitada a la iglesia contemporánea.

Marshall, I. H. *Las Cartas de Juan,* Buenos Aires: Nueva Creación, 1991. Un erudito evangélico de la Universidad de Aberdeen, Escocia. Marshall aporta a su cuidado trabajo exegético abundante experiencia pastoral. Una obra sobresaliente cuyo concienzudo estudio compensa.

Smalley, S. *1, 2, 3 John*. WBC 51. Waco, Tex.: Word, 1984. Stephen Smalley es un famoso experto en Juan y aquí recoge las mejores perspectivas de entre una literatura sólidamente erudita. Un volumen esencial para los serios exégetas.

Strecker, Georg. *The Johannine Letters*. Hermenia. Philadelphia: Fortress, 1995. Este es un nuevo volumen de la serie Hermenia, concebido como complemento, si no sustituto, de la obra más antigua de Bultmann.

Exposiciones populares de las Epístolas de Juan

Barclay, W. *The Letters of John*. Philadelphia: Westminster, 1976. Aunque encontramos a Barclay en la mayoría de bibliotecas de iglesia, con frecuencia se ocupa de una perspectiva sobre una cuestión y no consigue hacer que los lectores sepan cuáles son las otras opciones. Siempre interesante, pero mejor si se complementa con otros autores.

Bruce, F. F. *The Epistles of John*. Grand Rapids: Eerdmans, 1970. Un comentario de fácil lectura de uno de los principales expertos en estudios de Nuevo Testamento del siglo veinte.

Stott, J. R. W. *The Epistles of John*. Grand Rapids: Eerdmans, 1964. Probablemente uno de los mejores comentaristas populares, Stott escribe apasionadamente sobre el mensaje de estas cartas para la iglesia de hoy. Siempre creativo, siempre penetrante. En español, *Las Cartas de Juan: introducción y comentario*. Buenos Aires, Arg: Ediciones Certeza, 1974.

Thompson, M. M. *1-3 John*. IVPNTC. Downer's Crove, Ill.: InterVarsity, 1992. Profesor en el Seminario Fuller, el estudio de Meye Thompson aporta vívidas y excelentes ilustraciones para la predicación, basadas en su abundancia de investigación erudita.

Estudios sobre Juan

Ashton, J. *Understanding the Fourth Gospel*. Oxford: Clarendon, 1991. Tal vez el examen pericial más completo sobre la erudición joánica hasta la fecha. Para eruditos.

Brown, R. E. *The Community of the Beloved Disciple: The Life, Loves, and Hates of an Individual Church* in *New Testament Times*. New York: Paulist, 1979. Un intento de reconstruir la historia de la comunidad joánica, usando el Cuarto Evangelio y las Cartas de Juan como ventanas a la vida de la comunidad. En español, *La comunidad del discípulo amado: estudio de la eclesiología joánica*, tr. por Faustino Martínez Goñi. Salamanca, España: Sígueme.

Cullman, O. *The Johannine Circle*. London: SCM, 1976. Un estudio provocador que sitúa la comunidad de Juan en el marco más amplio del Nuevo Testamento.

Culpepper, R. A. The *Johannine School*. Missoula, Mont.: Scholars, 1975. Un importante estudio pericial sobre las "escuelas" o "comunidades" religiosas académicas de la antigüedad y sobre su relación con la "comunidad joánica".

Law, R. *The Tests of Life: A Study of the First Epistle of St. John*. Edinburgh: T. & T. Clark, 1914; reimp., Baker, 1968. En este famoso estudio antiguo de las cartas se unen la perspectiva erudita y la sabiduría pastoral, ordenando por temas el contenido de las cartas.

Painter, J. *The Quest for the Messiah: The History, Literature and Theology of the Johannine Community*. Edinburgh: T. & T. Clark, 1993. Este minucioso tratado de erudición estudia la investigación actual sobre la literatura de la comunidad joánica y proporciona un trasfondo académico excelente para el estudio del Cuarto Evangelio y de las Cartas de Juan.

Painter, J. *John, Witness and Theologian*. London: SPCK, 1975. Una introducción útil y fácil de leer los estudios joánicos por parte de estudiantes recién introducidos en el campo.

Smalley, S. S. *John: Evangelist and Interpreter*. Exeter: Paternoster, 1978; reed., 1983. La mejor introducción para quienes están comenzando un estudio crítico de la literatura joánica.

1 Juan 1:1-4

L o que ha sido desde el principio, lo que hemos oído, lo que hemos visto con nuestros propios ojos, lo que hemos contemplado, lo que hemos tocado con las manos, esto les anunciamos respecto al Verbo que es vida. ² Esta vida se manifestó. Nosotros la hemos visto y damos testimonio de ella, y les anunciamos a ustedes la vida eterna que estaba con el Padre y que se nos ha manifestado. ³ Les anunciamos lo que hemos visto y oído, para que también ustedes tengan comunión con nosotros. Y nuestra comunión es con el Padre y con su Hijo Jesucristo. ⁴ Les escribimos estas cosas para que nuestra alegría sea completa.

Sentido Original

Las palabras de apertura de Juan sirven como introducción y nos presentan, como una vez escribió C. H. Dodd, una "maraña gramatical" que ha quedado bien disimulada por la NVI. Las frases se apilan una sobre otra cuando Juan intenta comprimir en un simple párrafo unas ideas cuya complejidad se va a ver en la carta. Cualquier lector cuidadoso de la literatura joánica notará de inmediato los ecos del prólogo del Cuarto Evangelio. En cada prólogo (en el del Evangelio y en el de 1 Juan) el *logos* o Verbo de Dios es crucial, pero ambos párrafos no van en paralelo. Más bien son complementarios.[1] En el Evangelio aprendemos acerca de la historia y obra del Verbo en la creación, su encarnación en el mundo, su rechazo y la vida eterna que ofrecía. Ahora, Juan se encarga de dos temas: la realidad de su encarnación ("lo que hemos oído … visto … y … tocado") y su importancia salvífica ("esto les anunciamos respecto al Verbo que es vida"). Juan parece enfatizar la centralidad del Verbo *encarnado* como si se hubiera formado controversia en torno al tema, como si hubiese una discusión sobre si el Verbo de Dios se hizo realmente carne (plena carne humana) en Jesucristo. Como veremos, el correcto pensamiento acerca de Jesucristo es el pivote sobre el que se sostiene en equilibrio la correcta teología.

Aunque esta intuición de controversia teológica se verá confirmada en versículos posteriores (4:2-3), podemos ver en 1:3-4 que el énfasis

---

1. Esto sugiere que el Evangelio, en su forma definitiva, se escribió antes que 1 Juan y que estos versículos son una reflexión acerca del prólogo joánico anterior.

de Juan es enteramente pastoral y práctico. Su mente está puesta en la estructura de la comunidad cristiana y en cómo su comunión y gozo se están viendo afectados por disposiciones relativas a Jesús. Asume que la íntima comunión en la comunidad cristiana solo es posible cuando hay consenso sobre la identidad y la presencia de Jesús.

El Verbo encarnado (1:1a)

La forzada gramática de los versículos 1-3 acentúa el énfasis de Juan en la centralidad del Verbo encarnado. Una traducción literal así dispuesta nos ayuda a entenderlo mejor:

[1] Lo que ha sido desde el principio,
lo que hemos oído,
lo que hemos visto con nuestros propios ojos,
lo que hemos contemplado y hemos tocado con las manos,
   —*concerniente al verbo de vida*—
[2] Y la vida apareció
y hemos visto y testificamos, y les anunciamos la vida eterna que estaba con el Padre y fue revelada a nosotros);
[3] Lo que hemos visto y oído
Lo proclamamos *también a ustedes.*

Colocar el verbo de la oración en el versículo 3 permite a Juan agrupar cuatro cláusulas de relativo al principio (la quinta está en 3a) y así enfatizar el objeto proclamado (el Verbo) más que el acto mismo de proclamación. También es curioso que el pronombre relativo sea neutro ("lo que", gr. *ho*, en lugar de "quien"). Puesto que "Verbo" (gr. *logos*) es masculino, parecería apropiado y gramaticalmente correcto poner el pronombre relativo en concordancia con el supuesto sujeto, Jesús, el Verbo encarnado.[2] Sin embargo, el uso de un pronombre neutro puede ser una manera de expresar "la trayectoria de Jesús".[3] Los pronombres neutros pueden funcionar "de manera inclusiva para cubrir la persona, las palabras y los hechos".[4] Por tanto, Juan está diciendo que la visión en conjunto de la vida de Jesús es lo que importa en este asunto, no los simples acontecimientos particulares o incluso la aparición en abstracto de Dios en la historia. En Cristo, Dios caminó con la humanidad, y todo

---

2. El texto debería, pues, decir: "El que era en el principio, a quien hemos oído y visto con nuestros propios ojos…".
3. Brown, *The Epistles of John*, 154.
4. *Ibíd.* Brown cita ejemplos en Juan 3:6; 6:39, 17:2, 7, 24, y 1 Juan 5:4. Como es típico, considera Juan 6:37: "*Todos los* que el Padre me da vendrán a mí…".

el que entra en contacto con esta realidad, todo el que haya oído, visto y tocado esta realidad, no puede sino convertirla en algo central.

Todo esto es para decir que el interés singular de Juan no es alguna doctrina abstracta sobre Jesús o sobre la importancia de predicar acerca de Jesús (aunque algunos comentaristas lo entienden así); más bien se trata de la realidad del carácter personal de Jesús, de su encarnación, su entrada en la historia. Se le describe como "el Verbo", no como si Jesús fuese una idea predicada o un mensaje que ilumina. Este término más bien nos remonta al prólogo del Evangelio, donde se llama a Jesús "el Verbo" como título personal de relevancia tanto para oídos griegos como judíos. El Verbo es la expresión creativa de sí mismo que tiene Dios y por medio de la cual fue creado el cosmos (judaísmo, Gn 1:1ss.). Es la razón divina que da al universo coherencia y propósito (helenismo; *cf.* Filón). Así pues, en el versículo 1, Juan escribe que este verbo era "desde el principio" (*cf.* Jn 1:1, "En el principio ya existía el Verbo, y el Verbo estaba con Dios, y el Verbo era Dios"). No se refiere necesariamente al principio de la vida de Jesús en la tierra (aunque algunos han defendido esa interpretación). Más bien, explica la maravillosa tensión del pensamiento cristiano: Aquel que existía desde la eternidad sin límites ha entrado en el tiempo y el espacio, y se ha alojado aquí en la tierra.

Por tanto, la relación de este Verbo con la historia humana es de crítica importancia. Los versículos presentes de Juan sirven como una reflexión, quizás una expansión, en torno al versículo principal del prólogo, Juan 1:14: "Y el Verbo se hizo hombre y habitó entre nosotros. Y hemos contemplado su gloria". Para descartar cualquier sugerencia de que esta aparición en la historia fuese imaginaria o parcial, Juan habla gráficamente de la confirmación sensorial (oír/ver/tocar) que acompañó a esta revelación.

El Verbo de vida (1:1b-2)

Sin embargo, este no es un Verbo cualquiera. Tampoco es un Verbo "acerca de la vida", como si se tratase de un mensaje que explicara el sentido de vivir. La expresión final del versículo 1 es determinante, porque explica la importancia de esta revelación. Una vez más, el prólogo del Cuarto Evangelio en Juan 1:4 nos da una pista. Ahí aprendemos que este Verbo encarnado es la fuente de la vida: "En él estaba la vida".[5] "Respecto al Verbo que es vida" es casi un torpe paréntesis

---

5. Ver también Juan 11:25 y 14:6, donde Jesús dice que él es la vida. La NVI apoya esta interpretación poniendo Verbo con mayúscula en el v. 1.

insertado en el párrafo para dejar totalmente claro que la vida eterna aquí descrita tiene su base en los hechos históricos de la vida de Jesús. En otras palabras, la vida eterna no es el resultado de algo de iluminación o conocimiento adquiridos de modo místico. La vida eterna está históricamente anclada en lo que podemos llamar *el escándalo de la particularidad* exclusiva del cristianismo. La vida de Dios ha llegado hasta nosotros por medio de un hecho histórico, un acontecimiento que Juan afirma que ha sido verificado por personas que lo vieron.

Es interesante que, en el versículo 2, la autoridad que hay tras la afirmación de Juan no sea meramente la de alguna tradición o convencionalismo doctrinal. Brota de la experiencia. Para Juan, una cosa sería defender la particularidad de la encarnación como requisito lógico de algún sistema teológico, y desde luego que podría hacerlo. El reiterado énfasis en la experiencia personal —ver y dar testimonio de lo que nos ha sido revelado— no es solo una manera de apuntalar su defensa de la encarnación. La autoridad de Juan descansa en lo que él sabe que es verdad *porque lo ha tocado*. Está realizando una interpelación urgente; no solo está ofreciendo un testimonio de una teología coherente y ortodoxa, sino de un Verbo viviente, Jesucristo, cuya realidad es el punto de referencia principal de su vida. En la comunidad cristiana inicial, cuando se buscó la sustitución apostólica del fallecido Judas Iscariote, el criterio dominante para el nombramiento era que el candidato tuviera esa experiencia del Señor encarnado. Matías obtuvo su candidatura, porque *había visto y oído y tocado* a Jesucristo, "desde que Juan bautizaba hasta el día en que Jesús fue llevado de entre nosotros" (Hch 1:22).

El Verbo y la comunión (1:3-4)

Los requisitos de la comunidad cristiana eran abrazar a este Verbo, experimentar esta vida, alcanzar ese punto de referencia. El propósito de la carta de Juan es la comunión: "… que tengan comunión con nosotros" (v. 3 a). El término griego que se traduce como "comunión" en la NVI es *koinonia*, que significa tener algo en común. *Koinonia* puede describir una labor compartida (como la pesca de Jacobo, Juan y Simón en Lc 5:10) o el disfrute en común de algún don o experiencia (como la gracia de Dios en Fil 1:7; las bendiciones del evangelio en 1Co 9:23; o el Espíritu Santo en 2Co 13:14).

Este es el punto crucial del pensamiento de Juan y el propósito de su escrito. La comunidad cristiana no es una asociación transitoria de personas que comparten simpatías comunes por una causa. Tampoco es una academia en la que se descubre un consenso intelectual acerca de Dios. No puede ser superficial. La comunidad cristiana es colaboración en la experiencia; es la vida en común de personas que poseen una experiencia compartida de Jesucristo. Hablan de su experiencia, se instan mutuamente a crecer más en ella y descubren que, a través de la misma, empiezan a construir una vida juntos que no se parece a ninguna otra vida compartida en el mundo.

Pero la comunidad cristiana no es meramente horizontal; no es un simple fenómeno social. Juan afirma que este discipulado es también "con el Padre y con su Hijo, Jesucristo" (v. 3b). Esto añade una dimensión más al significado de comunidad. La comunión no es la simple coincidencia de una experiencia de Dios que se comparte, donde comparamos nuestro andar espiritual privado; es vivir y experimentar al Padre y al Hijo *juntos* como creyentes. La comunión cristiana es triangular: mi vida en comunión con Cristo, tu vida en comunión con Cristo y mi vida en comunión con la tuya. La unión mística que disfruto con Cristo se convierte en el adhesivo que mantiene a la iglesia junta. En el versículo 4, Juan añade que el resultado neto de tal comunidad será el gozo: "que nuestra[6] alegría sea completa". Esto es un beneficio, un resultado, de una comunión genuinamente cristocéntrica.

Los temas aquí considerados encuentran un claro paralelismo en la enseñanza de Jesús en Juan 15. Permanecer en Cristo, la vid, es la manera de convertirse en discípulo de Cristo (15:8) y de experimentar su gozo (15:11). Además, nuestra unión con la vid es el requisito previo para el amor mutuo (15:12-17). Volvemos a ver que la comunidad cristiana crece a partir de una relación madura con Dios en su Hijo Jesucristo. Y, desde luego, donde no está dicha relación con Cristo, tal comunidad es algo imposible.

Construyendo Puentes Partiendo de mi estudio panorámico de la literatura joánica (véase la Introducción) y de lo que entiendo en estos versículos, el énfasis de Juan me dice que está escribiendo a una comunidad en la que existe una considerable desunión. Han surgido facciones y diversos desacuerdos teológicos han menoscabado la vitali-

---

6. Algunos textos antiguos ponen "su" [de ustedes] alegría, en lugar de "nuestra alegría". Hay considerable evidencias en favor de esta lectura alternativa (de ahí su aparición en las notas al pie de la NVI), y la similitud de las dos palabras en griego (*humon*, *hemon*) hace que la confusión del escriba sea comprensible. La lectura alternativa puede haber sido influenciada por la aparición de "su alegría" en Juan 15:11 y 16:24.

dad de la iglesia. De 1:1-4 y 4:1-3 deducimos con claridad que se ataca la encarnación. En la Introducción hemos especulado que estos oponentes bien podrían ser gnósticos, que, si en algún momento afirmaban la divinidad de Jesús, difícilmente admitirían su carácter físico en aspecto alguno. Para ellos, las propiedades físicas no podían tener nada en común con un ámbito divino. Por tanto, en esta comunidad heterogénea, los cristianos intentaban discernir qué era *esencial para la identidad cristiana*. No es descabellado imaginar que los debatientes insistieran en que toda "doctrina que divida" debiera ser puesta a un lado para que nadie resultase ofendido.

Además, Juan tiene en mente la calidad y carácter de la comunión cristiana que debiera acompañar a la vida cristiana. El reiterado énfasis de Juan en el amor a lo largo de su carta sugiere el áspero tono que tendría el debate. Los cristianos estaban enzarzados en un agrio conflicto, intentando averiguar cómo vivir en un entorno con tal diversidad. Así, incluso aquí en 1:1-4, su urgencia brota de un deseo de restaurar la comunión y la alegría en una comunidad que, de lo contrario, está dividida.

Sin embargo, es curioso que su tratamiento del tema no sea simplemente ético. Juan no se limita a catalogar cuáles son las conductas impropias para un cristiano y luego dar una lista de las virtudes adecuadas, como Pablo sí hace en Gálatas 5:16-26 y Colosenses 3:5-17. Juan une los temas de cristología y comunidad cuando exhorta a la iglesia diciendo que una correcta comprensión de Jesús debería condicionar la forma en que vivimos juntos. La encarnación de Jesús es la doctrina central de la fe cristiana. Abrazar a este Jesús histórico y seguir dando testimonio de él (ver/tocar/oír) debería ser lo central de nuestra vida colectiva. No podemos dejar al margen a Jesucristo, Dios hecho carne.

Como intérprete, entiendo que este contexto en particular, completado con los herejes protognósticos, tiene poco que ver con mi mundo. Algunas corrientes, sobre todo entre los que procuran forjar una nueva unidad entre el conjunto de movimientos religiosos, pueden parecerse en su forma de prescindir de la centralidad de Cristo como asunto primordial absoluto. Algunas religiones Nueva Era intentan, asimismo, heredar el "centro" de la enseñanza de Jesús, dejando atrás su persona.

Por otra parte, debo buscar temas que sirvan de puente entre el contexto de Juan y el mío. Debo procurar extraer lo que es *contextualmente transferible* para dar vida a este pasaje. Me vienen a la mente dos temas. (1) Juan está luchando con *la esencia de la identidad cristiana*.

¿Cuál es la médula de la creencia que distingue al cristiano? ¿Cuál es la doctrina clave en el corazón de nuestra fe? Regresaremos a esto una y otra vez conforme vemos que la teología encarnacional es, para Juan, la cuestión crucial de pensamiento. (2) Juan está describiendo la *base de la comunión cristiana*. Dentro de la iglesia, la calidad de nuestra vida en común es un dato esencial para cumplir con nuestra comisión como pueblo de Dios. Sin embargo, ¿deberíamos perseguir esta armonía y unidad de propósito a cualquier precio?

Significado Contemporáneo

Vivimos en una cultura ansiosa de experiencias religiosas. George Barna informa que, en Estados Unidos, en torno al 90% de la población cree en un Dios o dioses que tienen poder sobre el universo.[7] Como resultado, la tolerancia religiosa y la experimentación son algo común. Además, al preguntar si todas las religiones del mundo oran básicamente al mismo Dios, el 64% de los adultos dijo que sí. En la iglesia cristiana, entre los que se hacen llamar evangélicos, el 46% respondió afirmativamente, y, de entre ellos, los que se presentan como "nacidos de nuevo", contestaron que sí en un 48%. Entre los adultos que simplemente se consideran "asistentes regulares a la iglesia", el 62% afirmaba creer que todas las religiones oran esencialmente al mismo Dios.[8] Es pasmoso. En las bancas de las iglesias americanas, dos tercios de las personas no cree en el carácter *exclusivo* del mensaje cristiano, y casi la mitad de los evangélicos dicen lo mismo.

A la luz de estas tendencias, tanto dentro como fuera de la iglesia, ¿cómo definiremos nuestra vida en común como cristianos? ¿Cuál será el carácter esencial del pensamiento y la comunidad cristianos?

(1) ¿Qué significa aferrarse al "escándalo de la encarnación"? Juan nos presenta la particularidad del pensamiento cristiano. En el centro de nuestra fe está la entrada de Jesucristo en la historia como revelación definitiva de Dios. Es un acontecimiento que no podemos echar por la borda. No se puede redefinir como un mito ni compararse con las revelaciones religiosas ofrecidas por otros (Mahoma, Joseph Smith, los profetas de la Nueva Era, etc.). Jesucristo es definitivo.

---

7. G. Barna, *What Americans Believe. An Annual Survey of Values and Religious Views in the United States* (Ventura, CA: Regal, 1991), 174.
8. *Ibíd.*, 212.

Por todo el mundo, los cristianos se sienten, con frecuencia, tentados a forjar nuevas alianzas para conseguir nobles fines. Esto es especialmente así en países en los que coexisten diferentes confesiones, codo con codo. Por ejemplo, yo he tenido el privilegio de relacionarme con la comunidad cristiana palestina y aprender de su lucha para sobrevivir en Israel. En las colinas de Cisjordania, musulmanes moderados palestinos y sus compatriotas cristianos se preguntan qué clase de unidad pueden formar con el propósito de construir un frente unificado por la justicia.[9]

Las mismas cuestiones nos acompañan aquí en el mundo occidental. El problema se agudiza cuando nos vemos envueltos en diálogos interconfesionales que tratan de construir unidad especialmente para loables programas sociales. Recuerdo que estuve una vez en un esfuerzo de ese tipo en Skokie, Illinois. Era una reunión de rabinos judíos y pastores cristianos que, por el interés de los suburbios del norte de Chicago, coincidieron en que se necesitaba un frente unido contra el crimen y las drogas, A medida que progresaba la conversación, todos los bandos exigían un "denominador común teológico" que sirviese de base para la oración, la adoración y la ética. Huelga decir que el énfasis cristológico tuvo que ser puesto a un lado.

También he pasado años como capellán de la Marina de Estados Unidos. La capellanía militar tiene un milagroso éxito a la hora de proteger las señas distintivas de cada tradición de fe, de modo que las comunidades dedicadas a su culto no tengan que transigir en cuanto a lo esencial de sus creencias. Con todo, el ejercicio de una religión pública interconfesional coloca sobre el capellán unas demandas singulares. Recuerdo que en una ocasión estaba dirigiendo la oración en una escuela de oficiales cerca del Navy War College de Newport, Rhode Island. El oficial al mando me recordó que no incluyera nada ofensivo, como referencias a Jesucristo. ¡Imagínense, portando mi cruz como alzacuellos castrense y sin poder referirme a Jesús! ¡Eso es una conducta teológica apropiada! Una vez estuve con los marines en Camp Pendleton, California, y una noche en el campo me tocó vigilancia desde medianoche hasta las cuatro de la mañana, con un capellán mormón. Después de tres horas juntos, era evidente que si manteníamos a Jesús como algo central, nuestro compañerismo encontraría serias limitaciones.

---

9. Para más información, G. Burge, *Who Are God's People* in *the Middle East? What Christians Are Not Being Told About Israel and the Palestinians* (Grand Rapids: Zondervan, 1993).

¿Es posible comportarnos como cristianos y excluir el lugar de Jesucristo? ¿Deberíamos abstenernos de empresas de ese tipo? ¿O deberíamos dejar de llamarlas "encuentros" cristianos? Si Cristo resulta ofensivo para algunos, ¿seguimos ministrando y negamos el hecho central de nuestra fe? ¿O debemos aferrarnos al escándalo de lo que afirmamos? Juan diría en seguida que no hay cristianismo si Jesucristo no está en el centro.

Pero tal vez tengamos aquí un problema con más matices: la cuestión más apremiante es si resulta apropiado para los cristianos guardar un silencio "estratégico" acerca de Jesús cuando nos encontramos con personas de otras creencias y convicciones. Cuando el momento es el adecuado y la confianza está asegurada, se oirá el tema central de nuestra fe: Jesús. Wheaton College optó por esta vía recientemente cuando nuestro Centro de Estudios Islámicos albergó un diálogo con un círculo de líderes de esa confesión. (¡La situación se tornó especialmente extraña cuando se despidieron, porque tenían que salir al vestíbulo y rezar hacia la Meca!). El problema, por supuesto, surge cuando el silencio estratégico no tiene nada de estrategia y es, sencillamente, una callada concesión al pluralismo y la tolerancia.

(2) Hay que dejar a un lado las señas distintivas teológicas por la unidad de la iglesia? La cuestión del pluralismo se vuelve aún más problemática cuando el diálogo tiene lugar dentro de la iglesia misma. Los evangélicos se encuentran, a menudo, viviendo y trabajando en denominaciones tradicionales o en iglesias locales en las que adoptar unas determinadas doctrinas ortodoxas genera tensión. Los cristianos carismáticos sienten lo mismo cuando tratan de compartir el gran valor de sus experiencias y, no obstante, descubren que su presencia pone en riesgo la unidad. En mi propia denominación presbiteriana (PCUSA: Presbiterian Church U.S.A.), los límites del pluralismo se estiran con frecuencia hasta el punto de ruptura. Para mantener la unidad, se busca un "mínimo denominador común", un paraguas doctrinal minimalista que no excluya a nadie. ¿En qué punto creer lo correcto llega a ser más importante que la unidad de la iglesia?

En 1 Juan 1:1-4 se nos da a entender que hay al menos una doctrina, una convicción, que no se puede desechar a la ligera. Cualquier ministro religioso, cualquier cristiano que no abrace la realidad de Dios-en-la-historia, cualquier creyente que pueda tratar con desdén el hecho definitivo de la historia de la salvación, es decir, a Jesucristo como

Dios-entre-nosotros, se ha desviado significativamente de la fe de la iglesia primitiva.

Admito que esto abre la puerta a toda una variedad de cuestiones adicionales. ¿Hay otras creencias esenciales que definan la identidad cristiana? El nacimiento virginal, por ejemplo, está íntimamente ligado a la teología encarnacional, ¿pero es esencial para la identidad cristiana? ¿Y qué pasa con doctrinas que no están tan directamente conectadas, como la Escritura, los dones carismáticos, los sacramentos, el universalismo, la ordenación de mujeres, y los santos? ¿Debería la iglesia aprobar en sus filas la diversidad en cuanto a esos temas en pro de una más amplia unidad? Hagamos al respecto lo que hagamos, Juan habría puesto, por lo menos, el punto de partida en la encarnación. Jesús-en-la-historia es el principio fundamental de donde emergen todas las demás doctrinas.

Un amigo me contó en cierta ocasión una notable historia verídica acerca de la Harvard Divinity School. Al saber que uno de sus profesores era agnóstico, preguntó acerca del espectro de diversidad teológica del seminario. "Todo vale", le respondieron. Mi amigo insistió: "¿Quiere decir que no hay creencia o ausencia de ella que impediría que alguien fuese contratado para enseñar Teología?". Recibió una aclaración: "Solo una cosa: que se niegue a apoyar la ordenación de mujeres". Independientemente del sentir de cada uno en este asunto, Juan fijaría firmemente el punto de partida (la prueba determinante) de la teología cristiana en otro lugar. La prueba para Juan está en la ausencia de una sana cristología. En el evangelicalismo se encuentra la misma confusión. La Evangelical Theological Society [Sociedad Teológica Evangélica], una confraternidad académica de cientos de profesores y pastores evangélicos, tiene una única afirmación doctrinal que todo miembro debe firmar: la inerrancia de la Escritura. Un fiel mormón podría suscribirla sin problemas. Ambos temas de los ejemplos —la ordenación de mujeres y la inerrancia de la Escritura— son legítimos e importantes. Pero no son lo central. Juan nos recuerda que la cristología está en el centro de nuestra identidad teológica.

Muchos teólogos involucrados en diálogo con las corrientes teológicas modernas ven esto con claridad. Los debates teológicos a nivel interno de la iglesia pierden a menudo de vista la cuestión más amplia de la cristología en la frontera entre la iglesia y el mundo. En su generación, las conferencias de Dietrich Bonhoeffer sobre cristología, *Cristo es el centro*, hizo que se oyera este desafío con claridad.[10] Hoy necesita-

---

10. D. Bonhoeffer, *Christ the Center* (New York: Harper and Row, 1960), 61.

mos que se oiga esa misma llamada. La particularidad de Jesucristo es el escándalo del cristianismo que nos pone aparte del mundo. La cristología es el tema que no podemos desechar, no importa los beneficios en juego ni lo tentador que resulte.

(3) *¿Qué significa hoy ver/tocar/oír a Jesús?* Para mí está claro que Juan intenta describir una convincente experiencia, para sí mismo y para la primera generación de creyentes. Pero está menos claro lo que eso significa para los creyentes que viven incluso pasada una generación desde la ascensión de Jesús. Por supuesto, podemos decir que esta persuasiva experiencia le pertenecía únicamente a una generación y que todas las posteriores tienen que vivir refiriéndose a ella, como si fuera un "toque" distante, por así decirlo.

Pero creo que Juan quiere más que eso. El Cuarto Evangelio, por ejemplo, sugiere que habrá una continuidad de la "experiencia de Jesús" por todas las generaciones, no solo en la primera. En Juan 14, Jesús promete que nunca dejará "huérfanos" a sus seguidores (14:18) y que los que le aman y son obedientes se convertirán en la nueva morada de Cristo (14:23). En otras palabras, la teología joánica no ve la ascensión como un punto final a la presencia de Cristo. El Espíritu de Cristo dado a sus seguidores (Jn 20:22) es de hecho su propio espíritu. En 1 Juan 3:24 dice con claridad: "¿Cómo sabemos que él permanece en nosotros? Por el Espíritu que nos dio". Y 4:13 añade: "¿Cómo sabemos que permanecemos en él, y que él permanece en nosotros? Porque nos ha dado de su Espíritu". Así pues, la comunión continua del creyente con el Señor es una dimensión necesaria del discipulado cristiano.

¿Estamos hablando de una experiencia mística? ¿De un éxtasis o experiencia carismática? ¿Cómo tenemos comunión con Dios de un modo que se corresponda con la experiencia de Juan? Al menos podemos decir de qué no se trata. No consiste en hacer cosas cristianas (aunque la obediencia a su palabra es parte de ello, ver 1Jn 2:5). No se trata simplemente de asentir intelectualmente a un conjunto de doctrinas (aunque creer lo correcto también es parte de ello, ver 4:2-3). *El discipulado cristiano debe ser algo de experiencia.* Tiene que ser personal en cuanto a que la persona de Jesús mora en nuestra vida y se da a conocer. Usando los términos de Juan en 1:3, el creyente tiene comunión con el Padre y el Hijo en un modo no distinto a como la tiene con otros cristianos.

Por eso Juan sabe que la verdadera comunidad cristiana gira en torno a las genuinas experiencias de Jesús. En su carta, desea una clase de intimidad que une las realidades espirituales con la vida en comunidad. Por otro lado, cuando los miembros de la iglesia se juntan y nadie puede hablar de la manera en que Cristo está penetrando, sanando y dirigiendo las áreas principales de su vida, es poco probable que se pueda hablar de comunión. Además, tales experiencias de Jesús constituyen la base de la autenticidad cristiana. Juan escribe con autoridad, porque sabe que afirma la verdad, y no por razones, sino por experiencia. Hoy, la autenticidad de nuestra fe está igualmente ligada a la vitalidad de la vida de Jesús en nosotros. Si él es una doctrina, nuestro testimonio será hueco. Si es una persona, nuestro testimonio será potente.

Sin embargo, en una era que coloca la experiencia religiosa por encima de la doctrina y la ética, hay que tener cuidado. De hecho, la realidad presente de Jesús puede contemplarse de manera mística en la oración y en poderosos encuentros de Cristo-en-Espíritu. Pero hay otras maneras de verlo. Recuerdo la primera vez que un amigo mío puso en mi mano una copia del libro de Jim Wallis, *Agenda for a Biblical People* [Programa para un pueblo bíblico].[11] Wallis escribió una argumentación persuasiva y estimulante para comunidades transformadas que portan las cualidades de semejanza de Cristo en nuestras ciudades. Cristo es más que conversión, salvación y renovación personal. Tiene que ver con la transformación del mundo. Él nos llama a hacer que su reino afecte a los poderes de este mundo. De modo similar, Stanley Grenz ha revisado los intentos fallidos de la teología evangélica por despertar la imaginación del mundo actual.[12] Defiende "el reino de Dios" como nuevo centro organizador de lo que decimos y hacemos. En un mundo de comunidades fracturadas, Cristo ha venido a traer una nueva visión de la vida, a dar una "posición estratégica trascendente para la vida presente" y a comunicar "un mensaje cualitativo para la vida, el tiempo y el espacio, las personas y los grupos".[13] Esta creación de comunidad radical es, asimismo, la obra de Cristo —su presencia— que Juan no dudaría en abanderar también.

---

11. J. Wallis, *Agenda for a Biblical People* (New York: Harper and Row, 1984).

12. S. Grenz, *Revisioning Evangelical Theology. A Fresh Agenda for the 21st Century* (Downer's Grove, Ill.: InterVarsity, 1993).

13. *Ibíd.*, 155.

1 Juan 1:5-7

Éste es el mensaje que hemos oído de él y que les anunciamos: Dios es luz y en él no hay ninguna oscuridad. ⁶ Si afirmamos que tenemos comunión con él, pero vivimos en la oscuridad, mentimos y no ponemos en práctica la verdad. ⁷ Pero si vivimos en la luz, así como él está en la luz, tenemos comunión unos con otros, y la sangre de su Hijo Jesucristo nos limpia de todo pecado.

La sección anterior, 1 Juan 1:1-4, sirve de prólogo, lanzando los dos temas gemelos que ocuparán el interés de la carta. En la Introducción he planteado las diversas maneras en que se puede dividir esta carta; he optado por la división en dos partes, porque veo 1:5 y 3:11 como divisiones naturales. La expresión común "Este es el mensaje (gr. *angelia*) que hemos [ustedes han, 3:11) oído" señala una nueva transición en cada caso a una de las dos preocupaciones presentadas en el prólogo.[1] Por un lado, pensar lo correcto acerca de Dios (Dios es luz") es un requisito necesario para vivir en la comunidad cristiana. Este será el tema de la primera sección de la carta de Juan, 1:5–3:10, y se presenta en el prólogo con sus firmes palabras acerca de la encarnación. Por otro lado, vivir de manera correcta en la comunidad ("Dios es amor"), de forma honrada y en amor, es algo que también está en la mente de Juan. Este será el tema de la segunda sección, 3:11–5:12. En el prólogo aparece una pincelada de esta inquietud en el deseo que Juan expresa de que la comunión y la alegría sean las marcas distintivas de la vida cristiana en comunidad.[2]

Sin embargo, como he mencionado en la Introducción, hay poco acuerdo entre los expertos respecto a la organización de 1 Juan. Por tanto, tengo mis reservas para defender esta división como definitiva.

---

1. El texto de la NIV es confuso en este punto. La frase: *"Éste es el mensaje* que hemos oído de él y que les anunciamos" aparece también en 2:7, pero en este caso con el griego logos ("palabra, comunicación") en lugar de *angelia*. La NRSV traduce "el antiguo mandamiento es *la palabra que ustedes han* oído". *Angelia* aparece solo dos veces, en 1 Juan 1:5 y 3:11.

2. Pueden encontrarse más detalles de la organización de la carta en la Introducción, pp. 39-44.

Las ideas de Juan saltan de una categoría a otra; la corrección teológica y la ética se entremezclan una y otra vez, resonando aquí y allá en estos capítulos, y haciendo estragos entre aquellos a quienes nos gusta encontrar divisiones claras, ajustadamente organizadas.

La organización interna de 1:5–3:10 comienza con la afirmación de una tesis ("Dios es luz") y procede a construir una lista de expectativas que atañen a los que caminan en esa luz. Veremos que la discusión de Juan está sazonada con citas que debieron de haber tenido cierto predicamento en su comunidad. Las menciona y luego presenta una cuidada refutación. Después de la declaración de la tesis de Juan en 1:5-7, he dividido los versículos restantes en cinco unidades, cada una de las cuales es una exhortación que se ocupa de algún debate o tema herético que formaba parte de las controversias de la iglesia de Juan. En cada caso, negar la verdad que presenta Juan es apartarse de la luz y separarse de la comunión entre el pueblo de Dios. (1) Debemos resistirnos al pecado, 1:8–2:2; (2) debemos obedecer los mandamientos de Dios, 2:3-11; (3) debemos desafiar al mundo y sus deseos, 2:12-17; (4) debemos renunciar a quienes distorsionan la verdad; y (5) debemos vivir como hijos de Dios, no como hijos del diablo, 2:28–3:10.

La presente sección, 1 Juan 1:5-7, está estrechamente ligada al prólogo en tanto que continúa con temas ya anunciados allí. El mensaje está firmemente basado en lo que se ha oído, y en toda su extensión se mantiene el sujeto en primera persona del plural ("hemos oído", "afirmamos", "vivimos"), lo que sugiere que Juan está involucrado en algún tipo de debate en el que se dirige a una comunidad de personas cuyas ideas son opuestas al mensaje del evangelio.[3] Sin embargo, en este caso, el interés de Juan (incluso por 3:10) es práctico y moral: un verdadero reconocimiento de la realidad de Dios resulta en cambiar la manera de vivir. Juan no se enzarza en ningún debate esotérico. Su intención, en principio, no es discutir de doctrina, sino que quiere cultivar el discipulado que sabe cómo "poner en práctica la verdad".

Muchos han señalado que la estructura de 1:5-7 posee una forma cuasi poética demasiado precisa como para producirse por accidente y que, probablemente, recuerda el uso semítico del paralelismo. Las líneas se reflejan unas en otras, a la inversa, como en un espejo, en lo que llama-

---

3. Es interesante comparar el versículo que sigue al prólogo del Evangelio de Juan (Jn 1:19) con 1 Juan 1:5. El vocabulario de ambos coincide, y también 1 Juan 1:5 ("Éste es el mensaje [*angelia*]") nos recuerda a Juan 1:19 ("Éste es el testimonio [*martyria*]". De modo similar, así como 1 Juan 1:5 se toma del prólogo epistolar, también Juan 1:19 se toma de Juan 1:6. Ver Brown, *Epistles of John,* 225.

mos quiasmo; suele representarse con los símbolos A B B′ A′.[4] Al reescribir estos versículos se hace evidente su organización:

A Dios es *luz*

B No hay *oscuridad* en Dios

B′ Caminar en la *oscuridad*

A′ Caminar en la *luz*

Se ve claro al instante que el interés de Juan está en determinar el significado de la metáfora luz/oscuridad y en aplicarlo en sentido ético a la vida cristiana.

Dios es luz (1:5)

En el versículo 5, Juan condensa su pensamiento para dar la esencia del mensaje[5] que ha traído a sus lectores. Pero fijémonos de nuevo en que, como en el prólogo, Juan apela a la revelación histórica como el *ancla* de lo que él cree. "En él" (aunque es ambiguo en griego) se refiere sin duda a Jesús. La reacción de Juan es edificar todo lo que dice teológicamente sobre la base de la revelación, la revelación histórica, de la que él da testimonio en la vida de Jesucristo (*cf.* 1:1-3). Cabe preguntarse por qué lo hace. En 2:20-21 vemos cómo los problemas de la iglesia son esencialmente pneumáticos. Parten de profetas que, bajo la pretendida inspiración del Espíritu, enseñan cosas falsas. La primera respuesta de Juan cuando se enfrenta a esas doctrinas es instruir a sus seguidores en que la teología tiene que estar firmemente anclada en algo objetivo, de lo contrario se verá influenciada por cualquier capricho o inspiración. Debe comenzar siempre con un relato en el que examinamos y afirmamos con alto aprecio lo que Dios ya ha dicho en la historia. Esta *revelación especial* se convierte entonces en lo que pone a prueba nuestras inspiraciones y especulaciones.

Cuando Juan afirma que Dios es luz, está recordando una idea que se remonta a sus orígenes, al Antiguo Testamento. En Éxodo 3, Moisés experimenta a Dios como fuego. En 13:21, la presencia de Dios como

---

4. Un sencillo y conocido quiasmo de los Evangelios es: A El sábado / B es hecho para el hombre / B′ no el hombre / A′ para el sábado. El término "quiasmo" viene de la letra griega *ji* (escrita X), que es la figura que se forma cuando AB/B′A′ se traza en dos líneas y se conectan sus letras.

5. El término griego aquí empleado, *angelia*, no aparece en ninguna otra parte del Nuevo Testamento, salvo en 1 Juan 3:11. Está relacionado con *apangelein* ("anunciar, proclamar") en 1:2-3. Pero como Juan nunca usa la palabra habitual para "evangelio" (gr. *euangelion*) puede que *angelia* sea un sinónimo.

fuego ilumina el camino de los israelitas en el desierto (*cf.* Nm 9). Así, cuando se erige el tabernáculo, la presencia de Dios se señala con fuego en los candelabros de oro (8:1-4). El fuego da luz, y así, de modo similar, Dios se describe como tal. De ahí que el Salmo 104:2 diga: "Te cubres de luz como con un manto; extiendes los cielos como un velo", y el salmista le pide: "¡Haz, Señor, que sobre nosotros brille la luz de tu rostro!" (4:6). El obrar de Dios entre el pueblo se describe coherentemente como traer luz que elimina la oscuridad (Éx 13:21; 2S 22:29; Esd 9:8; Sal 13:3; 18:28; 19:7-8).

Juan apela también a la venida de Jesús que se describe en los Evangelios como la manifestación de la luz. Cuando Jesús, de niño, fue presentado en el templo, Simeón celebra su llegada como una "luz que ilumina" (Lc 2:32). Mateo resume los inicios del ministerio de Jesús citando a Isaías para describir el carácter mesiánico de Jesús como una gran luz destinada a los que están en oscuridad (Mt 4:16). Pero no es probable que Juan hubiese tenido esos textos sinópticos delante. Si tenemos razón en que la comunidad joánica poseía un borrador temprano del Cuarto Evangelio como su único registro de la vida de Jesús, es posible que Juan esté apelando a pasajes como Juan 1:5 ("La luz resplandece en las tinieblas" o 1:9 ("Esa luz verdadera, la que alumbra a todo ser humano, venía a este mundo"). Esto es especialmente plausible partiendo de que ya hemos observado la clara dependencia de los presentes versículos con respecto al prólogo de Juan. Además, en Juan 3:9-12, el Bautista usa la metáfora de la luz para referirse a Jesús, y en 8:12 dice: "Yo soy la luz del mundo" (ver también 9:5; 12:35, 46). De hecho, en el propio Evangelio de Juan se dan variantes del término "luz", ya sea como sustantivo o como verbo, hasta en cuarenta ocasiones.[6]

Lo que implica para la teología joánica es simple. Puesto que Dios es luz, al traernos Jesús a Dios es como si nos trajese luz, luz divina. Pero hay algo curioso en este versículo. De los múltiples usos de "luz" en la literatura joánica, la gran mayoría se refiere a Jesús como la luz (en el Evangelio, diecinueve de las veintitrés apariciones se refieren a él). Aunque el énfasis de Juan suele ser cristológico, en este versículo realiza una escueta declaración *teológica* apartándose de su tendencia habitual. Normalmente, Juan pone más de relieve a Jesús, no a Dios. Sus escritos solo presentan tres afirmaciones absolutas acerca de Dios:

---

6. La popularidad de la imaginería de la luz en este periodo es evidente por los hallazgos de Qumrán, donde se llamaba a sus adeptos "hijos de la luz" y se usaban normalmente las metáforas de luz y oscuridad para describir el mundo. Ver 1 QS 1:9-10; 5: 19-20.

Dios es Espíritu (Jn 4:24), Dios es luz (1Jn 1:5) y Dios es amor (4:8). ¿Por qué no ha seguido aquí Juan insistiendo en que Jesús es la luz?

No deberíamos pasar por alto la importancia de esta imagen teológica para Juan. Parece estar apelando a un eslogan usado por sus oponentes, puesto que en los cinco versículos siguientes los va a citar con precisión. Entre los gnósticos, la luz era una metáfora primaria para Dios, porque el gnosticimo promovía una religiosidad de iluminación mística. Como escribe C. H. Dodd acerca de estos versículos: "Cualquiera que hable de esta forma se encuentra dentro del mundo religioso del helenismo del primer siglo".[7] Como antes con Platón, la imaginería de la luz conformaba la base del dualismo conceptual de Oriente Próximo. Incluso Filón, que mezcló judaísmo con helenismo, afirma: "Dios es luz, y no solo luz, sino el arquetipo de cualquier otra luz, o mejor dicho, más antiguo y más alto que cualquier arquetipo" (*De Somniis*, 1.75).[8] Así, es posible que Juan esté acotando un terreno común, estableciendo un marco desde el que atacar el error en cuestión.

De hecho, Juan dice que Dios es luz. Es puro, perfecto y absolutamente justo. Y, por encima de todo, la luz se manifiesta, desvela nuestra identidad espiritual —si permanecemos en el Hijo o no— e identifica sin ambages a los que viven en la oscuridad. Por tanto, la luz también tiene una función de juicio, porque destapa cosas. Para Juan, esto no es una vana especulación teológica. Dios contrasta con la oscuridad, el mal, el error, la imperfección. Esta noción lleva implícito un desafío. ¿Vivimos en la luz de Dios o se descubre que estamos en la oscuridad?

Vida en la oscuridad (1:6)

Aunque el texto griego del versículo 6 utiliza el discurso indirecto, resulta útil convertir los versículos, 6, 8 y 10 en discurso directo para ver que Juan se está enfrentando a tres ideas falsas, posiblemente los tres eslóganes bien conocidos en esta iglesia. Hay seis cláusulas con "si" (gr. cláusulas de *ean*) en 1:16-2:1, tres negativas y tres positivas.

1:6 Si decimos: "Tenemos comunión con él", pero andamos en la oscuridad	1:7 Pero si andamos en la luz como él está en la luz...
1:8 Si decimos: "No tenemos pecado"	1:9 Pero si confesamos nuestros pecados…

7. C. H. Dodd, *Johannine Epistles*, 18.
8. *Ibíd.*, 19, se puede profundizar en R. Bultmann, *Johannine Epistles*, 16.

1: 10 Si decimos: "No hemos pecado"	2:1 Pero si alguno practica el pecado...

Cada una de estas afirmaciones, que se nos muestran con tanto cuidado, es una sutil variación sobre el mismo tema. Las personas de la iglesia de Juan estaban afirmando tener un íntimo caminar con Dios, que sus vidas no estaban contaminadas con el pecado y que no habían hecho nada malo. La cuestión no consistía en ningún desacuerdo sobre actos específicos de malas conductas intencionadas. No rechazan reconocer algo del pecado por el que Juan les reprende. El problema es más profundo; el versículo 6 nos da un indicio de que estos cristianos estaban llevando una doble vida. Muchas personas del tiempo de Juan creían que Dios estaba desconectado del mundo material, que su santidad y pureza le colocaban por encima de las cosas corrientes de nuestra existencia. Esto explica, por ejemplo, por qué sus oponentes lo pasaban tan mal con la teología encarnacional (1:1-4; 4:2). Dios es luz inefable, pura y perfecta. No puede entrar en las banalidades de la historia humana.

Pero aquí hay un importante corolario ético. Si Dios está tan absolutamente lejos de nuestro mundo, si su existencia no se ve afectada por las cuestiones materiales, terrenales, la conducta fuera del contexto espiritual no importa. Las cosas terrenales y las celestiales existen en esferas diferentes. De hecho, una evaluación moral y una espiritual de la vida de alguien pueden ser muy distintas. Estos cristianos estaban afirmando que el pecado no tiene importancia —ellos no eran del mundo— y que Dios solo se fija en la condición interior del alma del hombre o la mujer.

Juan dice que tal división no es posible. Un Dios bueno espera tener un pueblo bueno. Un Dios de luz espera tener vidas que estén impregnadas de ella. En el versículo 6, Juan describe esta conducta moral como "andar" (gr. *peripateo*) en oscuridad. Esto es una forma de expresión semítica similar al término judío *halakah*. La vida religiosa no es meramente una cuestión de reflexión espiritual o persuasión intelectual, más bien es algo que lo abarca todo. Es un hábito de andar, una manera de vivir (*cf.* Pr 8:20; Is 2:5; Ef 5:2). Estos oponentes no estaban meramente *en oscuridad*, vivían vidas de oscuridad (expresada con el presente de *peripateo*). Eran persistentes, contumaces y empecinados en los hábitos que habían escogido. Smalley traduce el verbo como "vivir habitualmente en oscuridad" y afirma que "implica una determinación a escoger el pecado (oscuridad) en lugar de a Dios (luz) como la constante esfera propia de existencia".[9]

Esta clase de espiritualidad es una mentira. De nuevo, Juan acude a verbos muy expresivos para delatar su falsedad religiosa. Aunque la NVI traduce que esas personas "no ponen en práctica la verdad", el texto griego emplea otra expresión semítica que es mucho más dinámica. Las personas que viven esta mentira no "hacen" (gr. *poieo*) la verdad,[10] que es un concepto esencial para Juan. Casi la mitad de todas sus apariciones en el Nuevo Testamento se dan en Juan (de 109 ocasiones, 25 son del Evangelio de Juan y 20 de sus cartas). La verdad no solo describe la realidad de la existencia de Dios que se nos ha mostrado en Cristo (de ahí la verdad doctrinal), sino también en la genuinidad de la religión pura y auténtica, de la conducta personal verdadera que es coherente con la esencia del carácter de Dios.[11] Los que se oponían a Juan no solo ignoraban algún hecho acerca de él: eran hostiles. No habían pasado sencillamente por alto algo acerca de Dios; estaban mintiendo y engañándose a sí mismos en su conducta. Juan 3:21 nos da un paralelismo determinante: "Pero el que *hace la verdad* se acerca a la luz, para que pueda manifestarse que lo que ha hecho ha sido llevado a cabo por medio de Dios" (trad. propia; *cf.* 8:44). Su conducta prefiere permanecer en la oscuridad, porque vivir en la presencia de la luz de Dios expondría su error.

Vida en la luz (1:7)

En contraste, Juan insta en el versículo 7 a "andar" en la luz (gr. *ean de* hace explícito el contrate). Como en el versículo 6, se trata de una respuesta habitual, coherente, que debería caracterizar a los que conocen a Dios. Hay una forma de vivir que armoniza cada faceta de la vida con la presencia de Dios. ¿Pero cómo sabemos si alguien está en la luz de Dios? ¿Cómo sabemos que está caminando como debiera? Juan no dice que ese caminar sea evidenciado por la pureza doctrinal, al menos aún no. En lugar de eso, tenemos dos resultados: se posibilita la comunión genuina y los pecados son perdonados.

---

9. S. Smalley, *1, 2, 3 John*, 22.

10. La expresión "poner en práctica la verdad" aparece dos veces en el Antiguo Testamento: 2 Crónicas 31:20 y Nehemías 9:33.

11. Los expertos debaten si el concepto de la verdad que tiene Juan es esencialmente griego (es decir, la adhesión a alguna realidad celestial, esotérica) o hebreo (la revelación salvadora de Dios en la tierra). He elegido la segunda, pero reconozco que sus oponentes podían muy bien manejarse con la primera.

Juan ve una conexión intrínseca (como observamos en 1:3-4) entre nuestra relación mutua y nuestra relación con Dios. La una no es posible sin la otra. Es curioso que, en lugar de decir que los que andan en la luz "tienen comunión con Dios" (como argumentaban sus adversarios en v. 6), 1 Juan dice que la comunión *unos con otros* es la consecuencia más obvia. De nuevo, debemos tener en mente la controversia joánica. Juan se está enfrentando a unos cristianos elitistas que no solo mostraban creencias erróneas, sino que en sus engaños destruían la estructura de la comunidad cristiana. Tal vez estuvieran promoviendo una espirituali-dad "superior" que miraba por encima del hombro a los que no habían sido aún iniciados. Tal vez no fueran conscientes de su conducta sepa-ratista. Sea como fuere, la espiritualidad deshonesta lleva a comunida-des fracturadas.

El tema de la espiritualidad deshonesta merece un tratamiento detallado, puesto que Juan es uno de los pocos escritores del Nuevo Testamento que establece la conexión entre nuestra integridad espiri-tual y la calidad de las comunidades que creamos. Va mucho más allá de la presencia de falsos creyentes o elitismo espiritual. Cuando la par-ticipación en el cuerpo de Cristo viene motivada por intereses que no son los de la adoración a Dios; cuando el fundamento de nuestra espi-ritualidad no está edificado sobre una franca confesión de pecado y una sanadora experiencia de perdón; cuando el centro de la vida espiritual, Jesucristo, ya no está… entonces es cuando las iglesias no pueden edi-ficar las comunidades transformadoras, perdonadoras y generosas que desean. Andar en la luz es la *única* manera de que podamos caminar de forma auténtica unos con otros.

Aunque algunos han considerado la última expresión del versículo 7 como una inserción editorial artificial, que, según escribió Bultmann, "estorba al contenido" del versículo,[12] la lógica de pensamiento inhe-rente en el texto es clara. Andar en la luz aporta una penetrante reve-lación de quiénes somos. El camino a seguir para las comunidades devastadas por el elitismo espiritual y la falta de sinceridad es la confe-sión y el perdón. Y esto solo se consigue por medio de la sangre sacri-ficial de Cristo. Mediante el perdón de Jesús —es decir, a los pies de la cruz— es como deben edificarse las comunidades cristianas que tienen una oportunidad de supervivencia. Y no se trata meramente de que

---

12. Bultmann, *Johannine Epistles,* 20. Bultmann argumentó también (equivocado, en mi opinión) que la expresión estorba al equilibrio poético de las cláusulas de *ean*. No hay evidencia en los manuscritos para esa opinión.

abracemos la doctrina del sacrificio o algún simple dogma. Hay que conocer la cruz y experimentar su obra y poder.

El propósito de Juan al mencionar la muerte de Jesús es importante cuando reflexionamos sobre las opiniones de sus oponentes. Si las realidades materiales son algo a eludir, un Jesús encarnado con una muerte terrenal salvadora tendría escaso significado. Además, si el Cuarto Evangelio era el documento que había forjado la fe de las iglesias de Juan, algunos habrían estado leyéndolo como si abogara por una salvación que pusiera poco énfasis en la redención sacrificial.[13] Pero no es este el caso. El Evangelio de Juan no solo asume la imaginería sacrificial (Jn 3:14), sino que la emplea directamente (1:29; 6:53; 10:11; 11:50; etc.). No obstante, el correctivo de Juan aquí (y en 1Jn 5:6) sugiere que tenía que reafirmar algo que sus lectores omitían o descuidaban.

En resumen, la iglesia de Juan había caído en creencias erróneas que estaban produciendo deficiencias en la vida de la comunidad. Muchos estaban viviendo en oscuridad, no en el sentido de no creer o de horribles pecados, sino más bien dentro de un contexto religioso en el que usaban ciertas creencias para redefinir su necesidad de perdón y separarse de los otros. Según el apóstol, *tenían que ser limpiados*. La palabra que usa Juan para limpieza (gr. *katharizo*) no significa simplemente perdón. Da la idea de quitar lo deshonroso, eliminar cualquier mancha para que las consecuencias de esa condición dejen de tener efectos. La limpieza tiene en mente el futuro, de modo que los arreglos efectuados por Dios tengan resultados permanentes.

El contexto original de estos versículos está regido por los virtuales oponentes a quienes Juan parafrasea en el versículo 5. Afirmaban tener una comunión íntima con Dios y afirmaban haber alcanzado algún tipo de perfección religiosa (ver 1:8-10). Eran iluminados. Juan se encuentra con el problema pastoral de decirles que estaban en oscuridad. Sus palabras llegan a parecer ásperas cuando se refiere a la vida de ellos como una "mentira" que no "pone en práctica la verdad". Sin duda, necesitamos no perder de vista el contexto más amplio que hay más allá del propósito de estos pocos versículos para observar el problema con más claridad. Estas personas estaban negando ideas esenciales de la fe cristiana, que tenían consecuencias

13. Esto lo han sugerido muchos comentaristas. Ver en particular E. Kasemann, *The Testament of Jesus According to John 17* (Philadelphia. Fortress, 1968).

tanto para el creer como para el vivir. El impulso inicial de Juan es semejante al del prólogo. Su mensaje se originó con aquel a quien habían oído, visto y tocado. Su mensaje está firmemente basado en la vida histórica de Jesucristo. No hay duda de que esto contrastaba con lo que hacían los otros, cuyas afirmaciones teológicas no tenían referencia sólida. Los oponentes de Juan bien pudieran ser profetas o maestros inspirados que operaban fuera de las tradiciones históricas, y Juan recuerda aquí a la iglesia su afianzamiento en la tradición.

Únicamente puedo especular acerca del resultado de su apelación a la historia. Su comunidad no poseía la Escritura, nosotros sí. Ni siquiera podemos estar seguros de si poseían alguno de los Evangelios sinópticos o de las epístolas paulinas. Entonces, cuando Juan les recuerda la *revelación histórica*, ¿a qué se refiere? Algunos ven aquí una referencia al Cuarto Evangelio. Resulta atrayente, sobre todo porque hay muchos paralelismos entre 1 Juan y este. Tal vez la interpretación de dicho Evangelio se hubiera convertido en un tema de discrepancia en esta iglesia. ¡Quizás no estaban seguros en cuanto a lo que significaba esta revelación histórica! Esto se da especialmente en un contexto pneumático/carismático, donde los maestros que están bajo la supuesta guía del Espíritu pueden haber estado extrayendo nuevos significados del texto. Si la comunidad de Juan era pneumática/carismática, como explicamos en la Introducción, él mismo está practicando esta especie de "exégesis inspirada". El Cuarto Evangelio no dice en ninguna parte: "Dios es luz y en él no hay ninguna oscuridad". Pero Juan lo ha deducido de las muchas cosas que la Escritura sí dice. He aquí la cuestión: si Juan puede hacerlo, ¿por qué no sus oponentes? En un entorno pneumático/carismático, las armas de los herejes provienen con frecuencia del mismo arsenal del pastor.[14] Si el propio Juan y su iglesia experimentaban al Espíritu como revelador —tal como garantiza Juan 16:12–13— no es de extrañar que haya separatistas haciendo lo mismo.

Por tanto, tenemos primero esta afirmación de una comunión íntima con Dios que nos muestra que la controversia de Juan es un asunto interno, "de casa". Hay personas que están viviendo en el entorno de la iglesia, que afirman ser cristianos, y Juan tiene que ser extremadamente claro para decirles que se equivocan. El contexto original retrata con claridad a personas con una tendencia al dualismo gnóstico. En segundo lugar, Juan sugiere que un resultado de vivir en la luz es la comunión entre hermanos. Tal vez podríamos invertir esta verdad.

---

14. Para más reflexiones de Brown's sobre el Espíritu y la exegesis en la comunidad joánica ver *The Epistles of John*, 226-28.

Cualquier búsqueda de espiritualidad que fracture la comunidad, que dé pie a un elitismo religioso, tiene seguramente que ser una fe vivida en oscuridad. Y, tercero, lo más sorprendente: tal comunidad está basada en el perdón, no en el perdón mutuo entre cristianos, sino en que Dios limpia a su pueblo de una condición de corazón de la que debía ser rescatado. Si los que se oponían a Juan estaban afirmando algún tipo de perfección religiosa, esta exhortación a ser perdonados implica *imperfección*. Cualquiera que esté en un contexto religioso y deje de sentirse humillado ante la necesidad de la misericordia de Dios manifestará escasa misericordia hacia los demás.

Al trabajar en construir puentes, me surgen tres temas cruciales para el significado del pasaje: (1) la tarea pastoral de exhortación; (2) la calidad de nuestra comunión cristiana; y (3) nuestra experiencia del perdón. Sin embargo, con toda franqueza, construir puentes entre estos temas y nuestro mundo no es tan fácil como pueda parecer. Los tomaremos, pues, uno a uno.

(1) Vivimos en un mundo que a duras penas se abre a la exhortación pública, y mucho menos a la privada. Importar a la iglesia actual el dualismo de Juan (arriba/abajo; luz/oscuridad; correcto/equivocado) es invitar a que se nos tache de intolerantes. "¡Me estás juzgando! ¡Nos estás haciendo sentir culpables!". Sin embargo, Juan nos pide que estemos capacitados para identificar y enfrentarnos a los que están en el error. En una ocasión, cuando dirigía un programa de educación de adultos en una iglesia grande, me vi obligado a enfrentarme a un maestro popular y entusiasta que quería presentarse voluntario para enseñar en los cursos. Pero todos sabíamos que sus creencias tenían algunos puntos muy deficientes. "Pero quiere servir, le preocupa la iglesia". Decirle que no fue una decisión difícil para todo el equipo.

(2) El segundo tema también es un desafío. Si la pasión religiosa y el celo espiritual hacen que las personas se aparten de la corriente general de la iglesia, ¿hay que detenerlo? La comunidad de Juan era frágil y no cabe duda de que aquellos separatistas estaban arruinando la vida como cuerpo. *¿Pero no queremos pasión?* Juan casi parece decir que la unidad de la totalidad debe estipular la libertad de la parte. ¿Acaso deben los pocos miembros "fervientes" esperar pacientemente a la aletargada mayoría? Llevar este principio a un extremo es prescribir la parálisis de la iglesia. En cierta ocasión, observé a un pastor que intentaba negociar entre la "corriente principal" y "los apasionados" en torno a la renovación del culto de adoración. "Deben ustedes ser pacientes",

le decía a la minoría un año tras otro hasta que acabaron perdiendo el interés. Algunos se quedaron con su desánimo. Otros buscaron una nueva iglesia.

(3) El tercer tema —el perdón— es algo sobre lo que hablamos con frecuencia. Por tanto, es natural que el público de hoy esté acostumbrado a él. Pero lo que nos motiva es restaurar lo que se ha roto, reconstruir el aprecio, afirmar la gracia. La motivación de Juan es recordarles a las personas que deben ser humildes. Él se concentra en el requisito previo para el perdón: pecado e imperfección. Nosotros nos concentramos en las consecuencias del perdón: sanidad y gracia. ¿Se han perdido en la iglesia de hoy las francas conversaciones sobre lo que es el pecado?

Significado Contemporáneo

Dos de mis abuelos eran miembros integrados y devotos de la Ciencia Cristiana. Tengo intensos recuerdos de tardes de verano de mi juventud en California, hablando con ellos acerca del libro *Ciencia y salud*, de Mary Baker Eddy, y preguntándoles sobre lo que para ella significaba reinterpretar la Biblia. Cuando estaba en la universidad, me regalaron un ejemplar del libro y fue entonces cuando empecé a ver que promovía enormes desviaciones del cristianismo. Una vez, marqué los márgenes de unas cuantas páginas especialmente problemáticas y llevé mis preguntas a casa de los abuelos. Por ejemplo, Mary Baker Eddy había escrito lo siguiente acerca de la expiación:

> La sabiduría y el amor pueden requerir muchos sacrificios del yo para salvarnos del pecado. Un sacrificio, por grande que sea, es insuficiente para pagar la deuda del pecado. Que la ira de Dios debiera desahogarse sobre Su amado Hijo, es divinamente antinatural.[15]

¿No contradice esto la clara enseñanza del Nuevo Testamento sobre la muerte de Cristo? ¿Es que Eddy no había leído Hebreos? ¿Ni Romanos? Más adelante, el libro hablaba sobre el pecado:

> Librarse del pecado mediante la ciencia es despojar al pecado de toda supuesta mente o realidad, no admitir que el

---

15. M. B. Eddy, *Science and Health* (Boston; Trustees under the Will of Mary Baker Eddy, 1906), cap. 2, 23:1-6 [en español, *Ciencia y salud: con clave de las Escrituras* (Boston, Massachusetts: The First Church of Christ, 1995)].

pecado tiene inteligencia o poder, dolor o placer. Vences al error negando su realidad.[16]

¿No contradice esta negación de la realidad del pecado otra enseñanza básica del Nuevo Testamento? Si el pecado no es real, no necesito un Salvador de verdad. Por supuesto, las explicaciones de estos pasajes me llegaron en extensos y ampulosos textos, la mayoría de los cuales no pude entender. Pero recuerdo con claridad un momento. Cuando señalé lo que parecía ser una contradicción entre *Ciencia y salud* y el claro sentido de un pasaje bíblico, la respuesta de mi abuela fue clara: "Tu incapacidad para entenderlo simplemente indica que eres demasiado inmaduro. Las cosas más profundas están fuera de tu alcance". ¡Y eso era todo! ¡Fin de la discusión! Yo era un no iniciado, un intruso, un incrédulo, por eso las profundidades de *Ciencia y salud* eran inaccesibles para mí.[17] Cuando hoy lo recuerdo, me asombra hasta qué punto esa perspectiva refleja la de los oponentes de 1 Juan.

Es bastante fácil señalar este tipo de fenómeno en un movimiento religioso que ha roto con la corriente del cristianismo ortodoxo. Esas nuevas escrituras y nuevas interpretaciones de la Biblia producen un misticismo religioso con su propia teología codificada. Pero este pasaje me lleva a preguntarme algo más complicado: ¿En qué medida existe ese sustrato religioso en la iglesia? O, para usar el lenguaje de Juan, ¿hay cristianos en nuestras iglesias que están andando en oscuridad y aun así afirman tener una profunda intimidad con Dios? No se trata de cristianos caídos. Son personas religiosas entusiastas e integradas cuyo celo espiritual resulta impresionante, pero cuya tendencia a la verdad está seriamente dañada.

(1) *¿Nos tomamos en serio "la oscuridad"?* Es decir, ¿estamos preparados para admitir que nuestras congregaciones bien pueden contener a hombres y mujeres cuyas vidas se han visto enturbiadas por alguna cuestionable experiencia religiosa? Este es el alcance real de la noción que Juan tiene de oscuridad, y es serio al respecto. Por otra parte, ¿miramos hacia otro lado? Me impresiona el denuedo y coraje que muestra Juan en estos versículos, porque estaba dispuesto a avisar del peligro a sus hermanos creyentes.

Existe un riesgo inherente en tales advertencias, porque los que disfrutan de esas experiencias o los que han adoptado las ideas teológicas

---

16. *Ibíd.*, cap. 10, sec. xxxii. p. 339 (líneas 28-32).
17. A menudo he pensado que el sistema teológico desarrollado en la Ciencia Cristiana se acerca bastante al del antiguo gnosticismo.

heterodoxas suelen argumentar que son espiritualmente enriquecedoras. Recuerdo que estaba, en cierta ocasión, sirviendo como pastor interino en una iglesia presbiteriana de Tennessee en la que la mayoría de varones de la congregación eran masones activos. El secretismo y los rituales cuasirreligiosos abundaban y, lo peor, según me temía, es que la mayor parte de las decisiones sobre la iglesia se tomaban en la logia de al lado.[18] Pero la mención de *cualquier* crítica a los masones o no incorporar la vida masónica en el calendario de la iglesia produjo graves quejas. ¿Qué habría hecho Juan? Estoy seguro de que habría afrontado directamente esas situaciones. Había una situación de sincretismo; se mezclaba la fe cristiana con increíbles supersticiones. Juan habría mencionado la oscuridad, diagnosticado el problema y procurado una solución.

He sido también testigo de otros trágicos ejemplos de oscuridad. En una congregación, un evangelista local de tradición pentecostal estaba estableciendo una nueva iglesia y animando a los creyentes a rehipotecar sus casas para financiar los edificios. Su predicación era poderosa y los miembros de nuestra iglesia se sintieron renovados en sentidos que apenas podían describir. Cuando, una semana más tarde, ese pastor desapareció con sesenta y cinco mil dólares, la fe de muchos quedó dañada sin remedio. En otra congregación, un influyente evangelista llegó a la ciudad con un ministerio profético; se dirigían cultos para "reclamar oraciones y votos" pronunciados sin pensar. De alguna manera, esas oraciones estaban resonando en el cielo y podrían tener un efecto perturbador en las vidas si no se "exorcizaban" de las "cortes celestiales". Todavía recuerdo el despótico y manipulador ministerio de aquel predicador y cómo atrapaba a las familias en su tela de araña.

Como líderes cristianos, somos llamados a proteger a nuestras ovejas, y eso significa llamar a la oscuridad por su nombre. La oscuridad religiosa es tanto más insidiosa en tanto que se viste de una piedad que no siempre reconocen sus víctimas. Mientras escribo esto, un nuevo grupo ha llegado a Wheaton y está "evangelizando" a nuestros estudiantes. Sus promotores van bien vestidos y con aire piadoso, y portan sus Biblias. Pero socavan la verdad del evangelio. *The Way International* (El Camino Internacional) tiene una idea deficiente de Cristo (marcadamente arriana), una visión hostil de la iglesia local y un sistema agresivo de meter nuevos seguidores en sus pequeños grupos. Tenemos que movilizarnos para identificarlos y defender a nuestras ovejas ante ellos.

---

18. Un diácono me llevó al salón una noche y me guió en un detallado recorrido por los rituales masones y sus artefactos religiosos (o sectarios). Yo no tenía duda de que se trataba de un contexto religioso en el que intervenía la gente de mi congregación.

(2) *¿La rectitud espiritual conduce a la separación?* Es decir, si somos maduros en Cristo, si disfrutamos de un caminar santo, excelente, con el Señor, si hemos sido bautizados de forma poderosa en el Espíritu, ¿debe esto hacer que nos separemos de otros cristianos? Aquí no me preocupa nuestra obligación de estar separados del mundo. Tengo en mente a cristianos maduros que han alimentado una visión elitista de su lugar en el cuerpo de Cristo.

Cuando era estudiante en Aberdeen, Escocia, conocí a un estupendo pastor y maestro que también estaba trabajando en su doctorado en Nuevo Testamento. Cuando nos hicimos amigos, supe que pertenecía a una rama de la Iglesia de Cristo. Me quedé perplejo al enterarme de que no podíamos participar de la Cena del Señor juntos. Le habían prohibido incluso asistir a nuestra iglesia escocesa, y tenía que conducir durante horas cada domingo hasta Inverness para encontrarse con un grupito de almas afines. Teológicamente, estas personas creían que ellos eran el *único* cuerpo de Cristo verdadero, y su exclusiva comunión no podía ponerse en entredicho con extraños como los bautistas o los presbiterianos.

Es un trágico ejemplo que pone claramente de manifiesto realidades que tienen lugar a un nivel más sutil cada domingo en nuestras iglesias. El elitismo espiritual acecha regularmente a la vida congregacional. Pero el test que propone Juan es seguro: los que se acercan a Cristo y andan en la luz trabajan duro para cultivar la comunión del cuerpo. A veces, los cristianos carismáticos son los que se separan intentando formar un círculo de personas con experiencias similares. En ocasiones se trata de cristianos que han descubierto a un líder dinámico con un nuevo mensaje dentro de la congregación, y su identidad se ve ahora moldeada por él. Otras veces, son parejas jóvenes que conforman su propio círculo en un intento por cultivar la *koinonia* sin preocuparse por la comunidad en su sentido más extenso. Y en ocasiones son cristianos como nosotros que llegan a estar un poco demasiado seguros de su manera de entender la fe cristiana.

(3) *¿Está el perdón de Dios en Cristo en el centro de nuestra comunión?* Uno de los problemas principales del elitismo espiritual es su autodiagnóstico: tiene pocas necesidades; es completo; ha llegado. Es consciente de quién está "dentro" y quién está "fuera". Y, dejado sin examen externo, se desarrolla hacia la arrogancia espiritual.

Los que andan en la luz tienen un continuo sentido de necesidad de perdonar y ser perdonados. Cuando la pureza es un don y la misericordia y la gracia de Dios son lo primero en nuestra experiencia, el elitismo espiritual muere. No podemos criticar a quienes tienen un crecimiento menor que el nuestro porque, si no fuera por la gracia de Dios, nosotros también seríamos inmaduros. Cuando la comunidad se forja en el contexto de la gracia, la generosidad y la misericordia se convierten en lo normal.

Tal vez uno de los ejemplos más sorprendentes de esto sea el que me llegó de un amigo que había experimentado hacía poco el poder del Espíritu Santo. Puesto que yo había hablado con frecuencia en defensa de los movimientos de renovación carismática, él confió en mí para contarme acerca de su experiencia, de su relación con nuestra iglesia y de la baja estima en que tenía el carácter de sus líderes. Para él, la vida en nuestra congregación era una *misión*. Era una oportunidad que se le presentaba para ayudar al pastor a descubrir el poder de Dios y ayudar a hombres y mujeres menos afortunados que él a encontrarse con el Espíritu. Formó en torno a él un círculo de personas de mayor viveza en lo espiritual —lo llamaron "estudio bíblico"— que funcionaba fuera de la red de grupos pequeños de la iglesia. En realidad, era un ministerio que trataba de compensar las deficiencias de los pastores de la iglesia.

Lo que más me molestaba de este hombre y de sus amigos es que estaban especialmente cerrados a recibir enseñanza. ¡Ellos *poseían* el Espíritu! Por tanto, su autoridad espiritual no se podía cuestionar. La luz de Dios no podía penetrar en ellos, *porque estaban andando en oscuridad, y aun así decían que estaban en la luz.* O la iglesia cambiaba y se adaptaba a su modo de pensar o amenazaban con marcharse.

Cada una de estas cuestiones —vivir cegado por la oscuridad, el elitismo espiritual que daña la comunión, la ausencia de necesidad de perdón— están conectadas. Brotan de una experiencia religiosa que fomenta el orgullo. Hemos llegado al santuario y todos los demás tienen que unirse a nosotros o serán excluidos. La cara más siniestra de este orgullo tal vez sea el hecho de que hay cristianos sinceros que pueden engañarse de veras. La oscuridad puede asumir muchas formas, pero, como lobos disfrazados de ovejas, la oscuridad cubre a sus víctimas con falsa luz. Están confiados en su divina iluminación, en que todos los demás están en oscuridad. Pero se equivocan.

En algunos casos, son cristianos orgullosos los que se engañan pensando que pueden coquetear con cosas que no les harán daño. Su cargo en la iglesia, sus títulos teológicos y su prominencia y reconocimiento les convencen de que son más fuertes que la oscuridad. Su extraviado orgullo lleva a la ruina. Hace poco leí *Sins of the Body* y quedé profundamente alertado ante la descripción que el libro hace de los pecados sexuales entre los dirigentes cristianos.[19] Los engaños con que vivimos y las racionalizaciones que aceptamos construyen un angustioso retrato de la oscuridad del pecado.

Quizás convenga dar una definición más exacta de la oscuridad. Por supuesto, en ella hay doctrina errónea, pero también incluye el poder del maligno y de sus demonios. En ella está también el pecado en sus múltiples y sofisticadas formas. Hablando en general, la oscuridad es una atmósfera que rechaza la verdad de Dios e impide que entre su luz. Es como la bruma en una mañana soleada, tan densa que no deja ver el camino y nos hace dudar de si más allá de ella está o no el sol. La oscuridad es donde no se puede encontrar la gloria de Dios.

Sin duda, Satanás crea oscuridad y es su príncipe. Pero también nosotros podemos crearla con nuestras elecciones caídas, nuestro engaño y nuestra práctica del pecado. Y, en poco tiempo, llegamos a estar tan acostumbrados a la oscuridad que olvidamos lo que realmente es la verdadera luz.

Juan está buscando un modelo de vida cristiana que es como un círculo de luz en un escenario, o tal vez como un foco en un teatro. Simultáneamente, la oscuridad que lo rodea es más destacada. Está clara la línea que las distingue, y, aun así, el círculo lo crea la penetrante luz de Dios. Es una luz pura, fuerte, reveladora y que guía. Y los que caminan en esa luz descubren vidas que se entrelazan por el perdón y la redención de Dios. Andar en esa luz es, en definitiva, algo que te hace humilde, pero que al mismo tiempo sana, renueva y da fuerzas.

---

19. T. Muck, ed., *Sins of the Body: Ministry in a Sexual Society* (Dallas: Word, 1989), 78.

1 Juan 1:8–2:2

Si afirmamos que no tenemos pecado, nos engañamos a nosotros mismos y no tenemos la verdad. ⁹ Si confesamos nuestros pecados, Dios, que es fiel y justo, nos los perdonará y nos limpiará de toda maldad. ¹⁰ Si afirmamos que no hemos pecado, lo hacemos pasar por mentiroso y su palabra no habita en nosotros.

² Mis queridos hijos, les escribo estas cosas para que no pequen. Pero si alguno peca, tenemos ante el Padre a un intercesor, a Jesucristo, el Justo. ² Él es el sacrificio por el perdón de nuestros pecados, y no sólo por los nuestros sino por los de todo el mundo.

Sentido Original

Juan desarrolla más a fondo sus objeciones contra los que afirmaban estar en la luz y tener una relación de intimidad con Dios, cuando vivían en la oscuridad. Como ya hemos señalado (ver acerca de 1:5-7), hay tres citas en torno a tres cláusulas "si" (gr. cláusulas de *ean*) que nos dan un bosquejo de las enseñanzas erróneas de estos oponentes.[1] Ahora descubrimos que la gravedad de las acusaciones de Juan ha crecido de manera considerable. Estas personas no solo vivían en la oscuridad (1:6), sino que *afirmaban* estar sin pecado (1:8). Además, alegaban no tener pecados concretos por los que necesitaran limpieza (1:9). Previamente, las consecuencias de esos errores caían únicamente sobre quienes los cometen, en tanto que mentían y no conocían la verdad (1:6). Ahora vemos que sus hechos hacen a *Dios mentiroso* e impiden que su palabra tenga sitio en la vida de ellos (1:10).

La respuesta de Juan a estos problemas reposa en la obra de Jesucristo. El perdón y la limpieza de estas malas conductas solo puede venir por medio del sacrificio de Jesús (1:7; 2:2) que hace que el perdón de Dios sea posible. La respuesta a cada uno de los errores citados señala que es necesaria una obra divina de limpieza y restauración para continuar andando en la luz.

---

1. Se emplea una fórmula para dejar claro que Juan está citando a sus oponentes: *ean eipomen boti...* (ver vv. 6, 8, 10). Prefiero traducirlo en estilo directo para dar mayor relieve a la cita.

Pecado y confesión (1:8-9)

La afirmación de no tener pecado (v. 8) es la segunda expresión formular que encontramos. La firme reprensión de Juan debe significar que las mismas personas descritas en los versículos 5-7 oirían sus pensamientos acerca de la limpieza en el versículo 7 y luego realizarían la afirmación de que no necesitaban esa limpieza. El griego dice: "No tenemos pecado" (*hamartian ouk exomen*) y desde luego ha de diferenciarse con cuidado del versículo 10, donde hay otra cita que afirma: "No hemos pecado". En el primer caso se describe el pecado como una cualidad, un principio activo en nosotros.[2] En el segundo caso, el verbo usa un tiempo perfectivo, lo que sugiere una referencia a pecados específicos que brotan de una previa condición de pecaminosidad.

Aunque algunos intérpretes no están seguros de que los versículos 8 y 10 se puedan distinguir tan claramente, Brooke, Brown y, más recientemente, Smalley han establecido de manera convincente que se puede distinguir una diferencia si seguimos con atención el vocabulario de Juan. En la literatura joánica, el verbo "tener" va seguido con frecuencia de un sustantivo abstracto para representar una cualidad general: tener comunión (1Jn 1:3,6-7), alegría (Jn 17: 13; 3Jn 4), confianza (Jn 2:28; 3:21; 4: 17), esperanza (3:3), y vida (3:15; 5:12-13). En todo el Nuevo Testamento, "tener pecado" aparece únicamente en este versículo y en Jn 9:41; 15:22, 24; 19:11.

Por ejemplo, en Juan 15, se dice de los dirigentes judíos que "son culpables de [lit. tienen] pecado", no por hechos que hubieran cometido, sino por no haber hecho lo que Jesús les había dicho. Su estatus inherente había cambiado. Pero los hechos no siempre están separados de una condición de ser. En Juan 19, Judas Iscariote "tuvo el mayor pecado" porque entregó a Jesús a Pilato. Así, en 1 Juan 1:8, "tener pecado" se refiere probablemente a una cualidad de persona, a un principio activo en funcionamiento en la vida de una persona. Se trata de una disposición de corazón que vive en rebeldía y manifiesta constantemente sus malas acciones (ver más en el comentario de 1:10).

Los que se oponían a Juan estaban, por tanto, diciendo: "No tenemos pecado" (1:8). ¿Quién podría negar tal verdad? ¿Quién podría decir que en su vida no estaba la cualidad del pecado o que llevar la cuenta de la práctica pecaminosa no sirve de nada? Nos encontramos de nuevo con el error que se presenta en 1:5-7. Juan no discute necesariamente con los que trivializaban el pecado, sino con los que, en un sentido filosó-

---

2. Brooke, *Johannine Epistles*, 17.

fico, cuestionaban que este impidiera nuestra relación con Dios. Si la espiritualidad es algo aislado de los hechos de la vida diaria, si las cosas materiales del mundo son irrelevantes para Dios, la iluminación espiritual puede ignorar las cuestiones mundanas, como la moralidad.

Las palabras de Juan no dan tregua. La actitud de ellos es deliberadamente engañosa, porque niega la realidad del pecado.[3] No es ignorancia, sino tapar el pecado (cf. Jn 7:12, 47; Ap. 2:20). Peor aún, muestra algo del carácter de quienes lo dicen: No solo no ponen en práctica la verdad (1Jn 1:6), sino que ahora se nos dice que ni siquiera la tienen [lit. "la verdad no está en ustedes"]. "Estar en", como "permanecer en", es una expresión favorita de Juan para referirse a la vida interior (cf. 2:5; 5:20). La verdad no es algo abstracto, como un código moral que se pueda descuidar. Describe a Dios mismo. Es personal —Jesucristo mismo es la verdad (Jn 14:6)— y los que "practican la verdad" disfrutan de vivir en la luz de Dios (3:21). En su Evangelio, Juan incluso describe al Espíritu como "el Espíritu de verdad" (14: 17; 15:26; 16: 13). Así pues, las personas que no tienen la verdad "en ellas" carecen de una característica esencial de la presencia de Dios en lo íntimo de su ser. Cuando, en Juan 18:38, Pilato pregunta: "¿Y qué es la verdad?", está poniendo al descubierto su profundo alejamiento de las cosas de Dios.

Juan advierte seriamente que estas personas tal vez no sean auténticos cristianos. ¡Puede que no sean cristianos en absoluto! Se encuentran en un peligro mayor del que piensan, y su único recurso es la confesión. El llamamiento a la confesión en el versículo 9 equilibra la cita del versículo 8 con otra cláusula de "si". Pero la idea no consiste en que sea una mera condición; es una exhortación, una advertencia, tal vez hasta un mandamiento.[4] La pecaminosidad es inherente a nuestras vidas, y la confesión tiene que ser la sincera respuesta del cristiano.[5]

La confesión tiene éxito (y esto es crucial en el argumento de Juan) gracias al carácter de Dios. Su perdón no es un acto de misericordia, como si estuviese anulando alguna disposición habitual en respuesta a un acto religioso de penitencia. El carácter de Dios es ser fiel y justo (cf. Dt 32:4; Sal 89:1-4; Ro 3:25; Heb 10:23). Es fundamental no oponer estas dos ideas, como si el carácter de amor y bondad de Dios o su fidelidad (gr. pistos), y su justicia o rectitud (gr. dikaios) estuviesen enfren-

---

3. La construcción griega, heautous planomen, en lugar del simple verbo planometha, es enfática.

4. I. H. Marshall, The Epistles of John, 113.

5. Para la práctica de la confesión en la Biblia, ver Lv 16:21; Sal 32:5; Pr 28:13; Dn 9:20; Mt 3:6; Hch 19:18.

tados. Su fidelidad hacia nosotros le ha movido a abrir un camino para nuestra purificación y, de ese modo, satisfacer su demanda de justicia.

La confesión goza del carácter bueno de Dios y recibe de él su fuerza. Esto tiene dos consecuencias necesarias: perdón y limpieza. Perdonar (gr. *aphiemi*) significa realmente "pasar por alto" (como una deuda, *cf.* Lc 7:43), y con ello Juan indica que nuestros pecados han sido borrados de las cuentas de Dios. Limpiar (*cf.* 1:7) tiene un matiz diferente y sugiere la eliminación de los efectos residuales del pecado, de las consecuencias que se quedan (como una mancha). Por tanto, hay esperanza. Se dirige tanto al pasado y sus errores como al futuro y su propensión al pecado.

El pecado y Jesús como intercesor (1:10–2:1)

En el versículo 10 se nos introduce a la tercera presentación del error (ver vv. 6, 8) que es la más explícita. Los oponentes de Juan dicen ahora: "No tenemos pecado". ¿Está Juan, en su debate imaginario, anticipando una objeción a su exhortación acerca de la confesión ("No sé qué he hecho que necesite confesión")? ¿Acaso espera alguna discusión acerca de la purificación de Dios ("Me pregunto de qué tengo que ser purificado")? Tal vez se trate de un eslogan más que estén lanzando los perfeccionistas a los que Juan ha de enfrentarse. Ya he sugerido que puede llegarse a una conclusión a partir de los distintos matices que encontramos aquí. Si el versículo 8 describe la lamentable condición pecaminosa que nos infecta, el versículo 10 describe los actos concretos de pecado que manan de esa condición. El tiempo perfecto del verbo implica que el polemista está ahora preguntando sobre hechos pasados específicos. Por tanto, la naturaleza del argumento ha tomado un nuevo giro. ¿Puede alguien afirmar que no ha cometido jamás pecado alguno?

Una posición así va contra el carácter de Dios, haciendo de él un mentiroso (v. 10). Difama la veracidad de su palabra que tiene en el pecado universal de la humanidad un dogma básico y central (Gn 3; 1R 8:46; Job 15:14-16; Sal 14:3; Pr 20:9; Ecl 7:20; Is 53:6; Jn 2:24-25; Ro 3:21-24). Si esta enseñanza no fuera verdadera, los esfuerzos salvíficos de Dios para salvar y recuperar a su pueblo que nos cuenta la Biblia no tendrían sentido. Pero se sigue una segunda consecuencia, igualmente grave. Así como dice el versículo 8 que la verdad no está en alguien que cree esas cosas, el versículo 10 dice que la palabra de Dios "no habita en" ellos.[6] "La palabra" puede ser una referencia general a las Escrituras que deben estar en el centro de la vida cristiana. O puede que se trate de una referencia deliberadamente ambigua a Jesús, a quien en los escritos de Juan se le llama "el Verbo" (Jn 1:1-18).[7]

En este punto, la lógica de Juan debería introducir la cláusula de "si" como contraste para remediar el problema descrito en 1:10. Hemos visto operar este formato en 1:6/7 y en 1:8/9. Sin embargo, 2:1 es un paréntesis, un giro en el curso de su argumento. Juan es un pastor que ama con gran cariño a su gente, y, por tanto, hace un breve llamamiento —su primer llamado genuino— para que sus hijos, su rebaño, resistan al pecado. Nótese que aquí ha cambiado de destinatarios. Si antes estaba pensando en sus oponentes, ahora escribe a los cristianos genuinos de sus iglesias, cristianos con una fe frágil que, sin duda, están siendo persuadidos para seguir enseñanzas erróneas.

La NVI da la traducción "queridos hijos" para el griego *teknia*, que significa "hijitos" (*cf.* 3Jn 4). Los pastores de la iglesia primitiva solían llamar a sus seguidores "hijos", tomando como modelo la estructura metafórica de una familia (ver 1Co 4:14,17; Gá 4:19; 1Ti 1:2). Juan lo hace con frecuencia. Utiliza tres términos para "hijos": *teknon* (usados nueve veces en sus cartas, que generalmente significa "hijo" o "niño"; *paidion* (1Jn 2:14, 18) que literalmente significa "muchachito", pero se usaba para los niños pequeños; la forma plural de *teknion* (la que se usa aquí), una cariñosa variante de *teknon* reservada para niños muy pequeños.[8] Esto nos permite ver a Juan el pastor, cuyos sinceros sentimientos por sus seguidores se presentan con pasión.

Sin embargo, lo que Juan dice a sus "queridos hijos" plantea alguna dificultad. En todos estos versos nos ha estado contando que el pecado es inherente a la vida humana. *Todo el mundo comete pecado*. Ahora escribe que no quiere que pequemos (ver también acerca de 3:6-10). ¿A qué pecado se refiere? Juan no quiere que sus seguidores pequen, pero en 1:18, 10 ha dicho que habrá momentos en que pecarán. Tendremos que prestar más atención a este tema en nuestra aplicación (ver más adelante), pero el contexto histórico puede darnos algunos indicios. (1) Cuando Juan habla acerca de evitar el pecado, puede estar refiriéndose específicamente al *error de negar la realidad de la verdad de Dios*

---

6. La NIV traduce "en nuestras vidas" que da el sentido correcto del pasaje, pero tapa el uso del lenguaje de Juan.

7. S. Smalley, *1, 2, 3 John*, 34.

8. Técnicamente, *teknion* es un diminutivo *de teknon*.

acerca del pecado. El discurrir del pensamiento presente de sus opositores es estrictamente pecaminoso. (2) Juan puede también estar preocupado con que alguien pueda tomar su enseñanza como una licencia para
pecar. Es decir, si el pecado es endémico de la condición humana y si el
perdón está gratuitamente a nuestro alcance, alguno podría pensar que
puede entregarse generosamente al pecado. Pablo tuvo que ocuparse de
este mismo problema en Romanos 6.

El pecado tiene dos soluciones. Por supuesto, Dios está deseoso de
perdonar, ¿pero qué es lo que da acceso a la generosidad de Dios?
En 1:7, Juan escribió que la sangre de Jesús lleva a cabo nuestra limpieza; volverá a este tema con cierto detalle en 2:2. Pero la primera respuesta de Juan está en 2:1b.[9] Jesús sirve con el Padre como abogado
nuestro (NVI, "intercesor"). Este es un término exclusivamente joánico
(gr. *parakletos*), que se refiere a uno que es llamado a acompañar como
ayuda o consejero, sobre todo en un contexto legal.[10] En el Evangelio
de Juan, se da en cuatro ocasiones (14:16, 26; 15:26; 16:7), describiendo al Espíritu Santo como nuestro consejero/abogado cuando nos
enfrentamos a un mundo hostil. En este caso, Jesucristo, en su gloria
tras ascender, nos representa ante el Padre (*cf.* Ro 8:34). Este pensamiento va en paralelo con el libro de Hebreos, en el que Jesús ministra
ahora en favor nuestro en un contexto celestial con Dios: "Ahora bien,
el punto principal de lo que venimos diciendo es que tenemos tal sumo
sacerdote, aquel que se sentó a la derecha del trono de la Majestad en
el cielo, el que sirve en el santuario, es decir, en el verdadero tabernáculo levantado por el Señor y no por ningún ser humano" (Heb 8:1-2).
Hebreos sigue diciendo, como Juan aquí, que es el carácter sin pecado
y de pureza de Jesús, con su justicia, idéntica a la de Dios (1Jn 1:9; *cf.*
2:29; 1P 3:18), el que le da acceso a la presencia misma de Dios.

El pecado y el sacrificio de Jesús (2:2)

La segunda solución para el pecado (1:9) se nos da en 2:2. La *base*
de la defensa que Cristo hace de nosotros, el poder que hay detrás de
su intercesión, viene de su sacrificio en la cruz. Aquí, Juan vuelve a
usar un término técnico, *hilasmos*: Jesús se hizo *hilasmos* por nues-

---

9. Primera de Juan 2:1b introduce la sexta y última cláusula "si", equilibrando los tres
   pares que encontramos en 1:6/7, 1:8/9, y 1:10/2:1b.
10. El término no aparece en el Nuevo Testamento más que aquí y en el Cuarto Evangelio.
   Su significado e historia tienen todos los ingredientes de una novela de misterio. Ver
   R. E. Brown, "The Paraclete in the Fourth Gospel", *NTS* 12 (1966-67), 113-32, y G.
   Burge, *The Anointed Community The Holy Spirit in the Johannine Tradition* (Grand
   Rapids: Eerdmans, 1987), 3-31.

tros pecados. En el Nuevo Testamento, esta palabra se da aquí y en 1 Juan 4:10, aunque hay formas derivadas en otras partes. Y hay controversia en torno a su significado preciso. Su uso en la literatura extrabíblica y en el Antiguo Testamento griego (diez apariciones) aclara bastante su significado: un *hilasmos* era un sacrificio dado para aplacar a alguien que estaba furioso. En un contexto religioso, se trataba de un Dios airado. Mediante esta interpretación, Dios es el objeto del sacrificio de Jesús, que hace al pecador aceptable gracias a que la disposición de Dios ha cambiado.[11] Por otro lado, algunos han argumentado que el objeto no es Dios, sino los pecados mismos. El pecador complace a Dios, porque los pecados han sido limpiados.[12] Aun hay otros que piensan que se combinan ambos conceptos y que, por lo menos, no podemos perder la idea de que, de alguna manera, se aplaca la ira de Dios en este sacrificio. Sin duda, el significado del sacrificio de Cristo se forjó en el pensamiento cristiano y no dependía por completo de los antecedentes de los sacrificios del Antiguo Testamento. Hay dos pensamientos que se combinan claramente: los pecados quedan cubiertos *y* la justa ira de Dios queda cambiada.[13] La NVI intenta captar ambos énfasis con su traducción: "sacrificio por el perdón".

Sin embargo, la clave está en que Jesús no simplemente proporciona un *hilasmos*, él mismo lo es. Jesús es tanto *parakletos* como *hilasmos* por nosotros. Él ha suplido lo que se necesitaba para llevar a cabo nuestro perdón. Su justicia hizo que su sacrificio tuviese poder (*cf.* Heb 7:26-28) de modo que no solo aporta beneficio a un círculo reducido de adoradores cristianos, sino al mundo entero.[14] El interés de Dios no es elitista, de formar un círculo religioso que excluya a algunos (lo que, sin duda, era uno de los problemas entre los seguidores de Juan). La obra sacrificial de Dios es inclusiva.

Construyendo Puentes

Dado que Juan sigue citando el argumento de sus oponentes, los presentes versículos siguen determinados por su programa. En 2:1 se inclina por una exhortación pastoral para sus verdaderos seguidores, pero el grueso de los versículos está dedicado a

---

11. Los traductores usarán "propiciación" para expresar este significado.
12. Los traductores usarán "expiación" para expresar este sentido.
13. Ver L. Morris, *Apostolic Preaching of the* Cross (Grand Rapids Eerdmans, 1965), D Hill, *Greek Words and Hebrew Meanings* (Cambridge Cambridge Univ. Press, 1967).
14. La NIV ha añadido al texto griego "*los pecados del* mundo entero".

una discusión acerca del carácter generalizado del pecado y a la provisión de Dios para todos los que lo cometen.

Hasta el momento hemos oído tres afirmaciones y sus respuestas que abordan este problema (1:6, 8, 10). En 1:6 hay un tenue indicio acerca de la naturaleza de esta "oscuridad". Pero en 1:8, 10, el tema se vuelve explícito. Había un debate acerca de la realidad del pecado. O bien se podía negar como algo sin importancia (que era el pensamiento gnóstico o docetista que hemos esbozado) o bien se estaba obviando como algo que no está presente en la vida verdaderamente espiritual (que quizás fuese la tendencia perfeccionista). De cualquier modo, era algo que llevaba a una actitud arrogante o desdeñosa que casi había desgarrado la comunidad cristiana.

Juan responde afirmando el *hecho* del pecado; una vez establecido este hecho, dirige a sus lectores de vuelta a la encarnación. Su respuesta, cristológicamente centrada, no se limita a la intención de tratar la necesidad de perdón (Cristo como intercesor y como sacrificio) de los cristianos, sino debilitar la presuposición que había dado forma en un principio a su perspectiva. *Un filosofía que niega el mundo ha conducido a una teología que niega el pecado.* Estas perspectivas, naturalmente, quitan de en medio toda cristología. Juan insta a una cadena distinta: afirmar la importancia del mundo, adoptar la verdad sobre el pecado, confesar dichos pecados y buscar restauración por medio de la obra del Señor encarnado. Así, Juan deja bien afirmada la importancia de Cristo en su función. Afirmar la persona y obra de Jesús no es algo abstracto. Jesús es significativo por lo que ha hecho ante el Padre y por nosotros.

¿Cómo establecer un puente entre este contexto histórico y el nuestro? Este problema es similar al que encontramos en 1:5-7. No puedo confinar el significado de estos versículos simplemente a un debate gnóstico que acabó hace siglos. Hay temas que trascienden esa época, que tienen que ver con las actitudes gnósticas, pero que también hablan directamente a nuestras circunstancias de hoy.

(1) El tema más importante es nuestra noción de "pecado". ¿Estamos seguros de que el estado de seres caídos es algo característico de la experiencia humana? La vida secular y las comunidades religiosas luchan también con esto. Nuestra respuesta dará forma a nuestra perspectiva de la sociedad, la política e incluso la psicología. Al intentar conectar la inequívoca idea de Juan del pecado con mi mundo, tengo que preguntarme si mi mundo está listo para ello. Juan entiende que

somos cautivos del pecado; pecamos de manera compulsiva y deliberada. Aun cuando en otra parte dirá que los cristianos no son prisioneros
de los pecados continuos, aquí está diciendo que bajo nuestra superficie
tenemos una enfermedad desastrosa, una compulsión en espera de aparecer. Pienso, por ejemplo, en la historia verídica de Langdon Gilkey de
lo que sucedió durante la Segunda Guerra Mundial, cuando los japone-
ses rodearon a los occidentales cerca de Pekín, China, y los metieron
en un campamento llamado El Complejo de Shantung.[15] De repente, la
capa de civismo cristiano desapareció. Gilkey cita versos de una ópera
que resumen la historia:

> Hasta los santos actuarán como pecadores
> si no tienen su plato en los comedores

¿Pero aún lo creemos así? ¿Vemos el pecado como simples opciones
pobres, pobre educación o una infancia pobre? Juan usa una antropolo-
gía teológica que puede resultar extraña al público actual. Así pues, hay
que construir un nuevo puente para que este mensaje se pueda oír.

(2) Existe el error opuesto de complacencia en cuanto al pecado. En
un contexto teológico en el que la gracia es generosa y el pecado es
inevitable, crecen las actitudes de dejadez en la moralidad. Estoy convencido de que esta perspectiva nos resulta mucho más familiar hoy a
nosotros. Especialmente en las iglesias donde la gracia de Dios es parte
de un plan pastoral para promover la salud y el bienestar personal, la
devastadora amenaza del pecado —en realidad, de la advertencia en
cuanto al pecado— es tristemente escasa. Algunos de los destinatarios
de Juan estaban satisfechos de sí mismos. Gran parte de nuestro público
es igual de complaciente. Por eso, las palabras de Juan nos traen un
mensaje necesario y provocador.

(3) Juan nos da una importante información acerca de cómo Jesucristo
consigue la salvación que disfrutamos. Sus palabras en 1:5 dan solo una
parte de las descripciones más completas que aquí tenemos. Pero no
podemos evitar preguntarnos si sacrificio y expiación tal como Juan
los describe son algo que se entiende hoy. Las iglesias rara vez explican el marco conceptual que conforma el mundo bíblico del sacrificio. Recuerdo cómo me di cuenta de esto en una ocasión, en una clase
de educación para adultos. Hablé durante una media hora explicando
cómo funcionaban conjuntamente altares, holocaustos y sacerdotes
en el antiguo Israel. Y recuerdo cómo los aproximadamente cincuenta
adultos estaban perplejos. Hay pocas cosas en nuestro mundo actual

---

15. L. Gilkey, *The Shantung Compound* (San Francisco: Harper, 1966).

que se puedan comparar directamente con un sacrificio como este (pese a las historias de sacrificio heroico que podamos contar).

Con el propósito de conectar con el concepto de la obra de Cristo en la cruz, tengo que trabajar para reconstruir el contexto bíblico. Si no lo hago, he de cuidar que mi explicación moderna no vacíe la cruz de su verdadero poder y significado. No puedo decir simplemente: "Cristo ocupó mi lugar en la cruz". Lo hizo, pero fue más que eso. "En Cristo, Dios estaba reconciliando al mundo consigo mismo" (2Co 5:19). Tenemos aquí unos misterios más profundos que una cultura carente de la cosmovisión bíblica no conseguirá entender.

Aunque Juan hace accesible este importante tema del pecado, es una lástima que no lo explore de una manera más completa. Los debates teológicos clásicos acerca del carácter generalizado del pecado o la posibilidad de perfección reciben solo una limitada atención en estos versículos. Sin embargo, su apoyo es esencial. Estos versículos son de los más importantes del Nuevo Testamento; dejan firmemente establecida la perspectiva cristiana del carácter de la humanidad y de su relación con Dios.

Significado Contemporáneo

Dado que las películas y videos son parte vital de los estudiantes de hoy, una de las ventajas de trabajar en una universidad es que los estudiantes me mantienen bien informado acerca de lo que sucede actualmente en el cine. Con frecuencia, discutimos qué presuposiciones acerca de la vida, el sexo, la moralidad o la religión dan forma a los guiones que tan bien conocen. Una vez les pedí que me dieran una lista de películas que partieran del supuesto de que una persona es intrínsecamente caída y otra de las que presuponen que la persona es intrínsecamente buena. Quisiera poder decir que los estudiantes pueden contestar al instante, pero no es así. Sin embargo, una vez vieron el patrón y elevaron la discusión más allá de películas como *Asesinos por naturaleza*, la discusión se encendió espontáneamente. *El señor de las moscas* siempre estaba entre las favoritas, porque en muchos institutos ¡todavía se exige su lectura! En este relato, unos buenos escolares británicos (con sus uniformes almidonados y todo) se encuentran abandonados en una isla desierta y se convierten en unos salvajes. La tesis es que, en lo profundo de sus pequeños corazones, presidía un monstruo de inaudita ferocidad. *La costa de los mosquitos* es otra de las preferidas. Harrison Ford se aleja de los males de los Estados Unidos modernos y se traslada a la jungla centroamericana, solo para darse cuenta de que aquellos males estaban al acecho en su interior todo el tiempo. Lleva la corrupción consigo.

Pero estas películas, con su mensaje de naturaleza caída inherente, no son las más populares. Hay otro mensaje que nos interpela cada vez más: la corrupción es una opción, esta "ahí" en la sociedad, y todavía se pueden descubrir sociedades de vidas inmaculadas. Los adultos de más edad pueden señalar las antiguas películas de Tarzán (donde el joven de la jungla es moralmente superior). Una versión moderna es *La jungla esmeralda*, en la que un niño estadounidense se pierde en la selva amazónica y es adoptado y criado por los nativos, que gozan de una sociedad moralmente perfecta (hasta su ausencia de ropas simboliza una vida en el Edén antes de la caída). Podemos encontrar una versión en dibujos animados en *FernGully*, donde vuelve a aparecer el centro del Amazonas como un lugar sin pecado, en el que los obreros que queman y talan los árboles traen con ellos su propio mal. *Pocahontas*, de Disney, y *Bailando con lobos*, de Kevin Costner, abordan el mismo tema.

La cuestión esencial que hay en el centro de estos debates es nuestra perspectiva de la humanidad. ¿Hay algo malo dentro de nosotros? ¿Estamos rotos y sin esperanza de reparación, necesitados de redención? ¿O disfrutamos un resurgimiento optimista de la condición humana? En *El señor de las moscas*, por ejemplo, la redención llega únicamente cuando un oficial británico de inmaculada indumentaria llega a la isla y descubre la gravedad de la depravación de los niños. En otras palabras, la salvación viene de *fuera*, los caídos no pueden sanarse.

Hace poco he leído la trilogía de Stephen Lawhead, *La canción de Albión*.[16] En ella, el popular escritor cristiano retrata un noble mundo celta en el que hay lugar para el mal, personal y generalizado, pero que reconoce que la redención ha de venir de las poderosas "canciones" que están fuera de la existencia de este mundo. Y por encima de todo, reconoce que no hay ninguna sociedad, por noble que sea, que esté exenta de tal naturaleza caída.

(1) Juan nos habría hecho tomar en serio el carácter generalizado del pecado. Las enseñanzas bíblicas y teológicas son aquí claras. La memorable frase de Pablo en Romanos 3:23: "... pues todos han pecado y están privados de la gloria de Dios" lo resume de maravilla. No hay excepciones. No hay seres humanos perfectos y, por tanto, no hay posi-

---

16. La trilogía de S. Lawhead incluye *La guerra del paraíso* (1991, en español en 1996), *Mano de plata* (1992, en español en 1993) y *La última batalla* (1993, en español en 1994). Todas están publicadas por Timun Mas, Barcelona, España.

bilidad de una utopía producida por el hombre. No se necesita mucho para que la persona promedio admita que algo está mal en nuestro mundo. Podemos conceptualizar un mundo que parezca mejor, que elimine el crimen, las enfermedades incurables, el hambre, la guerra y el sufrimiento que atormentan a la sociedad humana. Pero algunos de mis estudiantes creen que "las cosas van bien" en el planeta Tierra.

Sin embargo, vivimos en una cultura terapéutica que busca fórmulas para la enfermedad y una educación moral que sirva de solución para algunos de nuestros problemas. Decimos que somos capaces de arreglar lo que está roto. No niego que en algunos casos valga la pena abordarlo de esa manera, pero sencillamente no son la solución principal. La Biblia insiste en que somos criaturas a las que se nos presentan elecciones morales de las cuales somos responsables.

En coherencia con ello, aún elegimos rebelarnos contra Dios y su camino para nuestras vidas. Como resultado, hemos arruinado la bondad que Dios nos dio. En una palabra, todo nuestro mundo está caído. Dudo que Juan pensase en una cultura como la nuestra, que racionaliza el pecado o niega la base de la culpa mediante el rechazo de un código moral absoluto. Los gnósticos veían el pecado como algo sin importancia (que es una idea muy diferente), porque el escenario moral de este mundo era algo intrascendente. Sin embargo, cuando escucho a muchos nuevos movimientos religiosos (misticismo oriental, Nueva Era, etcétera.), percibo un fenómeno similar. La espiritualidad se está cultivando aparte del curso de los acontecimientos de este mundo y está totalmente fuera de un marco racional/moral. Un *mantra* religioso, la meditación o rituales místicos secretos transportan a sus creyentes temporalmente a otros reinos, totalmente separados del mundo cotidiano que conocemos. Y a ese otro mundo se le da un *valor exhaustivo*.

Cada año acudo a la reunión anual de la America Academy of Religion (Academia de la Religión de Estados Unidos) junto con otros cinco mil profesores. Es interesante ver quiénes hacen acto de presencia. Cuando nos reunimos en Boston, hace unos años, visité la exposición de libros de un excéntrico editor en el vestíbulo de la convención. El editor estaba vendiendo ejemplares de un extenso volumen escrito presuntamente por seres sobrenaturales que viven en otro planeta, uno que una vez colonizó la Tierra. Había unos rituales secretos que podían conectarnos con los espíritus de esas criaturas y ayudarnos a separarnos de nuestro mundo, que no era más que una sombra de un mundo más real oculto en el espacio exterior. Me reí entre dientes, hasta que vi cuántos de esos libros había vendido ya.

Esta enseñanza de que la verdadera religión o desarrollo espiritual están desconectados de los hechos de la vida diaria está extendiéndose. Promueve una esquizofrenia religiosa: tenemos dos vidas, una espiritual y una física, y apenas hay conexión entre ambas. Lo que hago hoy tiene menos importancia que si hubiera hecho mis ejercicios espirituales.

Nada más lejos de la verdad. Juan afirma que este mundo es importante (de ahí su teología encarnacional) y que el Dios personal que lo creó tiene expectativas materiales para él. El pecado significa dar cuentas a alguien que ha establecido un estándar. Tanto si se niega a Dios como si se dice que su estándar no se aplica a este mundo, desaparece la responsabilidad.

(2) *El carácter generalizado del pecado incluye a los cristianos*. Pero el pecado, la condición caída general, ¿incluye a los que están en la iglesia? Aquí entramos en una considerable controversia. Mientras que algunos dicen que los cristianos pueden alcanzar un nivel de ausencia de pecado, e incluso perfección, otros no están de acuerdo y dicen que el pecado es un problema persistente incluso para los redimidos. Así, en 2:1, Juan tiene que hacer una concesión a los que están *en la fe* y caen. Esta verdad explica, en cierto modo, la caída de nuestros propios líderes morales y espirituales de esta generación; de otro modo, el pecado de algún dirigente cristiano de altura es inexplicable.

Me sorprende la frecuencia con que las personas que están en un contexto religioso pueden ser convencidas de su perfección espiritual. Cuando vivía en un vecindario judío ortodoxo de Chicago, a menudo me encontraba hablando de teología a las puertas de casa. Una estricta señora religiosa de la sinagoga local me dijo que el sacrificio de Jesús fue innecesario, porque era posible cumplir la ley, los 613 mandamientos que ella contabilizaba en el Antiguo Testamento. Ella y su familia lo habían hecho. Dios estaba muy contento con su rendimiento.

No puedo evitar preguntarme si algunos cristianos no tienen esa perspectiva. Sus vidas han sido tan transformadas por Dios que han alcanzado un nivel de madurez espiritual que excluye la necesidad de perdón continuo. Esto es especialmente así entre los que han experimentado una renovación profunda y genuina (sobre todo, en un entorno carismático). También se aplica a los que están en comunidades más convencionales cuyas vidas han sido saturadas por la iglesia y sus valores durante años. En ambos casos, la humildad es escasa y apenas se reconoce la posibilidad del error.

Esto suscita multitud de cuestiones prácticas. Al liderazgo de la iglesia, esto nos hace ser cautos a la hora de dar demasiado poder a cualquier individuo: sacerdotes, pastores y ancianos entre ellos. He presenciado cómo importantes líderes cristianos, "en el nombre de Cristo", han esgrimido una autoridad impresionante en búsqueda de finalidades privadas o de interés particular. Y es pecado. También se plantean cuestiones acerca del gobierno de la iglesia. Si el pecado es una posibilidad incluso entre los cristianos, la toma de decisiones tiene que ser objeto de deliberación en el contexto más amplio posible. Los dirigentes tienen que rotar de modo que la corrupción que suele acompañar al poder no acabe con ninguno de ellos.

(3) *El carácter generalizado del pecado nos obliga también a preguntar acerca de la confesión.* Siempre me ha alarmado la ausencia de confesión formal en la tradición protestante. Al rechazar la función sacerdotal de mediación para el perdón y promocionar el generoso don de la gracia de Dios en Cristo, hemos perdido de vista toda necesidad de confesar. Puede que tengamos confesiones litúrgicas el domingo, pero *¿estamos confesando regularmente nuestros pecados?*

Este año he leído la novela de Susan Howatch *Imágenes resplandecientes.*[17] Howatch describe de forma contundente la caída y restauración de un sacerdote anglicano que sabía cómo vestirse con una "imagen resplandeciente" que encubriera su verdadero yo. Solo con la intervención de un enérgico director espiritual que entendía la absoluta necesidad de la confesión verbalizada pudo el vicario salvarse de sí mismo y de la asfixia de su papel como dirigente cristiano.

Juan afirma que todos pecan —cristianos incluidos— y que, si confesamos nuestros pecados, Dios va a perdonar (1:9). La necesidad pastoral de esta experiencia se resume bien en Salmo 32:1-5:

> Dichoso aquel
> a quien se le perdonan sus transgresiones,
> a quien se le borran sus pecados.
> Dichoso aquel
> a quien el Señor no toma en cuenta su maldad
> y en cuyo espíritu no hay engaño.

---

17. S. Howatch, *Imágenes resplandecientes* (Buenos Aires: Emecé, 1989) p. 93 de la edición en inglés.

Mientras guardé silencio,
>   mis huesos se fueron consumiendo
>   por mi gemir de todo el día.
Mi fuerza se fue debilitando
>   como al calor del verano,
>   porque día y noche
>   tu mano pesaba sobre mí. Selah
Pero te confesé mi pecado,
>   y no te oculté mi maldad.
Me dije: «Voy a confesar mis transgresiones al Señor»,
>   y tú perdonaste mi maldad y mi pecado.

Lamentablemente, Juan no llega a decirnos las implicaciones de no confesar. ¿Se nos limita de alguna manera el sacrificio de Cristo por culpa de nuestra reticencia a confesar? ¿Queda, como resultado, estancada nuestra madurez en Cristo? Más aún, ¿qué clase de confesión tiene Juan en mente? *Por lo menos*, la confesión privada es necesaria, pero si escucháramos con atención la experiencia y la historia de la iglesia, reconoceríamos que se necesita más.

(4) *La obra de Cristo sigue en marcha.* El énfasis de Juan sobre la obra continua de confesión está directamente conectado con la obra incesante de Cristo. En 2:2, habla de la obra pasada de Cristo en la cruz, no solo para los cristianos, sino para el mundo entero. Pero con frecuencia pasamos por alto los pensamientos de Juan en 2:1 acerca de la *función presente* de Cristo.

Ver a Cristo obrando en nuestro favor, incluso ahora, da una visión completamente nueva a la espiritualidad y un nuevo impulso para confesar y crecer. Con toda seguridad, la obra de Cristo en la cruz hace dos mil años cumplió todo lo necesario para la salvación. Pero hay más en marcha. Al haber negado la importancia de la confesión en las tradiciones litúrgicas, ¿hemos negado también el ministerio continuado de Jesús en favor nuestro?[18] Me pregunto si la anulación de las funciones ministeriales sacerdotales que acabaron con el ministerio confesional no habrá hecho perder también el reconocimiento de que Cristo sigue obrando.

---

18. Me pregunto hasta qué punto está vinculado este rechazo al repudio protestante de la misa y la confesión católicas.

Debemos captar de nuevo cierto sentido de lo que está sucediendo en nuestro beneficio *después* del Gólgota. En la encarnación, Dios adoptó con pasión nuestra humanidad. En la cruz, Cristo, en nuestra humanidad, pagó el castigo que nos correspondía. Y en su resurrección/ascensión, Cristo guió nuestra humanidad transformada al cielo, donde permanece hoy representándonos ante el Padre. Por tanto, la obra salvadora de Dios en Cristo nos lleva de la encarnación a la ascensión; incluye la cruz, pero significa mucho más. Significa intercesión. Pero esto podríamos malinterpretarlo, como si Cristo (que llevó nuestra humanidad) estuviera en conflicto con el Padre, defendiendo nuestro caso. Que *"en Cristo, Dios* estaba reconciliando al mundo consigo mismo"* significa que Jesús no es otra cosa que el propio abrazo de Dios. Jesús es el poderoso acercamiento de Dios que trae nuestra humanidad hasta él mismo. Por tanto, el éxito de Cristo no solo incluye lo que hizo por nosotros en el Calvario, sino lo que llevó a cabo al dar valor y redimir a nuestra humanidad para el Padre. La obra actual de Cristo es nuestra inspiración para ver el desarrollo espiritual —también con la confesión— como un rasgo habitual de nuestras vidas. Dios no simplemente nos salvó hace dos mil años; Dios sigue abrazándonos por medio de Cristo, que vive por siempre a su lado.

1 Juan 2:3-11

¿**C**ómo sabemos si hemos llegado a conocer a Dios? Si obedecemos sus mandamientos. ⁴ El que afirma: «Lo conozco», pero no obedece sus mandamientos, es un mentiroso y no tiene la verdad. ⁵ En cambio, el amor de Dios se manifiesta plenamente en la vida del que obedece su palabra. De este modo sabemos que estamos unidos a él: ⁶ el que afirma que permanece en él, debe vivir como él vivió.

⁷ Queridos hermanos, lo que les escribo no es un mandamiento nuevo, sino uno antiguo que han tenido desde el principio. Este mandamiento antiguo es el mensaje que ya oyeron. ⁸ Por otra parte, lo que les escribo es un mandamiento nuevo, cuya verdad se manifiesta tanto en la vida de Cristo como en la de ustedes, porque la oscuridad se va desvaneciendo y ya brilla la luz verdadera. ⁹ El que afirma que está en la luz, pero odia a su hermano, todavía está en la oscuridad. ¹⁰ El que ama a su hermano permanece en la luz, y no hay nada en su vida que lo haga tropezar. ¹¹ Pero el que odia a su hermano está en la oscuridad y en ella vive, y no sabe a dónde va porque la oscuridad no lo deja ver.

Sentido Original

Si la primera exhortación de Juan (1:8–2:2) tenía en mente a los separatistas que estaban realizando afirmaciones sobre sí mismos y sobre Dios, esta segunda advertencia está dedicada, en primer lugar, a los creyentes de su iglesia, los cristianos que habían permanecido bajo su tutela pero que habían sido influenciados por las discusiones en la congregación. Así pues, aun cuando el tono es algo menos polémico, sigue manteniendo el estilo retórico de los primeros versos. Esta vez se presentan tres aseveraciones (2:4, 6, 9) y puede parecer un avance en comparación con las presentadas en 1:6, 8 y 10. Sin embargo, la diferencia principal es que, en este caso, son afirmaciones que pueden pronunciar los creyentes ("lo conozco", "estoy unido a él", "estoy en la luz"), si se entienden correctamente.

Las dos primeras exhortaciones tienen que ver con agradar a Dios. En el primer caso, Juan enfatiza el agradar a Dios mediante la renuncia al pecado. Ahora se presenta el fruto positivo de "conocer a Dios" y "vivir en la luz". Dicho sencillamente, Juan subraya la *obediencia* a la voz de Dios. La ortodoxia teológica, por estricta que sea, es peligrosa si no va ligada a una fe cristiana viva. Y, como Juan afirma en estos versículos, una fe ortodoxa vivida en rechazo a los mandamientos de Dios tendrá efectos peligrosos, incluso mortales, para quien la vive, así como para quienes le rodean. Esta sección está estructurada con una afirmación inicial (2:3), seguida de la cita de tres fórmulas (vv. 4, 6, 9), que la NIV traduce, lamentablemente, de manera poco clara.[1] En cada caso, Juan nos lleva a profundizar en el significado de la obediencia, dándole una aplicación final en la tercera unidad.

(1) El que afirma...

"Yo lo conozco", pero no obedece sus mandamientos, es un mentiroso.

(2) El que afirma...

"Yo permanezco en él" debe vivir [andar] como él vivió [anduvo].

(3) El que afirma...

"Yo estoy en la luz", pero odia a su hermano... está en la oscuridad.

Las tres citas son variantes en torno al mismo tema. En el pensamiento joánico, *conocer*, *permanecer* y *estar* reflejan significados semejantes y no hace falta buscar aquí una progresión teológica. En cada caso, Juan está reconociendo que hombres y mujeres pueden anunciar su lealtad a Jesús y explicar que tienen una íntima y profunda relación con él, pero hay comprobaciones, "tests de vida", como Robert Law los llamó, que indican la autenticidad del vigor espiritual.

Obediencia y madurez espiritual (2:3-5)

Todo lo que Juan dice en 2:4-11 está vinculado a su tesis de 2:3. *La evidencia de conocer a Dios está en nuestro sincero deseo de obedecerle.* Hay que dejar claro que la elección de palabras de Juan aquí no es accidental. Se preocupa por enfatizar la obediencia, pero también desafía a quienes se jactan de conocimiento. El término griego *gnosis*

---

1. La segunda y tercera citas comparten incluso una estructura gramatical. Cada cita va introducida por el mismo participio, *ho logon*, "todo el que dice", que la NIV ha traducido de tres maneras diferentes [La NVI no cae en esto, pues traduce los tres casos como "el que afirma". N. del T.].

significa *conocimiento*, y describe una disposición religiosa (de ahí gnosticismo) que promueve la iluminación o inspiración mística como característica central de la fe. No hay evidencias de que en los días de Juan se conociera una religión formal llamada gnosticismo, aun cuando podemos decir confiadamente que la tendencia popular en esa dirección ya había comenzado, y en el siglo II dio lugar a sistemas religiosos formales. Así pues, el uso que hace Juan de las palabras relacionadas con "conocer" (así como su interés en la "luz", *cf.* 1:5ss.) indica que estaba familiarizado con tales corrientes. Como una infección en la comunidad cristiana, este virus decía que el camino a la salvación no dependía de ser liberados del pecado, sino más bien de librarse de la ignorancia. Si el misticismo esotérico abría la puerta a Dios, las otras cuestiones, las mundanas, como la obediencia y la moralidad terrenales, eran fácilmente prescindibles. Si tenemos en cuenta la negación del pecado y el no sentir la necesidad de ser perdonado (descrita en 1:8–2:2), se ve que las tendencias gnósticas estaban causando estragos en la singular visión de la ética de esta comunidad.

Juan usa, asimismo, la gramática con mucho cuidado. "¿Cómo sabemos si *hemos llegado a conocer* a Dios?" esconde un verbo en tiempo perfecto que en griego no solo significa que el conocimiento es una iluminación de una vez, sino más bien una experiencia pasada que sigue con consecuencias presentes.[2] Para Juan, el conocimiento es algo de la experiencia, no especulativo ni abstracto. Se manifiesta en la actividad presente, es decir, en reflejar continuamente que se obedece a Dios.[3] Por tanto, las personas que pronuncian alguna afirmación en cuanto a que conocen a Dios han de tener pruebas en su vida cotidiana de que conforman su toma de decisiones en función de la voluntad de Dios. Juan acostumbra realizar una declaración, presentar un ejemplo negativo para después reforzar su tesis repitiendo la declaración primera con más profundidad. Este es el patrón que aquí tenemos, porque el versículo 4 describe ahora a la persona que simula tener intimidad con Dios y rechaza la obediencia (la misma descripción de 2:11). Las palabras de Juan son serias: Tal individuo es un mentiroso. En 1:8 se nos ha enseñado que negar el pecado evidencia que la verdad no está en una persona. Ahora vemos que la negación de la obediencia implica lo mismo: la verdad está ausente. Debemos tener presente el lugar que ocupa "la verdad" en el vocabulario joánico. Describe a Jesús (Jn 14:6),

---

2. Esta es la función de los verbos en tiempo perfecto en esta estructura.
3. El hecho de que "obedecemos sus mandamientos" esté en presente rige la interpretación de la obediencia como una actividad diaria y en marcha.

al Espíritu Santo (14:17) y a la palabra (17:19). Es el principio de integridad espiritual que debería acompañar a toda adoración que reciba su poder del Espíritu de Dios (4:24). Por tanto, Juan *no* está diciendo aquí simplemente que quien no obedece ha perdido de vista lo esencial, sino que tales personas están gravemente desconectadas de Dios.

Por otro lado (1Jn 2:5), el perfil de los verdaderos cristianos es prácticamente el opuesto: *guardan la palabra* de Dios. Juan presenta dos importantes argumentos.

(1) A lo largo de estos versículos emplea el término griego *tereo* (lit., guardar) para describir la obediencia.[4] Su uso en la Septuaginta y otros lugares implica duración y perseverancia: observar diligentemente, guardar cuidadosamente, descubrir de repente una verdad y protegerla.[5] En otras palabras, "guardar la palabra de Dios" va más allá de la mera conformidad con la ley. Expresa un deseo apasionado de seguir la voluntad de Dios. Por otro lado, en los versículos 3-4, Juan usa "mandamientos" para referirse a la voluntad de Dios, y ahora, en el versículo 5, ha pasado a "palabra". Juan es bien conocido por usar variantes, de modo que no hay ninguna diferencia de significado aquí.

(2) Los cristianos maduros manifiestan plenamente (*o* "perfeccionan") el amor de Dios. Este pensamiento nos plantea un rompecabezas exegético. En griego y en castellano, "el amor de Dios" puede significar cosas diferentes. ¿Se trata aquí del amor de Dios por nosotros como lo traduce la NVI (con un genitivo subjetivo, ver 4:9)? ¿O se refiere a nuestro amor a Dios (con genitivo objetivo, ver 2:15 y 5:3)? ¿Tal vez alude a un amor parecido al de Dios (genitivo de cualidad)? Se han utilizado las tres interpretaciones para este versículo y algunos hasta piensan que Juan es deliberadamente ambiguo o no está expresando una clara distinción.

Me inclino a verlo como un genitivo objetivo ("nuestro amor *por Dios* se ha perfeccionado"). Después de todo, en estos versículos, Juan está perfilando cómo podemos expresar la fidelidad y obediencia *a Dios*. Está buscando marcas de respuesta que muestren nuestro deseo de actuar de manera que manifestemos nuestra devoción al Señor. Por supuesto, desde una perspectiva teológica más amplia, entendemos que ese amor obediente no surge a menos que el propio amor de Dios lo inspire primero. Pero este no es el propósito de Juan aquí. Cuando

---

4. R. Brown, *The Epistles of John*, 252.

5. *Cf.* el uso del verbo para describir el atento cuidado de Jesús por sus discípulos en Juan 17:12.

habla de "perfección", Juan tiene en mente el proceso de madurez del creyente firme. La obediencia perfecta brota del amor perfecto. Cuando hemos descubierto el inagotable amor de Dios por nosotros, le amamos con todo nuestro ser, *y esto se expresa de manera tangible en la obediencia a su voluntad.* Esta dialéctica entre el amor y la obediencia es un tema constante en el Cuarto Evangelio. En el aposento alto, Jesús dice: "Si ustedes me aman, obedecerán mis mandamientos" (Jn 14:15). Más tarde añade: "El que me ama, obedecerá mi palabra … El que no me ama, no obedece mis palabras. Pero estas palabras que ustedes oyen no son mías sino del Padre, que me envió" (14:23a-24; *cf.*15:10).

Por supuesto, esto añade aun otro problema práctico: *¿Hasta qué punto es posible para el creyente la perfección?* Los cristianos de la tradición de la santidad wesleyana siempre han tenido un gran interés en el versículo 5, debido a su énfasis en la perfección. Nuestra aplicación de ella a continuación debería hacer lo mismo.

La obediencia y la vida de Jesús (2:6-8)

La segunda prueba de autenticidad, de energía y vida genuinas, tiene que ver con vivir como Jesús vivió (2:6-8). Si decimos que vivimos en él, también tenemos que andar como él. Sin embargo, el verbo que se usa al principio de esta afirmación es un término especializado de Juan, *meno*, que se da en el Evangelio de Juan cuarenta veces, y veintisiete en sus cartas. "Permanecer en él" va más allá de una mera imitación de Cristo en el estilo de vida o de "vivir como Jesús vivió". Este verbo describe, por lo general, el hecho de que el cristiano mora en Dios (1Jn 3:24; 4:12-13, 15-16). Por eso muchos traductores prefieren "morar" o "permanecer" [la NIV pone *live*, "vivir". N. de T.], para aportar ese sentido de permanencia y duración, de participación interior y conexión con Dios. En este sentido, el término va paralelo al que escuchamos en versículo 4. Conocer a Dios de verdad es habitar en él profundamente. Y, en cada caso, el resultado de ese conocer y habitar es la obediencia.

Juan sostiene la vida terrenal de Jesús como un modelo a imitar. Esta es la primera vez que lo ha hecho, y estamos ante un desarrollo importante, dada la controversia en su iglesia.[6] *Así como la conducta terrenal es una parte esencial de la fe, también la vida terrenal de Jesús es un modelo esencial para nuestras vidas.* Desde luego, esto indica que hay cierto consenso acerca de la vida terrenal de Jesús y sugiere que estos

---

6. Juan lo hace también en 1 Juan 3:16, donde usa la vida sacrificial de Jesús como modelo para el servicio sacrificado por los demás.

cristianos tenían a su alcance un relato de la vida de Jesús. Los abundantes paralelismos con el Cuarto Evangelio nos dicen, sin duda, que (tal como hemos esbozado en la Introducción) dicho Evangelio era bien conocido en esta comunidad. Y ahora Juan apela directamente a él.

El versículo 7 contiene un tono renovado y vehemente. Juan pasa a la primera persona ("lo que les escribo") y se dirige de nuevo a su audiencia como "Queridos hermanos".[7] El término griego *agapetoi* (basado en *agape*, "amor") se usa sesenta y una veces en el Nuevo Testamento, y parece haber sido un término común entre los primeros cristianos para expresar afecto (Ro 12:19; 2Co 7:1), que Juan usa frecuentemente (1Jn 3:2, 21; 4:1,7; *cf.* "Mis queridos hijos" en 2:1). Casi parece como si, de momento, Juan esté dejando a un lado los argumentos y lemas de la controversia para escribir a su grey desde el corazón acerca del verdadero carácter de unos discípulos que buscan el centro de la voluntad de Dios, o sea, que se aman unos a otros.

¿En qué sentido no es nuevo el mandamiento de amarse (v. 7a)? Por una parte, lo encontramos por todo el Antiguo Testamento (ver Lv 19:18; Mt 19:19) y hasta Jesús apela a él directamente (Mr 12:28-34).[8] Pero, en otro sentido, esta iglesia tenía el Cuarto Evangelio y conocía bien las palabras de Jesús en Juan 13:34: "Este mandamiento nuevo les doy: que se amen los unos a los otros. Así como yo los he amado, también ustedes deben amarse los unos a los otros" (*cf.* 15:12; 1Jn 3:23). Por consiguiente, la exhortación de Juan está anclada en una autoridad que ni sus oponentes pueden cuestionar. Con "desde el principio" se refiere, como en 1:1; 2:13 y 3:8, a los hechos en torno a la vida y ministerio de Jesús.

Y todavía hay algo nuevo más en esto (v. 8). El antiguo mandamiento ha asumido una nueva forma desde la venida de Cristo. En un principio, Cristo mismo ejemplificó este amor manifestando su entregado amor por nosotros. Cumplió la ley del amor de una manera nunca antes vista. Pero hay más: Jesús ha hecho que este amor pueda hacerse realidad en la era presente, entre sus seguidores. Por eso, la verdad del amor se demuestra "en él" y "[en] ustedes". En otras palabras, ha amanecido una nueva edad, ha llegado una nueva era, está alumbrando una nueva luz capacitadora, y todo ello da a la iglesia nuevas posibilidades para el

---

7. La NIV traduce esta palabra como "queridos amigos", pero así pierde la fuerza del leguaje afectuoso de Juan.
8. Este mandamiento de amar caracterizaba una exhortación por medio de las comunidades cristianas. Ver Ro 1:1:14; 13:8-10; Ef 5; Stg 2:8; 1P 2:17.

amor y un nuevo imperativo (ver v. 8b). La *novedad* que describe Juan es una realidad escatológica aquí y ahora entre los cristianos.

Así pues, Juan proporciona una vez más un test para la realidad espiritual. En el primero, la obediencia era el resultado natural de una vida de intimidad con Dios. Ahora se nos enseña que el segundo test de vida es un amor de la misma calidad que el de Cristo.

Obediencia y amor (2:9-11)

El primer test (2:3-5) contenía una advertencia acerca de la falsedad; el tercero (2:9-11) es equivalente. Sigue existiendo la terrible perspectiva de que alguno pueda afirmar que disfruta de la intimidad con Dios descrita por Juan desde el comienzo y, sin embargo, tratarse de un engaño. Estar "en la luz" repite la analogía escatológica de 2:8. Después de la venida de Cristo, el mundo ha cambiado, se ha hecho realidad un nuevo potencial para la conducta espiritual. Alumbra una nueva luz. Pero hay quienes afirman ser parte de esta nueva realidad cuando han estado viviendo todo el tiempo fuera de ella. Así, la severidad de Juan es implacable: odiar a un hermano o hermana de la iglesia implica estar "en la oscuridad" y haber sido cegado (vv. 9, 11); amarlos significa vivir "en la luz" (v. 10).[9] El amor solo llega a ser un valor auténtico cuando se somete a prueba, cuando tenemos que ir más allá de nosotros mismos y amar a alguien a quien no deseamos amar. Este es el calibre del amor que Juan tiene en mente.

Para nosotros es más fácil pensar que Juan se refiere aquí a sus oponentes, a personas de su iglesia que mostraban un carácter nada piadoso. Habían realizado hostiles negaciones doctrinales y rechazado el valor de la conducta práctica como señal distintiva de la verdadera espiritualidad, y es correcto que Juan los exhorte. Pero, en esta contienda congregacional, estoy convencido de que Juan está hablando también a sus propios seguidores.

No tienen permiso para *odiar* ni aun teniendo razón. El odio no es un arrebato ocasional de ira, sino una actitud que se ha convertido en costumbre.[10]

---

9. Por supuesto, Juan afirmaría también que hay que amar a las personas de fuera de la iglesia. Jesús amó a sus enemigos. Sin embargo, el interés de Juan en estos versículos es muy específico. Se ocupa de la lucha interna de una iglesia y de las actitudes que se han desarrollado en la congregación.

10. "Odia" está en griego como participio presente, lo que sugiere una actividad en marcha.

Al versículo 10 se añade una expresión curiosa que brinda cierto apoyo a esta interpretación. La NVI dice: "El que ama a su hermano permanece en la luz, y *no hay nada en su vida que lo haga tropezar*". Sin embargo, el griego dice literalmente: "el tropiezo [*skandalon*] no está en él/ella". El original es ambiguo en doble medida: (1) el pronombre puede referirse al creyente ("él") o a la luz ("ella"). Con ambos sentidos es perfectamente gramatical;[11] (2) el tropiezo puede hacer alusión a la caída de los creyentes (como en la NVI y muchos comentaristas), o puede significar que no hay nada en el creyente que haga caer a *otros*. Un *skandalon* es una trampa o un objeto que hace tropezar. Metafóricamente, es algo que provoca la caída de uno.

Smalley sostiene convincentemente que, en la mayoría de sus usos en el Nuevo Testamento, el grupo de palabras *skandalon* se refiere a algo que causa el tropiezo a *otros* (Ro 14:13; 1P 2:8; Ap 2:14).[12] La forma verbal de *skandalon* tiene esta carga de significado en el Cuarto Evangelio (Jn 6:61; 16:1). Si esta es la interpretación correcta del versículo 10, Juan puede tener en mente la *mala conducta cristiana* que acaba por conducir a más personas fuera de la iglesia. Por tanto, una mejor traducción puede ser: "No hay nada en él que cause el tropiezo de algún otro". Naturalmente, tal advertencia se aplicaría también al creyente, pero Juan tiene sobre todo en mente las actitudes indignadas y persistentes de enojo que pueden ensanchar la grieta que ya está dividiendo a la iglesia.

Construyendo Puentes

El mandamiento de amar y obedecer se entiende universalmente, por lo que no es difícil transferir los temas que aquí encontramos a nuestro contexto. Además, el entorno de Juan no es muy distinto de muchos de hoy, donde las relaciones complicadas en la iglesia han paralizado la misión de la misma. Los cristianos que afirman andar en íntima relación con Dios, que dicen estar "*en* la luz", y que sin embargo promueven sus propias hazañas espirituales, se encuentran a veces en amargo conflicto con otros que vindican la misma afirmación espiritual.

---

11. Los escribas griegos preferían a menudo considerar la referencia a la luz y movieron el pronombre en la frase para que estuviese más cerca de su antecedente. El sentido aquí es que, si estás en la luz, es más difícil tropezar, porque tienes una vista excelente.

12. S. Smalley, *1, 2, 3 John*, 62.

Extraer las características atemporales del pasaje me exige entender el contexto particular de la carta de Juan, así como el mensaje que
lleva. Pero para construir un puente hasta nuestro siglo necesito discernir cuáles son los temas que tienen valor universal cuando me encuentro en un contexto análogo, o incluso en uno tal vez totalmente distinto.
Está claro que Juan tiene un panorama eclesial singular en su mente:
están los que se encuentran fuera de la comunión, que muestran error
y hostilidad; están los que se encuentran en la comunión, que continúan siendo fieles a las enseñanzas de Juan; y sin duda están los cristianos medios que prestan su oído a ambos bandos. Especulo sobre este
tercer grupo porque, aunque la evidencia del mismo es escasa, la experiencia nos dice que están ahí. Tal vez este grupo esté intentando jugar
un papel reconciliador. O quizás no han decidido con quien alinearse.
La tendencia de Juan es dar pinceladas de brocha gorda, pintar las cosas
en blanco y negro. Pero la vida de la iglesia tiene más matices. En otras
palabras, tengo que tener cuidado si no quiero introducir en mi iglesia
la misma polaridad que Juan parece estar describiendo de la suya.

Hay otras razones para ser cauto. La visión de las cosas absoluta y
dualista que Juan posee le lleva por otros caminos arriesgados. Los que
no pasan sus tests son "mentirosos", "la verdad" no está en ellos, viven
"en la oscuridad" que "no les deja ver". ¿Hasta qué punto esta ausencia
de conducta piadosa no pone en peligro la afirmación de ser discípulo
de Cristo? Juan nos pide que nos probemos a nosotros mismos y esto
abre la puerta a un abanico de cuestiones acerca de la seguridad. Estas
críticas de presuntos cristianos con errores la podemos oír en el capítulo 1, pero en ese caso estamos claramente tratando con personas que
han dejado el redil. Sus errores teológicos eran obvios. Ahora tenemos
delante algo distinto. El duro lenguaje de Juan se aplica a creyentes de
dentro de la iglesia.

Todo esto surge de una singular visión que Juan promueve de la iglesia.
Juan espera que esta manifieste la presencia real de Cristo de manera
tan poderosa que él se atreve a usar incluso el lenguaje escatológico
para anunciar su naturaleza (2:11). Puede incluso describir la madurez
de los cristianos como alcanzar la *perfección* (2:5). Esta es una visión
de la iglesia que no se parece a nada de lo que vemos hoy. La iglesia de
Juan era una cabecera de puente en su cultura, un movimiento subterrá-
neo que tenía que mantener su fuerza en unidad, o moriría. Partiendo de
esta premisa, tal vez el hecho de no percibir amenaza alguna sea lo que
hace nuestra eclesiología tan laxa.

Si el lenguaje escatológico de Juan es extraño a nuestro contexto, lo mismo se puede decir de los temas centrales del pasaje: amor y obediencia. Como he sugerido, hoy se pueden entender, pero otra cuestión es si de verdad nuestra sociedad quiere oír esos mandamientos absolutos. Hemos construido un mundo basado en las libres elecciones, no en la obediencia. Hemos concebido el amor como una atracción que, cuando se acaba el sentimiento, puede dirigirse hacia otra parte. Rara vez oímos llamamientos a la obediencia y el amor *como trabajo*. En ambos casos, esos llamados pueden costarme mi libertad., limitar mi espontaneidad, poner límites alrededor de lo que puedo y no puedo hacer. Recientemente, en una sesión de consejería prematrimonial en la capilla de una base aérea militar, una joven pareja afirmaba su mutuo amor, pero se negaba a trabajar en compromisos duros. ¡El joven teniente que tenía delante ni siquiera estaba dispuesto a dejar de ver a una antigua novia, pese a su compromiso y a las quejas de su prometida! Señaló: "No creo que el matrimonio consista simplemente en más reglas, mi capellán. Desde luego, amaré a mi esposa, pero no quiero que el amor me quite mi libertad".

Esta actitud que huye de la obediencia y ve el amor como un sentimiento pasajero es la que predomina hoy. Llevar el mensaje de Juan a una audiencia que lo ha aceptado va a requerir de importantes construcciones de puentes. Tuve suerte. El joven que había en mi despacho estaba en la Marina. Era un graduado de Annapolis y piloto de helicóptero. "Mire —le dije—, en los aeródromos hay reglas, ¿verdad? Cómo vestir, por dónde se puede pasar, cuando se puede fumar. Usted las cumple porque sabe que, si no lo hace, corre peligro su vida y la de otros. La obediencia a las reglas hace posible los vuelos, le permite completar su misión. La vida es como el aeródromo. El matrimonio es su misión. Estas sesiones de consejo son su reunión previa de instrucciones de vuelo". Por primera vez en la hora que llevábamos juntos pensé que había captado la atención del piloto, pero en su corazón no había deseo de oír lo que Juan quería decir sobre obedecer y amar. Sin embargo, ambos nos dimos cuenta de que, para que funcione un helicóptero o la vida, tiene que haber fidelidad a las pautas que no cambian.

Significado Contemporáneo Un famoso pastor de Florida dijo una vez que no había nada tan malo en su congregación que un par de funerales no pudiera arreglar.[13] Por supuesto, tras una sonrisa,

13. Stephen Brown, charla en la capilla de Wheaton College, 8 septiembre 1993.

todos caemos en la cuenta —discretamente— de que eso es justo lo que a veces queremos. Cada pastor puede pensar en personas que parecen disponer de demasiado tiempo y pensar demasiado en la iglesia. Están obsesionados con ella y la convierten en su asunto para enredarlo todo, desde el mantel de la mesa hasta el equipo pastoral. He conocido a personas de este tipo y me he preguntado a menudo qué estaban haciendo en la iglesia o qué necesidades personales estaban satisfaciendo estando en ella. ¿Disfrutaban de la tensión que creaban? ¿Se hacían alguna idea de las conductas dolorosamente destructivas que llevaban? Hay una constante que caracteriza su presencia: rara vez mostraban un comportamiento de semejanza a Cristo, de profunda piedad. En lugar de ello, se mostraban inflexibles, enojados, manipuladores y coercitivos. Y nunca imaginarían que su conducta tenía ese efecto.

Este pasaje impone serios tests sobre todos los que afirmarían ser seguidores de Cristo. ¿Hasta qué punto, pregunta, es nuestra fe una simple cuestión de lemas piadosos (los lemas joánicos eran: "Yo lo conozco, permanezco en él y estoy en la luz")? ¿Hasta qué punto reflexiono seriamente en la conducta de Jesucristo? ¿Se me conoce como persona que obedece y ama, o simplemente como religioso? Conforme deja estos desafíos ante mí, el texto abre la puerta también a una variedad de ideas nuevas.

(1) *¿Descuidamos involuntariamente el llamamiento a la obediencia?* Muchos de nosotros damos un paso atrás ante la mera palabra "obediencia". A menudo me encuentro con estudiantes que han crecido en iglesias y familias conservadoras en las que la obediencia y la rectitud eran términos tan machacados en el hogar que en la actualidad los habían puesto a un lado como portadores de muerte y asfixia. "¿Obedecer? —se preguntan esos estudiantes—. Dios me ama. Déjame disfrutar de él y vivir sin más". Para algunos de nosotros, promover la obediencia es especialmente difícil en tanto que hemos basado nuestra salvación en la rica bondad y compasión de Dios. No obstante, Juan no podría ser más claro.

A veces me pregunto si nuestro interés en apoyar la enseñanza de la Reforma acerca de la gracia no habrá saboteado cualquier esperanza de este llamamiento a la obediencia. Encuadramos la teología del Nuevo Testamento como una serie de yuxtaposiciones: la sinagoga frente a la iglesia, Jesús frente a Moisés, Pablo frente a los legalistas de Jerusalén, la gracia frente a la ley. Al hacerlo, olvidamos que la primera preocupación de Pablo eran *las obras del ritual judío de las que se creía que servían para ganar algún beneficio de parte de Dios*. Pablo puede decir, al mismo tiempo, que la vida cristiana debería manifestar *buenas obras* y que, sin embargo, no somos salvos *por obras*. Pablo no admitía concesiones en cuanto a la búsqueda de la justicia por parte del creyente. Lo mismo se puede decir de Jesús. En su Sermón del Monte dijo que nuestra justicia tiene que superar a la de los fariseos (Mt 5:20). Él era abiertamente crítico con la conducta farisea, pero aun así dijo a sus seguidores que tomaran nota de lo que ellos tuvieran que decir (23:3). Es una problemática paradoja: la justicia y la obediencia personales son un componente esencial de nuestra fe, pero no constituyen la base de nuestra salvación. No es de extrañar que los teólogos discutan continuamente la síntesis de estos temas y cuestionen si el "evangelio según Jesús" no se habrá descuidado desde el principio.[14]

(2) ¿Se puede abusar del llamamiento a obedecer? Hay que admitir que existen otros contextos teológicos, otros escenarios de la vida cristiana, en los que la obediencia se erige en el centro de las cosas. La conformidad y la obediencia se convierten en santo y seña conforme se nos legisla en todo, desde la vida social hasta las decisiones económicas. ¿Qué sucede cuando un pastor o una iglesia demandan una obediencia *inapropiada*? Recuerdo haber conocido a una exiliada, miembro de una congregación a la que le habían dicho que tendría que dejar la iglesia si no estaba dispuesta a adaptarse a la enseñanza del pastor en cuanto a dejar su trabajo y quedarse en casa con sus hijos, en edad escolar.[15]

Dicho simplemente, ¿qué o a quién debemos obedecer? Naturalmente, nuestro impulso es decir que obedecemos al Señor. ¿Pero cómo se manifiesta su voluntad? Juan se refiere una y otra vez a lo que era "desde el principio", para decir que las enseñanzas del Jesús de la historia, que hoy encontramos en nuestras Escrituras, deberían ser la base de nuestra obediencia. Este es el lugar perfecto para empezar. Pero no resuelve el problema del abuso de autoridad. Muchos responsables cristianos van más allá y dicen que su interpretación de esas Escrituras o su aplicación de ellas en la iglesia es autoritativa. Y, en este punto, se exige a veces conformidad absoluta. Con frecuencia se trata de una enseñanza, como la opinión sobre los dones carismáticos o la ordenación de mujeres. Puede que se trate incluso de una cuestión de costumbres de vida, como

---

14. Así se titula el libro de John MacArthur sobre el tema. En él denuncia las enseñanzas de la iglesia que se olvidan de la obediencia al afirmar la gracia. Ver p. 108.

15. Para más ejemplos de este patrón de control ver R. Enroth, *Churches That Abuse* (Grand Rapids: Zondervan, 1992).

el uso del alcohol. En algún momento, estas "enseñanzas autoritativas" pueden llegar a ser algo grotesco. Escuché a un pastor predicar que ninguna de las mujeres de su congregación se pusiera *jamás* pantalones, que siempre vistieran faldas, y que quien no estuviera de acuerdo se marchara. Una congregación que conozco en California exigía a sus miembros que entregasen sus escrituras de propiedad al equipo pastoral. Otra iglesia da instrucciones bíblicas precisas acerca de cómo amamantar a los bebés.

Esto es abusar del llamamiento a la obediencia. Como líderes cristianos debemos hacer uso del freno al llamar a nuestra gente a la obediencia. Quizás necesitemos ir a los mínimos, basándonos nosotros mismos constantemente en las Escrituras. El liderazgo humano puede ser un liderazgo caído. Por tanto, nuestra reacción debe ser hacer que hombres y mujeres miren siempre a la autoridad final que hay en la Palabra de Dios.

(3) *¿Y si desobedecemos?* Al mismo tiempo se suscita una cuestión teológica vital que hemos de manejar con cuidado. Juan no se queda corto en la contundencia con que describe a quienes desobedecen: son mentirosos (2:5) y andan en la oscuridad (2:9). ¿Puede la ausencia de obediencia descalificar a alguien como cristiano? Pienso en las aleccionadoras palabras de Jesús en Mateo 7:21-23, con las que concluye el Sermón del Monte:

> No todo el que me dice: "Señor, Señor", entrará en el reino de los cielos, sino sólo el que hace la voluntad de mi Padre que está en el cielo. Muchos me dirán en aquel día: "Señor, Señor, ¿no profetizamos en tu nombre, y en tu nombre expulsamos demonios e hicimos muchos milagros?". Entonces les diré claramente: "Jamás los conocí. ¡Aléjense de mí, hacedores de maldad!".

Este pasaje va seguido de la parábola de nuestro Señor acerca de construir nuestra casa sobre la roca. Oír las palabras de Jesús y *hacerlas* se compara con una persona cuya casa tiene un fundamento inamovible.

Tomar en su sentido literal un pasaje como este conlleva un riesgo importante. Por encima de todo, exige que la medida de la fe salvadora se pueda ver en algún resultado tangible de gracia y bondad en la vida de la persona. Sin embargo, el intemporal problema teológico está aquí: ¿cómo predicamos sobre este tema sin destruir la seguridad cristiana o convertir la obediencia en un criterio para la salvación?

En los últimos años, este debate se ha visto relanzado por John MacArthur, de la Grace Community Church, de California. En su libro *El evangelio según Jesucristo,* MacArthur sostiene que nuestro énfasis en la gracia ha desprovisto al evangelio de su filo más agudo; muchos que dicen "Señor, Señor" simplemente no entrarán en el reino de los cielos. Este párrafo representa el tono y la perspectiva del libro:

> El evangelio hoy en boga ofrece una falsa esperanza a los pecadores. Les promete que pueden tener vida eterna y, a la vez, continuar viviendo en rebeldía contra Dios. Desde luego *anima* a las personas a declarar a Jesucristo como Salvador y dejar para más tarde el compromiso de obede- cerle como Señor. Promete salvación del infierno, pero no necesariamente liberación de la iniquidad. Ofrece una falsa seguridad a personas que se gozan en el pecado y menos- precian el camino de santidad. Al separar fe de fidelidad, da la impresión de que el asentimiento intelectual es tan válido como obedecer de todo corazón la verdad. Así las buenas nuevas de Jesucristo han dado paso a las malas nuevas, a una insidiosa y fácil credulidad que no hace deman- das morales a las vidas de los pecadores. No es el mismo mensaje que predicó Jesucristo.[16]

Este libro ha suscitado un renovado debate y ha inspirado a más autores que no han estado de acuerdo con MacArthur. Hay un delicado equilibrio aquí que cada uno de nosotros tenemos que encontrar por nosotros mismos. Por un lado, no osamos poner en entredicho la doc- trina central de la gracia. Pero tiene que haber un llamamiento al dis- cipulado que muestre que dicha gracia ha transformado al discípulo. Tiene que ser un llamado que deje lugar para pasajes difíciles e impor- tantes, como Santiago 2:14-26. Tiene que ser un llamamiento que dé que pensar, que nos haga comprobar nuestra determinación como cris- tianos, todo ello sin sacrificar el carácter amoroso de Dios.

(4) *El mandamiento absoluto a amar.* Es imposible excederse al insis- tir en la importancia del amor en Juan. Sin embargo, el problema pas- toral es que hablamos de ello tan a menudo que hemos llegado a estar anestesiados al respecto, sordos a escuchar nuevamente su demanda sobre nosotros. *Por supuesto que amamos. Somos cristianos, ¿no?* Nos vienen en seguida tres pensamientos a la mente. (a) ¿Significa esto

---

16. J. MacArthur, *El evangelio según Jesucristo. ¿Qué significa realmente el "sígueme" de Cristo Jesús?* (El Paso, TX: Casa Bautista de Publicaciones, 2002, 4ª ed.), p. 17.

que los cristianos no pueden tener desacuerdos? ¿Que los cristianos no pueden enojarse? ¿Que hay que reprimir las emociones o discrepancias? Probablemente, podríamos discrepar, pero este mandamiento se usa a menudo para reprimir desacuerdos honestos y apasionados en la vida de la iglesia. Se parece mucho a lo que ocurre con el mandamiento bíblico de no juzgar (Mt 7:1), que se convierte luego en un rechazo al discernimiento crítico. Creo que Juan está describiendo una actitud permanente de repudiar al otro. Es una disposición de corazón que condena y critica por costumbre, que no ha sido moldeada por el amor desinteresado de Dios.

(b) Este mandamiento es también una llamada a la reconciliación. La prueba de obediencia al mandamiento de amar sale a la superficie cuando llegamos a un arreglo con aquellos a quienes nos cuesta amar. Y el primer paso en esta dirección es la reconciliación. Cuando estaba en el seminario, participé en un programa de aprendizaje de dos años en una iglesia de California. Me supervisaba un miembro de la junta pastoral que, francamente, parecía no apreciar nunca lo que yo hacía. Fue una relación difícil. Y, como incipiente ministro en prácticas, esa fue una de las experiencias formativas más dolorosas y enojosas de mi vida. Quince años después, nos encontramos de nuevo y nos reconciliamos. Nos reímos, con una risa sanadora, cuando descubrimos que los dos estábamos entonces descontentos y atrapados en ministerios agotadoramente difíciles que habían arruinado nuestras posibilidades de contemplarnos el uno al otro con claridad. El mandamiento de amar es un mandato para trabajar en las relaciones que han ido mal.

(c) Aunque Juan está deseoso de ver que se promueva el amor, eso no significa que seamos ingenuos ante los que podrían dañarnos. Juan distingue con cuidado en estas cartas entre aquellos que son "engañadores" que pertenecen "al mundo" y cristianos que pertenecen a la familia de Dios. En 2 Juan 10, declara explícitamente que tales personas no han de ser bienvenidas en nuestras vidas.

Esta enseñanza requiere un cuidadoso discernimiento puesto que, en interés del evangelismo, somos llamados a ir al mundo. Al mismo tiempo, tenemos que estar advertidos de que el mundo contiene peligros. Hay peligros *intelectuales* que nos atraen hacia modelos de pensamiento que nos roban la sencillez e inmediatez de Jesús. Existen peligros *morales*, estilos de vida y actitudes que tienen que ver con todo, desde corrompidas obsesiones por el dinero hasta maneras destructivas de ver la sexualidad. Hay peligros *religiosos*, gurús pasajeros que pueden ganar como proselitistas a la mayoría de evangelistas. Incluso me pregunto si hay peligros *espirituales*, una especie de ortodoxia fosilizada que no promueve a Jesús, sino más bien la doctrina, engañando a sus seguidores al decirles que en realidad ellos poseen el don verdadero. Hay peligros en todas partes. Y aunque debemos ser generosamente abiertos y llenos de amor, también tenemos que ser sabios y discernir con sagacidad.

1 Juan 2:12-17

Les escribo a ustedes, queridos hijos,
porque sus pecados han sido perdonados
por el nombre de Cristo.

¹³ Les escribo a ustedes, padres,
porque han conocido al que es desde el principio.

Les escribo a ustedes, jóvenes,
porque han vencido al maligno.

Les he escrito a ustedes, queridos hijos,
porque han conocido al Padre.

¹⁴ Les he escrito a ustedes, padres,
porque han conocido al que es desde el principio.

Les he escrito a ustedes, jóvenes,
porque son fuertes,
y la palabra de Dios permanece en ustedes,
y han vencido al maligno.

¹⁵ No amen al mundo ni nada de lo que hay en él. Si alguien ama al mundo, no tiene el amor del Padre. ¹⁶ Porque nada de lo que hay en el mundo —los malos deseos del cuerpo, la codicia de los ojos y la arrogancia de la vida— proviene del Padre sino del mundo. ¹⁷ El mundo se acaba con sus malos deseos, pero el que hace la voluntad de Dios permanece para siempre.

 *Sentido Original* Si hemos estado siguiendo el argumento de Juan hasta aquí, el texto presente, en particular los versículos 12-14, parece alimentar la observación de muchos intérpretes en cuanto a que estas porciones de la carta carecen de coherencia lógica. Sin embargo, estos versículos son un paréntesis, una pausa diseñada para reafirmar a los lectores de Juan con respecto a su propia relación con Dios y, como afirma Stott, para quitar a los falsos cristianos su errónea seguridad.[1] Por tanto, encontraremos que, como mucho, la conexión entre los versículos precedentes y los que siguen es tenue.

---

1. Stott, *The Epistles of John*, 95.

Aunque la exhortación dada en los versículos 15-17 parece directa, el paréntesis de los versículos 12-14 presenta algunos problemas exegéticos. Inicialmente, está claro que hay una simetría: tres grupos ("hijos", "padres", "jóvenes") a los que se dirige dos veces, y, en la segunda ocasión, repite una vez más esas palabras. ¿Será un material duplicado? ¿Tenemos que buscar matices diferentes? Es más, ¿cuál es el significado de esos apelativos? ¿Los entendemos literalmente, como grupos de edad? ¿Son acaso simbólicos de grados de madurez (jóvenes convertidos, líderes maduros, etc.)? ¿Es un recurso literario que en realidad se refiere a todos los miembros por igual? Algunos han sostenido de manera persuasiva que Juan tiene en mente dos grupos. Su primera referencia a los "hijos" recuerda su costumbre al referirse a los cristianos en sus cartas (*cf.* 2:1). Luego, los dos títulos siguientes ("padres", "jóvenes") describen a mayores y jóvenes por igual.

Surge una tercera cuestión, teniendo en cuenta que el verbo que Juan emplea, "escribo", está en presente tres veces en los versículos 12-13, pero cambia al pasado (aoristo) en 14.[2] El tiempo pasado, por supuesto, puede referirse a otro escrito (el Evangelio o alguna otra carta) o a una parte ya escrita de esta carta. Esta última opción, a veces llamada aoristo epistolar, permite al escritor referirse a su obra presente como si estuviera terminada y es probablemente la mejor manera de contemplar la presente construcción. Prefiero ver el primer apelativo como dirigido a todos los seguidores de Juan. Esto hace que se entienda mejor el orden de los nombres (de otro modo, cabría esperar "padres" en primer lugar). Además, "hijos" se usa comúnmente en la literatura joánica para referirse a comunidades enteras, mientras que no hay evidencia de que "padres" o "jóvenes" se haya usado de ese modo.[3] Tenemos, pues, una simetría con un bosquejo que nos servirá:

Les escribo

hijos *(teknia)*	porque	pecados/perdonados
padres *(pateres)*	porque	han conocido/ desde el principio
jóvenes *(neaniskoi)*	porque	vencido/maligno

---

2. La traducción de la NIV oscurece esta diferencia al poner los seis verbos en presente. La NRSV los distingue con "I am writing to you" ["les estoy escribiendo"] y "I write to you" ["les escribo"].

3. Ver Brown, *The Epistles of John*, 298-300.

Les escribo

hijos *(paidia)*	porque	han conocido al Padre
padres *(pateres)*	porque le	han conocido/ desde el principio
jóvenes *(neaniskoi)*	porque	son fuertes, la palabra/Dios. Vencen/al maligno

Esta simetría es prácticamente perfecta, salvo porque el término original de "hijos" cambia (*teknia/paidia*) y la cláusula que sigue está reordenada en el segundo conjunto. En aras de una mayor claridad, voy a agrupar los nombres.

Palabras para los hijos de Juan (2:12, 13c)

Era algo habitual entre los primeros cristianos dirigirse a sus seguidores con términos de la familia. Juan lo hace con frecuencia (véase acerca de 2:1).[4] Aquí, el primer vocablo, *teknia*, es probablemente un apelativo general que denota la relación padre hijo. El segundo término, *paidia*, es posiblemente un sinónimo, aunque algunos piensan que implica la subordinación del hijo. Sin duda, ambas palabras se entremezclaron desde que Jesús las usó en el Cuarto Evangelio para referirse a sus discípulos (13:33; 21:5).

Dos temas reafirman a los seguidores de Juan su lugar en la familia de Dios, cada uno de los cuales ya se ha oído en la controversia y debate de los versículos anteriores. (1) sus pecados "han sido perdonados" (tiempo perfecto) en el nombre de Jesús (ver 2:1-2). No hay inseguridad alguna al respecto: es un hecho consumado, porque Cristo ha muerto y satisfecho las exigencias de la salvación. (2) "Han conocido al Padre" (otra vez perfecto). Este es el resultado natural de su redención y renovación (ver 2:3-8). Liberados del pecado, han recibido una nueva percepción del íntimo carácter paternal de Dios con ellos. Esto es, por supuesto, lo que da su intensidad al término "hijo". Los cristianos son hijos de Dios, porque conocen a Dios como Padre de una manera que nadie más puede. Así, la única respuesta cristiana a Dios es "¡Abba! ¡Padre!" (Ro 8:15), un privilegio que no comparte nadie más.

Palabras para los ancianos (2:13a, 14a)

En el Nuevo Testamento no se encuentra paralelo de este uso de "padres" referido a los cristianos, porque generalmente sirve como metáfora para los antepasados (2P 3:4). En Hechos 22:1 podemos ver

---

4. Ver también 2:28; 3:7, 18; 4:4, 5:21.

un ejemplo de cristianos mayores o ancianos a los que se da ese título, pero es algo raro. Su significado general se refiere aquí a aquellos que son maduros en la fe (si dejamos a un lado el uso de "anciano" como cargo en la iglesia). Por encima de todo, no debemos pensar que Juan tenga en mente exclusivamente a los *hombres* de su congregación. La costumbre judía de Pablo es dirigirse a los adultos en general con apelativos como "hermanos", que siempre implica que está pensando en toda la iglesia, incluidas las mujeres. Como los hijos de 2:14, los padres también "han conocido" a Dios. Todos, maduros e inmaduros por igual, comparten este mismo privilegio. Pero hay una diferencia, porque los padres han conocido "al que es *desde el principio*". Esto puede referirse a Dios exclusivamente, o puede que aluda a Jesús, cuya preexistencia es algo importante para Juan.[5] Hemos visto, pues, que "desde el principio" es una expresión importante en esta iglesia. Se ha usado en referencia al mensaje transmitido sobre Jesús (2:24; 3:11) o incluso relativo a él mismo (1:1). Hasta el mandamiento del amor es "desde el principio" (2:7). Esto sugiere que los que son maduros en la fe, cuya experiencia y madurez espiritual se remonta a muchos años atrás, poseen un conocimiento de Dios bien anclado en las cosas del pasado. Es su experimentada sabiduría la que contribuye a su firmeza de fe en las presentes circunstancias.

Palabras para los jóvenes cristianos (2:13b, 14b)

Si los ancianos de la comunidad aportan un firme ancla para la fe, son los jóvenes —hombres y mujeres— los que emprenden la batalla de vivir esa fe en las luchas del mundo. Los jóvenes suelen ser fuertes, de lo que a veces se deduce que los jóvenes creyentes muestran también fuerza espiritual. Su conocimiento de Dios les da un celo que no se encuentra entre los más maduros.

Así pues, Juan les reafirma diciéndoles que son fuertes y que la palabra de Dios permanece en ellos. Como sugiere Stott, las indicaciones de que la palabra de Dios es el medio que trae la fuerza no son pequeñas.[6] Pero esa fuerza está ahí con un propósito: ha vencido al "maligno". En 3:8, 12 se nos enseña que la vida espiritual puede ser una guerra de fuerzas espirituales, un conflicto con el diablo. Pablo afirma lo mismo cuando dice que nuestra lucha no es contra seres humanos, sino contra "autoridades" y "potestades" (Ef 6:12-18). Hasta el Cuarto Evangelio

---

5. Así en Marshall, *The Epistles of John*, 139.
6. Stott, *The Epistles of John*, 98.

dibuja este panorama de fuerzas divinas dirigidas por Cristo en guerra con los poderes de la oscuridad.

Sin embargo, Juan no insta a los jóvenes a derrotar a esas fuerzas. En lugar de eso, les dice que ya las "han vencido" (otro tiempo perfecto). Una y otra vez, la vida cristiana se celebra como un hecho consumado. ¿Cuándo tuvo lugar esta victoria? Satanás quedó derrotado cuando, en la encarnación, su reino fue sitiado (*cf.* Col 2:15). Como 1 Juan 5:18-20 dice, aun cuando el mundo está bajo control de Satanás, los que han nacido de nuevo, los que "conocen a Dios", cuyos pecados han sido perdonados, son protegidos por Jesucristo que ha vencido a Satanás mediante su cruz y resurrección.

El amor al mundo (2:15-17)

Juan se vuelve ahora a la exhortación principal de esta sección. Smalley sugiere que hay una simetría que conecta esta unidad con la precedente.[7]

15 Amor al mundo	Amor al Padre
16 Viene del mundo	Viene del Padre
17 El mundo se acaba	El que obedece a Dios permanece para siempre

Se trata de una advertencia. Todos tenemos dos opciones delante, incluso en la iglesia: o amamos al Padre o al mundo. Las palabras de reafirmación para los seguidores leales de Juan (vv. 12-14) se convierten ahora en advertencias para no caer en la doblez espiritual, en exhibir cosas espirituales cuando el dueño de su corazón es el mundo.

En esta sección, es crucial mantener una comprensión firme del vocabulario. Hay palabras clave, como "mundo", "amor" y "vida" que han de leerse con su significado espiritual en mente. Cuando Juan usa el término "mundo" (gr. *kosmos*) puede significar el universo material creado, que es bueno (2:2; 3:17; *cf.* Jn 1:10), o el mundo de pecado que se alza en violenta oposición contra Dios (1Jn 4:3–5; 5:19). Esta última idea es la que tenemos aquí, porque *kosmos* representa al mundo no redimido, controlado por Satanás (5:19; Jn 12:31; 14:30); vive en oscuridad (Jn 1:5; 12:46) y está bajo el juicio de Dios (9:39). Tenemos de nuevo el dualismo de Juan, pero aquí lo vemos como dualismo ético más que uno cosmológico.[8] Para Juan, el mundo material es bueno y

---

7. S. Smalley, *1, 2, 3, John*, 80.
8. *Ibíd.*, 83.

algún día encontrará su restauración final. Pero hay personas en él que siguen los impulsos del mal y rechazan a Dios; merecen la crítica.

Hay una dificultad más cuando Juan dice que *no* debemos amar al mundo. Este no es como el mandamiento de amar que tenemos en 2:10, donde el objeto del amor es el hermano. No obstante, hay una tensión con Juan 3:16, donde se nos enseña que Dios *ama* al mundo. Aun cuando el mundo es un lugar de descreimiento, el amor de Dios por él no cesa (1Jn 2:2; 4:14). En realidad, él ha establecido la salvación y restauración del mundo que creó. Entonces, ¿no deberíamos nosotros amar al mundo también?

Juan está pensando en que los cristianos han de evitar enamorarse de la impiedad mundana, y de su reino de oscuridad que brinda placeres primarios. Ese sentimiento es incompatible con el verdadero amor al Padre (v. 15b). En los versículos 16:1-7, Juan enumera las tres características de dichos sentimientos; estos versículos dan forma al significado del versículo 15.

(1) *El deseo de la carne* (NVI, "los malos deseos del cuerpo"). El término griego *sarx* (lit. "carne") tiene varios matices. Algunos comentaristas lo toman en el sentido de los deseos sexuales o sensuales, y, desde luego, puede sugerirlos. Por otro lado, la Septuaginta nunca usa *sarx* con referencia a la sensualidad, pero a menudo la emplea en alusión a la humanidad en general, sobre todo cuando se presenta en contraste con Dios. En otras palabras, Juan tiene en mente todo deseo, todo interés pecaminoso que nos aparte de Dios o al menos haga imposible continuar la comunión con él.

(2) *El deseo de los ojos* (NVI, "la codicia de los ojos"). Se repite aquí el mismo sustantivo que se usa en la primera frase, *epithymia* ("deseo"). Desarrolla más el escenario de los "deseos pecaminosos" contra los que Juan nos advierte. Esta palabra, por supuesto, alude a un interés pecaminoso en lo que podemos ver. Por otro lado, el ojo es, con frecuencia, una metáfora de la pasión pecaminosa que corrompe (*cf.* Mt 5:28). Entre los ejemplos está Eva cuando miró el árbol prohibido, que "tenía buen aspecto y era deseable" (Gn 3:6), o David cuando miró con lujuria cómo se bañaba Betsabé (2S 11:2).[9]

(3) *Vanagloriarse uno de cómo vive* (NVI, "la arrogancia de la vida"). La tercera descripción pasa ahora de dos formas de interés y pasión inadecuados a un orgullo nada santo en lo que uno tiene. La "vanaglo-

---

9. Stott, *The Epistles of John,* 100.

ria" (gr. *alazon*) es algo que pretenciosamente "promete más de lo que puede hacer" y, en la antigüedad, "con frecuencia describe a oradores, filósofos, doctores, cocineros y oficiales".[10] Se emplea en Romanos 1:30 y 2 Timoteo 3:2, dos de los catálogos de vicios que hace Pablo. El objeto de esta vanagloria es la vida.[11] El término griego que aquí aparece es inusual. *Bios* (como palabra distinta de *zoe*) describe las cosas básicas de la vida, los materiales para vivir, y aparece en 1 Juan 3:17 en una expresión poco usual que deja su significado muy claro: "la vida del mundo", que la NVI traduce acertadamente como "bienes materiales". Así pues, Juan tiene en mente una actitud de pretenciosa arrogancia o sutil elitismo que procede de cómo uno ve su propia riqueza, rango o importancia en la sociedad. Se trata de una sobreconfianza que nos hace perder toda noción de dependencia de Dios.[12]

Estas tres características se comparan frecuentemente con la tentación de Eva en el huerto de Edén o con la de Jesús en el desierto (el mal interés, la mala pasión y el orgullo), pero los paralelismos parecen débiles. Juan está más bien bosquejando o pasando rápidamente por lo que significa ser seducido por la mundanalidad y las atracciones del pecado.

En 2:16b-17, se dan dos razones por las que estos intereses están mal dirigidos. (1) No manan del Padre y, por tanto, acabarán destruyendo la relación con él. (2) Como razón escatológica, "el mundo se acaba".[13] Cristo ha traído un sistema de valores completamente nuevo a la historia. Y, hablando en la práctica, los que están metidos más a fondo en el mundo y sus pasiones lo verán desvanecerse. Solo aquellos cuyas pasiones reposan en el Padre permanecerán para siempre.

Construyendo Puentes

Esta es la tercera exhortación de Juan en una serie que comenzó en 1:8. Continúa una perspectiva dualista construyendo en su congregación un sentido de que hay dos frentes, dos dimensiones, acerca de los cuales tienen que estar atentos sus seguidores. En principio está el mundo de fuera de la iglesia, un entorno intrínsecamente opuesto a Dios, aunque amado por él. Los cristianos deben ser conscientes de las tentaciones y amenazas de este mundo y capacitarse para caer víctima de ellas. Luego está el grupo de dentro de la iglesia misma que mantiene una serie de convicciones "ajenas al

10. G. Delling, "ἀλαζών, ἀλαζονεία", *TDNT*, 1:226-27.
11. La construcción debería verse como genitivo objetivo.
12. Brown, *The Epistles of John*, 212.
13. Stott, *The Epistles of John*, 101.

mundo". Las personas de dentro de la comunidad cristiana tienen que desarrollar la fuerza de su comunión y estar alerta ante los que pueden transigir demasiado en cuanto a la fe y menguar la calidad de la vida en común.

Cada una de las exhortaciones aumenta el sentido de "frontera" entre las esferas del mundo y la iglesia. Hay sutiles distorsiones teológicas que abren el camino a auténticas perversiones de la doctrina. Un mundo que parece indiferente a Dios se revela ahora como profundamente enemigo de él. Las personas que parecían estar en los límites —cristianos mundano, por así decirlo— se identifican como amenaza. Los que enseñan el error se convierten de repente en instrumentos del diablo. Por medio de estas exhortaciones, Juan está construyendo una eclesiología que no es nada menos que separatista. Una cosmovisión separatista es aquella que traza una clara línea entre nosotros y el mundo no cristiano. Nos llama aparte de una manera radical, pidiéndonos que cortemos la mayoría de vínculos con un entorno hostil. Juan reafirma a los que están dentro de la comunión y condena severamente la vida fuera de ella. En la cuarta exhortación (2:18-27), aquellos que están en comunión y han sucumbido a la seducción del mundo reciben la más severa represión. Juan pinta un retrato de una comunidad bajo asedio, una comunidad infiltrada por saboteadores con una oposición hostil en cada oportunidad. ¿Es bueno el separatismo? ¿Está mal? Su valoración moral está ligada directamente al carácter del ambiente que rodea a la iglesia. Si la iglesia se ve amenazada por una sociedad agresiva y hostil, el separatismo puede ser una estrategia válida para la supervivencia. Esta perspectiva puede ser más o menos así:

Un modelo abierto   **La iglesia de Juan**

¿Cómo establezco un puente entre esta cosmovisión y la mía? ¿Cómo convenzo a mi comunidad cristiana de que conviene tener fronteras serias? De hecho, sospecho que muchos en la iglesia están convencidos de que el mero concepto *frontera* es inadecuado. Viven en una cosmología que, inocentemente, ve el mundo como algo benigno. Muchos evangélicos no lo ven como algo hostil. No consideran que sus valores, su política, sus sistemas educativos e incluso su vida social sean opuestos a la iglesia. Mientras escribo, las noticias nacionales de la cadena ABC han presentado la destacada historia de la conversión al cristianismo de Norma McCorvey, de Dallas, en otro tiempo conocida como Jane Roe, la demandante en favor del derecho al aborto en el famoso caso de 1973, Roe contra Wade. La que una vez fue líder abortista, se ha bautizado, ha confesado el engaño del caso de 1973 en el Tribunal Supremo y ahora habla del aborto como pecado.[14] Norma McCorvey es ahora provida —en tanto que cristiana— y en televisión se hizo palpable la hostilidad de quien le entrevistaba para la ABC. A todo el país se le contaba que esta mujer estaba emocionalmente perturbada y que lo suyo no era una conversión, sino una estratagema política de la "derecha" cristiana. Que no nos confundan. El mundo es seriamente hostil al crecimiento del reino. Pero no queremos ser separatistas; a veces queremos ser inclusivos por miedo a que se nos acuse de mojigatos o incluso sectarios.

Por tanto, la eclesiología de Juan —su doctrina de la iglesia— demanda que nos forjemos una nueva cosmovisión. A menos que esta perspectiva del mundo cambie, las advertencias de Juan acerca de los peligros inherentes en el mundo —sus injurias, su hostilidad, su rechazo de la verdad— parecerán irrelevantes. Cuando asumo una eclesiología como esta en el siglo actual, me obliga a hacerme preguntas difíciles acerca de cómo vivimos en nuestras comunidades. ¿Cómo veo la amenaza del mundo? ¿Qué advertencias hago para preparar a mi gente sin meterles miedo? ¿Qué estrategias utilizo para fraguar una comunidad fuerte que no sea vulnerable a los peligros y amenazas espirituales del mundo? Tal debate puede empezar con estos versículos, pero debe continuar en muchas secciones que tenemos por delante. Algunos pueden insistir en que esta cuestión de la frontera entre el mundo y la iglesia es el interés que embarga a Juan en toda esta carta.

Significado Contemporáneo

Muchos de nosotros descuidamos el debate sobre la frontera entre la iglesia y el mundo. Como resultado, no pensamos

---

14. En el caso original, McCorvey pleiteó por un aborto basándose en que había sido violada. No era verdad.

estrategias que capaciten a nuestra gente para llevar una vida que se viva en ambas esferas. Hay cinco ámbitos de indagación que nos mostrarán las principales inquietudes de Juan. Se nos dan tres estrategias y dos advertencias para equipar y fortalecer a la iglesia.

(1) *¿La reafirmación reduce la vulnerabilidad?* En los versículos 12-13, Juan escribe a sus "hijos" que sus pecados han sido perdonados y que han conocido al Padre. Como pastor, Juan está distinguiendo algo importante. La primera amenaza a la fe, la grieta en la de otro modo sólida vida cristiana, se produce cuando dudo de la validez o certeza de mis convicciones. Cuando llega alguien y sugiere que, en alguna parte, hay a nuestra disposición un *conocimiento más completo* de Dios o una *auténtica certeza* de la salvación, me veo obligado a repensar la base de mi fe. Si estoy reafirmado en mis convicciones y confiado en la verdad que abrazo, esas cuestiones no pueden hacerme vulnerable.

A menudo me siento intrigado por historias de hombres y mujeres arrastrados a un nuevo movimiento religioso. Puede que sea la enseñanza autoritativa de algún nuevo evangelista o quizás una nueva iglesia que promueve una nueva experiencia o enseñanza. Al examinar algo más detenidamente, veo que falta algo, hay cierta falta de confianza en esta persona, dudo de la exhaustividad y completitud de lo que ha recibido en Cristo. Juan no escribe en estos versículos simplemente para hacer que sus seguidores se sientan mejor, sino para ayudarles a saber, de una forma más plena, que su experiencia cristiana es real, autoritativa y completa. Si la fuerza de nuestra determinación cristiana es firme, los adulterantes religiosos externos tendrán una influencia limitada.

¿Qué implica esto para el ministerio y la predicación? La predicación no debe limitarse a explicar, debe capacitar. La instrucción no debe limitarse a repetir las doctrinas de la fe, sino a hacerlo con referencias a las doctrinas que pueden deshacer nuestra fe. La seguridad limita la vulnerabilidad. El grado en que nos reafirmemos en cuanto a nuestra posición ante Dios determinará el grado de nuestra vulnerabilidad.

(2) *Los creyentes de más edad sirven de anclas de la fe.* Recientemente, en una de mis clases me encontraba hablando de cómo Jesús obraba milagros y expulsaba a los demonios en los Evangelios. Para iniciar una discusión sobre la relevancia contemporánea de esos pasajes, mostré un vídeo más fuerte de lo normal en el que aparecían sacerdotes y laicos católicos llevando a cabo un exorcismo. En él se describía su preparación espiritual y la especialmente difícil tarea de ese ministerio.

Después de la proyección, pregunté a mis estudiantes (con una media de edad en torno a los veinte) que lo comentaran. Uno de los primeros en hablar me dejó atónito: "Estas personas parecen tan viejas que no me imagino cómo pueden hacer algo así. El grueso del equipo estaba compuesto por hombres y mujeres de cincuenta y sesenta y tantos que poseían una amplia experiencia en este trabajo.

La respuesta me dejó atónito, porque ponía al descubierto una total falta de consideración con la contribución de los miembros mayores de la comunidad cristiana, personas cuyas experiencias y madurez les habían dado una sabiduría acerca de la vida cristiana que no podría encontrarse en ninguna otra parte. En sentidos distintos y menos dramáticos, la iglesia deja a un lado, de manera similar, los recursos de sus miembros de más edad. La referencia de Juan a los "padres" no es un llamamiento a rendir respeto a los que simplemente son de más edad (aunque sea adecuado). La edad no da a la persona una autoridad espiritual intrínseca en la iglesia. Pero Juan está indicando que los creyentes mayores, que a menudo son ancianos de edad pero no de cargo, proveen un servicio sin parangón: su fe está firmemente anclada "desde el principio".

Anteriormente he señalado que "desde el principio" es una expresión importante en esta carta. Sugiere que aquellos cuya fe se remonta a tiempo atrás, que entienden los orígenes de la fe cristiana, que reconocen la importancia de la vida y obra de Jesús, y que conocen las Escrituras después de largo estudio, ellos son los hombres y mujeres que constituyen anclas de estabilidad y sabiduría. Cuando esta fuerza se deja de lado en favor del exuberante celo de la juventud, la iglesia se hace vulnerable a los que quisieran redirigirla fuera de sus amarraderos bíblicos e históricos.

(3) *Los jóvenes creyentes pueden ser ejemplos de la fe.* Juan no se olvida de incluir las contribuciones de los que son jóvenes en la fe. Son creyentes —a veces niños en edad escolar, a veces adultos— que no han perdido la frescura y vitalidad de su "primer amor" por Cristo (*cf.* Ap 2:4). Son transparentes, locuaces y apasionados. Son otra forma de fuerza para la iglesia.

Esta es tal vez la razón por la que disfruto enseñando a estudiantes de diplomatura. Los universitarios muestran un profundo celo y entrega por Dios que en pocos otros lugares se puede encontrar. Y esto me fortalece y desafía. Juan escribe que esos creyentes son "fuertes", están arraigados en la Palabra de Dios y triunfan en la batalla con "el maligno". Esto nos hace pensar en los soldados —¡marines, tal vez!— que saben cómo desenvolverse en el frente y están deseosos de estar en él. Uno no tiene más que visitar la conferencia nacional misionera de Intervarsity, llamada Urbana, para ver lo que quiero decir. La pasión de esos hombres y mujeres por las Escrituras no ha disminuido. Están ansiosos por hacer nuevos descubrimientos en su estudio. Escuchan la voz de Dios y, cuando la oyen, están dispuestos a dejar sus redes y seguir a Jesús. Son ejemplos de fe.

Pero la vida en una congregación no siempre ve las cosas así. Los que mantienen el liderazgo, quienes manejan la influencia y el poder, a menudo ven la impulsividad y temeridad de este tipo de fe y desconfían. No se oponen a ella; simplemente la ignoran, y puesto que suelen controlar los organismos de toma de decisiones de la iglesia, la pueden marginar. Juan sabe que la juventud aporta virtudes que se han perdido con el paso de los años. Cuando están ausentes, la iglesia es vulnerable.

(4) *El problema teológico del mundo*. La eclesiología de Juan es difícil para muchos de nosotros. No tenemos que amar al mundo o a *todo* lo que hay en él. Por supuesto, podemos redefinirlo diciendo que Juan ya tiene en mente estas cosas abominables para la vida piadosa: deseos pecaminosos, lujuria y orgullo (v. 16). Pero esto no quita de en medio el problema. Juan cree que el mundo fuera de Cristo es un lugar traicionero que puede causar un daño irreparable a los creyentes.

Si nos tomamos esto en serio, tendremos que cambiar el tono de nuestra predicación. Tenemos que ser francos acerca de la amenaza del mundo, andarnos sin rodeos que hay una *frontera* entre nuestras vidas en Cristo y la vida que se promueve en el mundo. Por desgracia, para muchos de nosotros esa predicación es difícil, por no decir embarazosa, porque nuestras vidas están totalmente enredadas en el mundo. Y puesto que no advertimos a los creyentes de nuestras iglesias acerca del carácter del mundo, llegan a ser vulnerables a sus influencias. Pablo no tiene problemas con este tipo de franqueza. Él trazó estrictas fronteras entre el mundo y la iglesia. Los efesios recibieron enseñanza que les preparaba para esta batalla (Ef 6:10-18). Los corintios recibieron instrucciones para distinguir la sabiduría mundana de la divina (1Co 1:20-31) y mostrar una conducta diferente de la del mundo (2Co 10:3). Juan anima a tener este tipo de diálogo. Habla de "vencer" al mundo debido a su inherente hostilidad hacia nosotros (1Jn 5:4-12).

Para la mayoría de nosotros no es difícil poner ejemplos de cómo el mundo ha perdido su brújula moral. Si echamos un vistazo a la prensa, la televisión o el cine encontraremos ejemplos en abundancia. Basta con un mes, con un par de canales por cable representativos. Pero lo que me inquieta es la incursión más sutil de valores hostiles. Por ejemplo, cuando las películas de Disney ya no son seguras para que las vean los niños, algo ha cambiado. Recientemente vi *Rin Tin Tin K9 Cop* en el Family Channel con mi hija menor y me quedé atónito ante su violencia. La escena de apertura mostraba a Rin Tin Tin capturado, atado al gatillo de una enorme escopeta (si se movía, le volaba la cabeza), mientras el criminal vertía gasolina sobre el perro y le prendía fuego. Afortunadamente, llegó la policía y acribilló a balazos al criminal. ¡Todo ello en menos de cinco minutos! Dos horas después, cambio por descuido de canal y encuentro programación para adultos aún más sorprendente. ¿Debo ser tolerante?

Por supuesto, los ejemplos de los medios no son más que síntomas de una catástrofe más profunda y trágica que se está produciendo en nuestra sociedad. En 1975 [1978 en español], Jacques Ellul publicó un influyente libro titulado *Los nuevos poseídos*, en el que hace un bosquejo de las fuerzas que operan en el mundo secular.[15] Hemos sido testigos de la erosión de un consenso cristiano que reforzaba la base de la sociedad, lo cual se ha unido a una "sagrada" devoción a la ciencia y el materialismo que ahora producen nuestra cosmología. Pero, aunque esto sigue así, hay nuevos mitos modernos —formas religiosas neopaganas— irrumpiendo por doquier.

Más recientemente, Carl Henry anunció el mismo juicio sobre la gravedad de la caída del mundo en *Twilight of a Great Civilization* [El ocaso de una gran civilización].[16] Presenta una aguda crítica del declive moral e intelectual de nuestra sociedad y llama a la iglesia a no limitarse a levantar fronteras, líneas de demarcación que separen a la iglesia y el mundo, sino también a pasar a la ofensiva, a atacar el neopaganismo que está a nuestra puerta. El mundo es ahora un problema teológico. ¿Cuándo vamos a trazar "una línea en la arena"?

(5) *¿Hasta qué punto han invadido los valores morales la iglesia?* La atracción del mundo es fuerte. Por citar un pequeño ejemplo, la seducción de la riqueza y el poder ha invadido nuestras filas. Juan es muy claro en el versículo 16 al decir que los deseos mundanos y el orgullo en cuanto a la vida propia no tienen lugar entre los cristianos. El mundo,

15. J. Ellul, *Los nuevos poseídos* (Caracas: Monte Avila, 1978).
16. C. Henry, *Twilight of a Great Civilization: The Drift Toward Neo-Paganism* (Westchester, Ill: Crossway, 1988).

subraya, se va a acabar (*cf.* 1Co 7:31) y, por tanto, deberíamos invertir en lugares donde "la polilla y el óxido" no pueden afectar (Mt 6:19-20). Jesús cuenta la perturbadora historia de un hombre que llena un granero tras otro —o un fondo de inversiones tras otro— y luego llega el Señor una noche y le dice: "Esta misma noche te van a reclamar la vida" (Lc 12:16-21; *cf.* Mt 16:26-27).

Y con todo, ¿cuántas veces cedemos el liderazgo de la iglesia a personas que han tenido éxito según los patrones mundanos? Poseer riquezas, tener un negocio de éxito, disfrutar de influencia en el mundo... estas cosas no significan por sí mismas que uno deba tener autoridad espiritual en la iglesia. Recuerdo dos ocasiones por separado en las que, observando a los dirigentes de una denominación y una iglesia grande y exitosa, vi que les habían dado grandes responsabilidades en la iglesia porque habían disfrutado de éxito a nivel secular. "¿Por qué está en este puesto tal persona?", le pregunté a alguien. "Porque tiene a muchísima gente trabajando —o deseando trabajar— para él aquí", fue la respuesta. Juan es claro: cuando el poder mundano, secular, constituye la base para el liderazgo cristiano, es que han entrado nuevos demonios en la iglesia y, una vez más, la iglesia es vulnerable.

Pero el problema de la influencia del mundo sobre la vida de la iglesia se desarrolla a más profundidad que los superficiales ejemplos de éxito secular en las juntas directivas de las iglesias. David Wells ha escrito un brillante estudio que no solo muestra las líneas de la corrupción intelectual, religiosa y cultural del mundo, sino que esos valores poscristianos están moldeando el testimonio y pensamiento de la iglesia. Wells muestra que la cultura occidental se está poniendo patas arriba y la iglesia está saturada de cambios. La modernidad ha reordenado la realidad de Dios de tal manera que ya no marca una diferencia real en la iglesia de hoy. Wells llama a esto "revolución silenciosa" que apenas notan sus víctimas. Como resultado, la iglesia está produciendo un "Dios etéreo" sin consecuencias para quienes creen. Escuchemos sus comentarios al respecto:

Una de las señales distintivas de nuestro tiempo es que Dios es ahora etéreo. No digo que esté hecho de éter, sino que ha llegado a ser algo sin importancia. Está sobre el mundo, de una forma carente de consecuencias y que nadie ha de apreciar. Ha perdido su importancia para la vida humana. Quienes aseguran a los encuestadores que creen en la existencia de Dios pueden, no obstante, considerar a Dios menos interesante que la televisión; a sus mandamientos de menos autoridad que a los propios deseos de poder e influencia; a sus juicios no más temibles que las noticias de la noche y a su verdad menos convincente que la dulce niebla de adulación y mentiras de los anuncios comerciales.[17]

Según Wells, la iglesia tiene problemas, pero apenas lo sabe, porque no ha discernido las influencias corruptoras del mundo, no ha levantado altos muros de frontera ni ha realizado afirmaciones enérgicas y convincentes de la verdad.

17. D. Wells, *God In the Wasteland: The Reality of Truth in a World of Fading Dreams* (Grand Rapids Eerdmans, 1994), 88.

1 Juan 2:18-27

Queridos hijos, ésta es la hora final, y así como ustedes oyeron que el anticristo vendría, muchos son los anticristos que han surgido ya. Por eso nos damos cuenta de que ésta es la hora final. ¹⁹Aunque salieron de entre nosotros, en realidad no eran de los nuestros; si lo hubieran sido, se habrían quedado con nosotros. Su salida sirvió para comprobar que ninguno de ellos era de los nuestros.

²⁰ Todos ustedes, en cambio, han recibido unción del Santo, de manera que conocen la verdad. ²¹ No les escribo porque ignoren la verdad, sino porque la conocen y porque ninguna mentira procede de la verdad. ²² ¿Quién es el mentiroso sino el que niega que Jesús es el Cristo? Es el anticristo, el que niega al Padre y al Hijo. ²³ Todo el que niega al Hijo no tiene al Padre; el que reconoce al Hijo tiene también al Padre. ²⁴ Permanezca en ustedes lo que han oído desde el principio, y así ustedes permanecerán también en el Hijo y en el Padre. ²⁵ Ésta es la promesa que él nos dio: la vida eterna. ²⁶ Estas cosas les escribo acerca de los que procuran engañarlos. ²⁷ En cuanto a ustedes, la unción que de él recibieron permanece en ustedes, y no necesitan que nadie les enseñe. Esa unción es auténtica —no es falsa— y les enseña todas las cosas. Permanezcan en él, tal y como él les enseñó.

Sentido Original

Cuando pasamos a la cuarta exhortación, Juan caldea considerablemente el ambiente. Se nos habla de repente acerca de la inminente crisis que pende sobre su congregación. Leemos acerca del "anticristo", "la hora final" y de los que están llevando a muchos a descarriarse. Y aquí tenemos por primera vez una descripción explícita de las personas de la iglesia que produjeron esas divisiones, antiguos discípulos que dejaron el rebaño pero siguieron causando estragos en la iglesia. En esta sección, Juan hace dos cosas: capacita y advierte. Busca medidas de seguridad que ayudarán a proteger a su gente de las intenciones hostiles y corruptoras de sus oponentes, y es rotundo en sus advertencias acerca de ellos.

El problema: disolución y controversia (2:18-19)

La urgencia y pasión de Juan se hace patente no solo en su forma de dirigirse a ellos ("queridos hijos", gr. *paidia*; *cf.* 2:13), sino en su anuncio de que es "la hora final". Dos cosas indican a Juan la llegada de esta hora. (1) La aparición del "anticristo", técnicamente cualquiera que se opone a Cristo, representa una hostilidad dirigida hacia el evangelio.[1] (2) La disolución de su propia congregación (que se ve en la salida de algunos cristianos) indica que el anticristo ha puesto sitio a la iglesia de Juan.

La primera de estas señales presenta un difícil problema. ¿En qué sentido es "la hora final"? ¿Cómo puede Juan tener razón cuando, con toda franqueza, han pasado unas cuantas "horas" desde que escribió su carta y el final aún no ha llegado? Algunos eruditos han sido críticos al respecto, argumentando que, para algunos escritores del Nuevo Testamento como Juan, la expresión "hora final" implicaba el periodo de tiempo justo antes del fin y, por tanto, lógicamente, Juan se equivoca. Esta perspectiva sugiere que los primeros cristianos creían en la inminente llegada de Cristo en poder (su Segunda Venida) y que su demora provocó una crisis importante en la iglesia. Pedro, por ejemplo, reconoce que la gente se burlaba de la iglesia porque el anuncio del segundo advenimiento de Cristo no se había cumplido (ver 2P 3:3-7).[2]

Hay, sin embargo, una perspectiva más útil. Juan puede estar hablando de forma teológica y no cronológica. Los primeros cristianos entendían que la primera venida de Cristo trajo un cambio de era, un periodo sin paralelo en el que el conocimiento de Dios, la presencia de su Espíritu Santo y la derrota de Satanás estaban en marcha. Se habían aficionado a hablar de esa era en términos escatológicos, porque incluye elementos del "mundo venidero". Los cristianos estaban experimentando los últimos días o los tiempos finales, en el sentido de que todo lo que le quedaba para la culminación de la historia era el regreso de Cristo; esa venida completaría lo que esta era había comenzado (Hch 2:17; 1Co 10:11; Heb 1:2; 1P 1:20; *cf.* Jl 2:28; Mi 4:1).

---

1. El término anticristo solo aparece en las Cartas de Juan (1Jn 2:18, 22; 4:3; 2Jn 7). Puede referirse a una sola persona o, más probablemente, a una predisposición hostil a las cosas de Cristo y una negación de que fuera Hijo de Dios. Así, "el espíritu del anticristo" podría describir a muchos oponentes de la iglesia.
2. Algunos intérpretes han procurado suavizar el problema, señalando que Juan no escribe "la hora final", sino que deja la expresión sin un artículo definido. Esto sugiere que Juan está pensando en una era de tiempo (o sea, una hora final), en un periodo concreto en que Cristo regrese.

En este marco, los últimos tiempos constituían una hora final en la que la lucha con el mal y la manifestación del poder de Dios se intensificarían (1Ti 4:1; Jud 18), aunque el conocimiento exacto de cuándo se culminaba la era escatológica seguía sin conocerse. Jesús dejó claro que la especulación acerca del fin del mundo era algo inapropiado (ver Mr 13:32; Hch 1:7). Sin embargo, él dio un bosquejo de la cosas que caracterizarían esa era (Mr 13:28-37). Habría una catarata de falsedad y maldad que obligaría a la iglesia a estar muy alerta. La existencia de falsos cristos y falsos profetas sería una de las características (Mt 24:24; Mr 13:22; *cf.* Ap 13; 19:20). Pablo incluso dice a los tesalonicenses que ha de venir "el hombre de maldad", que es el anticristo, un poderoso intermediario de las fuerzas del mal (2Ts 1:1-12). En consecuencia, Juan recuerda a sus lectores que la concentración de mal que ahora está experimentando encaja perfectamente con la fórmula anunciada por Jesús y sus apóstoles para el fin del tiempo.

La imagen que más nos ayuda para explicar esta perspectiva de la historia viene de J. H. Newman, un pastor del siglo XIX.[3] La historia ha cambiado de dirección, dice Newman, corre "no hacia el fin, sino a lo largo de él, al borde de él, y está en todo momento cerca de ese gran evento que, de correr hacia él, se precipitaría en un momento. Cristo está, pues, siempre a las puertas". Desde la venida de Jesús, la historia tiene una nueva urgencia, una sensación de que su fin está cerca y que los poderes del futuro la están vulnerando. Marshall cita a Newman e ilustra así su perspectiva:[4]

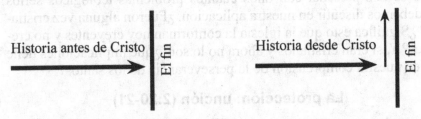

Por tanto, en cualquier momento, la historia saltará la línea y dará lugar al fin. Los devastadores acontecimientos descritos aquí y en otras partes del Nuevo Testamento señalarán la proximidad de la historia a la línea (el fin).

---

3. Citado en Marshall, *Las Cartas de Juan, The Epistles of John*, 149ss., quien a su vez remite al comentario de F.F. Bruce, 1970, para la referencia completa. Ver J. H. Newman, "Waiting for Christ", en *Parochial and Plain Sermons* (London: n. p., 1896), 241.

4. *Ibíd.*, 149-50.

¿Cuánto va a tardar? En ocasiones, la "hora final" se refiere a un breve periodo (Jn 4:23); a veces, su longitud es mayor (16:2). Pedro advierte que la medida del tiempo por parte de Dios no es como la nuestra, porque para el Señor mil años son como un día (2P 3:8-10). Dios está por encima del tiempo. Pero cuando el fin venga —y aquí los escritores del Nuevo Testamento coinciden— sorprenderá a todos, incluyendo a los cristianos. Los creyentes lo verán como una catástrofe inesperada (Mt 24: 36-44; 25:1-13,14-30; Mr 13:32-36; 1Ts 5:2; 2P 3:10).

¿Pero qué es lo que ha suscitado el interés de Juan en los tiempos del fin? Él percibe en la catástrofe personal de su congregación ecos del mal escatológico que espera en el horizonte del mundo. La obra del anticristo ha tenido éxito en su iglesia. El versículo 19 nos da nuestra primera descripción explícita de los separatistas. Son hombres y mujeres que, en otro tiempo, vivieron como parte de la comunidad de Juan, pero que ahora se han ido. Y no hay duda de que, puesto que ha mencionado a anticristos en el versículo previo, Juan considera a estas personas y a sus líderes y maestros como portadores del espíritu del mismo. Se alzan contra la enseñanza correcta y niegan las doctrinas esenciales de la fe (2:22; 4:3-6). De hecho, han quebrantado una regla fundamental de la comunidad joánica al no amar ni permanecer en ella cuando se intensificaron las desavenencias.

Su salida es una evidencia, dice Juan, de que, en primer lugar, nunca fueron parte de la iglesia. Su falsedad se ha puesto de manifiesto. Este juicio se nos presenta con unos cuantos problemas teológicos serios que debemos discutir en nuestra aplicación. ¿Fueron alguna vez cristianos? ¿Significa esto que la iglesia la conforman hoy creyentes y no creyentes? Y, si eran cristianos y ahora no lo son, ¿qué implicaciones tiene esto en nuestra comprensión de la perseverancia de los santos?

La protección: unción (2:20-21)

Juan trabaja para preparar a sus fieles seguidores con respecto a las enseñanzas engañosas de estos separatistas. En el griego, es un juego de palabras. Si los secesionistas representan al anticristo (*antichristos*), ahora se nos enseña que los cristianos de Juan llevan una unción (*chrisma*) que les puede ayudar y proteger. *Antichristos* y *chrisma* son derivados del mismo verbo griego, *chrio* (lit. "ungir").

¿Pero en qué consiste esta unción? El término griego significa simplemente "lo que se unta", ya sea ungüento, pintura o medicina. En el Nuevo Testamento (y en el judaísmo) adquirió un uso especializado en referencia al don del Espíritu Santo que sería el sello distintivo del reinado de un rey (2S 2:7), de la autoridad de un profeta (Is 61:1) y del Mesías (11:1). "Cristo" significa, pues, "el Ungido" puesto que, por definición, el Mesías está lleno del Espíritu de Dios de un modo incomparable.

Así pues, cuando Juan habla de la unción cristiana, probablemente tenga en mente el don del Espíritu Santo en ellos que puede dar todo conocimiento.[5] Algunos intérpretes ven esto más bien como un cuerpo de enseñanza que capacita al creyente contra la herejía.[6] Yo no estoy de acuerdo. El Evangelio de Juan se refiere reiteradamente a los creyentes como recipientes del Espíritu (14:17, 26; 15:26; 16:13). La comunidad de Juan definió su membresía con respecto al Espíritu. En 1Jn 4:13 se discierne *pneumáticamente* un cierto conocimiento de la vida con Dios. Los hombres y mujeres de esa congregación recibieron el Espíritu Santo y, por medio de esa experiencia mística, adquirieron un nuevo conocimiento de la vida.

Si este era el carácter de la enseñanza en la iglesia de Juan, también es probable que los separatistas justificasen sus enseñanzas con la misma autoridad pneumática o espiritual. Juan 16:13 dice claramente que el Espíritu tendría más que decir que lo que Jesús habló. No es difícil especular que los separatistas tomaran esta promesa como combustible para su propia inspiración; sus palabras completaban un cuadro teológico que la tradición cristiana no conocía.

Curiosamente, Juan no se enfrenta a los separatistas con su propia autoridad apostólica, como Pablo hace con los judaizantes de Galacia. Se da cuenta de que, en este contexto, ese tipo de autoridad no sirve. En lugar de ello, tiene que dar herramientas de dentro del contexto pneumático que fortalezcan la fe de sus seguidores. Ya no tienen que seguir siendo victimizados por otros que afirman tener un don profético único. Juan, pues, dice a sus seguidores que ellos también tienen el Espíritu; *tienen un don de igual poder* y deben distinguir la verdad espiritualmente, por medio del Espíritu que está en ellos. Juan no niega el poder del Espíritu (como pueden hacer muchos pastores). En lugar de ello, quiere que su gente ponga a prueba los espíritus (4:1-6).

---

5. La NVI añade "la verdad" en el versículo 20. El texto griego dice simplemente "y ustedes tienen una unción del santo y conocen todo" (*panta*). Si seguimos algunos manuscritos y leemos *panta* como *pantes*, se convierte en el sujeto del verbo: "y todo (*pantes*) de ustedes sabe". Parece mejor la primera posibilidad, que da un objeto al verbo.

6. W. Grundmann, "χρίω, κτλ", *TDNT*, 9.579-80, I. H. Marshall y C. H. Dodd se inclinan en un sentido parecido.

En la literatura joánica, al Espíritu se le llama "Espíritu de verdad" por una buena razón (Jn 4:17; 15:26; 16:13; 1Jn 4:6). Aquí, en el versículo 21, Juan escribe que un resultado de tener el Espíritu de Dios es conocer la verdad. Es decir, ninguna enseñanza del Espíritu diferirá en ningún caso de lo que nos ha sido revelado en Jesucristo. En Juan 14:26, el Espíritu recordará lo que Jesús dijo en la historia. En 16:13, el Espíritu no hablará por su cuenta, sino que "dirá solo lo que oiga". Por tanto, la obra del Espíritu debe someterse siempre a la revelación que tenemos en Jesucristo. Si alguno se presenta diciendo que tiene el Espíritu y contradice lo que sabemos de Jesús en la historia, es decir, lo que hay en los Evangelios, su unción es un fraude. Este es uno de los significados de la frase que Juan repite de ceñirse a lo que "han oído desde el principio" (v. 24). Estas "cosas del principio" son los hechos y palabras de la vida de Jesús, especialmente como están en el Cuarto Evangelio. Para la comunidad joánica, constituyen el cimiento de la iglesia.

La herejía: cristología encarnacional (2:22-23)

Ahora que los oponentes de Juan han sido explícitamente identificados se nos esboza la falsa enseñanza que habían estado promoviendo. Leyendo por encima, suena como si estas personas estuviesen negando el carácter mesiánico de Jesús. Pero esto es improbable, porque en otro tiempo fueron miembros de la iglesia de Juan y entendieron el relato del evangelio. La cruz es en lo que ponemos el acento en la afirmación del versículo 22. No están discutiendo acerca de las credenciales mesiánicas de Cristo; más bien, discutían que Jesús —el hombre de Nazaret— pudiera ser esa figura mesiánica. El mentiroso es el que niega que "*Jesús* es el Cristo".

Esta negación es más clara si miramos más adelante en esta carta. Los oponentes de Juan luchaban con el concepto de la cristología encarnacional, es decir, la idea de que Dios pudiera hacerse humano —plenamente carne— cuando envió a su Hijo como el Cristo. "En esto pueden discernir quién tiene el Espíritu de Dios", escribe Juan en 4:2-3: "Todo profeta que reconoce que Jesucristo ha venido en cuerpo humano, es de Dios; todo profeta que no reconoce a Jesús, no es de Dios sino del anticristo. Ustedes han oído que éste viene; en efecto, ya está en el mundo". En el versículo 7 de la segunda carta es igual de explícito: "Es que han salido por el mundo muchos engañadores que no reconocen que Jesucristo ha venido en cuerpo humano. El que así actúa es el engañador y el anticristo".

Hemos visto anteriormente la tendencia que había entre los cristianos helenistas a albergar ciertas formas de dualismo en las que el ámbito de Dios y el de la humanidad se mantenían estrictamente separados. El sistema religioso cristiano se podía aceptar en todos sus puntos, excepto en este. Los griegos sostenían que la divinidad de Dios no se podía ver comprometida con las cosas de esta tierra (véase más arriba, acerca de 1:1-4). El espíritu y la carne están irremediablemente separados y los que verdaderamente tenían el Espíritu, los que habían sido iniciados en la sabiduría y el conocimiento secretos, descubrían la profunda enemistad entre ambas esferas. La respuesta de Juan es inequívoca. Las personas que enseñan tal cosa son "mentirosos" (v. 22) y no tienen ya nada que ver ni con el Hijo ni con el Padre (vv.23-24). En una palabra, ya no son cristianos.

Es interesante reflexionar sobre por qué Juan encuentra tan importante este punto teológico y por qué es inaceptable cualquier concesión. En pocas palabras, negar la cristología encarnacional es rechazar importantes intereses teológicos en la revelación y la soteriología. (1) La encarnación —es decir, el hacerse carne históricamente, en el tiempo y el espacio— significa que Dios ha penetrado de una forma genuina en nuestro mundo y se ha dado a conocer. La verdad no es cuestión de experiencia, es un asunto de la historia. Nuestra visión de Dios está anclada en *lo que sucedió objetivamente*, no en nuestra percepción de quién pueda ser él. La encarnación hace posible la revelación, porque Dios ha señalado una vez más su amor por este mundo y su deseo es mostrarse al mismo. El Cuarto Evangelio declara una y otra vez que Jesús es la *manifestación humana* del Padre (Jn 1:18; 14:1-14). Este es un punto importante que necesita aún subrayarse, porque vivimos en un mundo que niega la objetividad de la verdad y la posibilidad de la revelación.

(2) La teología encarnacional es esencial para la comprensión de la salvación. Es la verdadera unión de Dios y la carne, la completa fusión de la divinidad y la humanidad, la que da poder a la muerte sacrificial de Cristo. Él representó nuestra humanidad en la cruz cargándola de verdad en el Gólgota. Y ahora la representa ante el Padre llevándola realmente transformada ante él en la resurrección/ascensión. Juan vio acertadamente que la pérdida de esta doctrina era crítica para la supervivencia intelectual de la iglesia. Sin ella, se quitaría el centro de la fe cristiana.

Medidas de protección objetivas y subjetivas (2:24-27)

El antídoto de Juan a este problema es interesante. Sugiere dos armas que siempre deberían estar disponibles y listas en el arsenal del cristiano. Objetivamente, Juan cree que la correcta creencia tiene sus raíces en nuestra recitación de los hechos históricos relativos a la fe. Subjetivamente, necesitamos afilar nuestras habilidades de crecimiento espiritual para que los que vienen trayendo alguna doctrina espiritualmente convincente puedan ser sopesados por el Espíritu de Dios que tenemos dentro.

En 2:24-25, Juan busca anclar la ortodoxia en "lo que han oído desde el principio". Esta es una expresión que ya hemos oído varias veces (1:1; 2:7, 13, 14) y que volveremos a escuchar (3:8, 11; 2Jn 5, 6). Las más tempranas enseñanzas objetivas, las cosas fundamentadas en el ministerio histórico de Jesús, sirven de anclas cuando las tormentas teológicas azotan la cubierta de la iglesia. Esta es la vía segura para conocer la verdad acerca del Padre, del Hijo y de la vida eterna que viene de ellos. Sin duda, Juan tiene en mente el Cuarto Evangelio que lleva un firme testimonio del ministerio del Jesús histórico. Sus páginas se convirtieron rápidamente en el estándar por el cual juzgar la teología. Como hemos mencionado en la Introducción, algunos eruditos creen que en este periodo el Cuarto Evangelio no solo descubrió un renovado valor, sino que puede que el evangelista renovara con una nueva edición la versión más temprana. Pasajes críticos, como Juan 1:1-18, fueron posiblemente redactados en ese tiempo, incluyendo sobre todo 1:14, con su diáfana afirmación de la encarnación de Jesús.

Pero Juan va más allá. Se necesitan más medidas de protección para su gente. Cuando falsos maestros con autoridad carismática están extraviando a los creyentes (v. 26), los hombres y mujeres necesitan recibir capacitación para enfrentarse a ellos tanto espiritual como intelectualmente. Es decir, las salvaguardas subjetivas también son necesarias. Por tanto, en los versículos 27-29, Juan se hace eco de lo que dijo en el versículo 20 y afirma de nuevo la importancia cualitativa de la unción en el Espíritu del cristiano medio. No pueden presentarse impostores y decir que tienen una unción superior a la de ellos o que tienen más de Jesús que ningún otro. Por el contrario, el don del Espíritu es el mismo para todos.

Sin embargo, hemos de tener cuidado de no pensar que esta preparación objetiva y subjetiva sean cosas totalmente aparte. Estar preparado intelectualmente no es distinto de estarlo espiritualmente. Para Juan, la obra del Espíritu incluye ambas: es el Espíritu el que aviva nuestro pensamiento y da discernimiento a nuestra reflexión; es el mismo espíritu el que asimismo despierta nuestras facultades espirituales, dándonos dones de sabiduría, discernimiento y conocimiento.

El propósito de todo esto es la preparación (v. 27). Juan escribe que "no necesitan que nadie les enseñe", ¡aunque no como una negación del departamento de enseñanza de la iglesia! No está dejando de lado la autoridad de los pastores que intentan instruir a sus congregaciones. Más bien, *Juan está invalidando la autoridad de los falsos maestros*. Si estaban validando sus nuevas perspectivas teológicas mediante la autoridad del Espíritu, como sospecho que hacían, y si Juan y su congregación comparten *igualmente* este Espíritu, esa autoridad de auto-promoción se minimiza.

Juan sigue para hacer una sugerencia final. Hay unciones verdaderas y falsas, experiencias espirituales verdaderas y falsas. Una unción que conduce al error, que representa mal a Cristo —una unción que se aparta de "lo que era desde el principio"— puede no ser unción en absoluto. De hecho, puede ser una falsedad. Así, Juan no va a permitir a nadie decir que el Espíritu inspira puntos de vista teológicos rivales. De nuevo, en el versículo 24, la inspiración tiene que ser siempre juzgada con el baremo de la revelación histórica. La que no lo supere, debe tenerse por falsa.

Construyendo Puentes Aunque la iglesia no está sufriendo hoy el ataque frecuente del tipo de herejía teológica aquí expuesta, existen paralelismos sustanciales entre la experiencia de Juan con el cisma y su intento de preparar a su congregación. La negación de la humanidad de Jesús ha surgido en algunas partes de la iglesia y, desde luego, no hay que pasarla por alto.

Pero el contexto joánico descrito en estos versículos introduce un tema mayor, pertinente para la vida de la iglesia de hoy: ¿qué hacemos cuando caemos en las garras del cisma? ¿Qué hacemos cuando miembros de la congregación sienten que el Espíritu Santo los está guiando a nuevas áreas de creencia y experiencia? Y peor aún, ¿qué hacemos cuando se rechaza la autoridad pastoral, *porque (según afirman) dicha autoridad no está en contacto con el poder de Dios para hablar hoy?*

La respuesta de Juan es crucial para mi manera de entenderlo. Primero, Juan tiene una perspectiva escatológica que pone esas enseñanzas erróneas y las rupturas de la iglesia en su contexto adecuado. Son características de los últimos días, del tenor del tiempo en que Cristo regresará y el fin amanecerá sobre todos nosotros. Más que anunciar "el fin", está describiendo el presente como portador de señales que dejan ver los propios rasgos del fin.

Esta es una distinción importante. Juan no es apocalíptico, no dice que el fin viene mañana; está escribiendo y viviendo en un esquema escatológico que afirma que, en su día, existen características presentes como las de los tiempos finales, y cuando estas empiecen a acumularse en la historia, hay dos cosas seguras: el fin *puede* amanecer sobre nosotros, así que debemos estar preparados.

Aunque algunos temas pueden ser difíciles de conectar con nuestro tiempo, estoy convencido de que los hombres y mujeres de hoy viven con una escatología. Es decir, las crisis acumuladas de las recientes décadas han dado forma a una cosmovisión en la que se ve un final. Esta es, quizás, una de las marcas distintivas de la llamada "generación X", de las personas nacidas después de 1960. Ellos tienen poca confianza en que el mundo pueda mejorar y, con frecuencia, viven una escatología pesimista.

Recientemente se ha publicado un libro, *Thirteenth Generation: Abort, Retry, Ignore, Fail?* [La decimotercera generación: ¿Abortar, Reintentar, Ignorar, Cancelar?], de Neil Howe y Bill Strauss que describe con desgarrador detalle la perspectiva pesimista de estos jóvenes. Escuchemos lo que dice un graduado universitario:

> Creo que todos estamos en un sentido sentenciados. [Hablo de] la cada vez menor capacidad de promoción social. Oímos mucho acerca de la gran capacidad de promoción social en Estados Unidos, con el foco puesto en la facilidad de ascender. De lo que no se habla tanto es de lo fácil que es descender. Y creo que esa es la dirección en la que vamos. Y creo que la caída cuesta abajo va a ser muy rápida…".[7]

Los cristianos pueden interpretar este desespero. La comunidad de Juan también desesperaba; consideremos todo lo que tenían en su contra, en su mundo pagano. Pero Juan da esperanzas con su explicación de las cosas: la desintegración es un resultado esperado en la historia y Dios observa el desarrollo de la misma. Este es un importante punto de conexión con nuestro tiempo. Jill Nelson, un estudiante de secundaria de Washington D.C. cree: "Tal como la sociedad lo presenta,

---

7. N. Howe and B. Strauss, *Thirteenth Generation. Abort, Retry, Ignore, Fail* (New York: Vintage, 1993), 99.

mi futuro es ser drogadicto, gerente de un McDonalds o abogado".[8] El ministerio cristiano dirigido a Jill tiene un gran potencial cuando se aplica a su desesperanzada visión de la historia.

Segundo, Juan también tiene una estrategia para capacitar a los suyos para que no vuelvan a caer como víctimas. Entiende que han de armarse para enfrentarse a los muchos profetas y líderes inspirados que se presentan. Esto también conecta vivamente con nuestro tiempo, porque existe el mismo problema. Siguen floreciendo movimientos religiosos y todos prometen respuestas y experiencias convincentes. Llama la atención que los jóvenes, tan críticos con la iglesia y la "religión", sean fácilmente influenciados por esos nuevos profetas. Además, en las congregaciones saludables y crecientes, las voces de autoridad, que afirman recibir su poder del Espíritu, desafían el curso de la vida tal como suele ser. Juan dice que tiene que haber una estrategia. Los cristianos han de estar capacitados para discernir nuevas voces que afirman ser de Dios.

Finalmente, Juan no se avergüenza de usar un tono firme, agresivo, para luchar por el bien de su rebaño. Aquí tenemos el dilema pastoral universal reiterado sobre los dos valores más apreciados en la iglesia: nuestro compromiso con la unidad y nuestro compromiso con la verdad. Toda iglesia de cualquier época ha luchado con esta cuestión, y la lucha de Juan es una de la que podemos sacar provecho. Pero el problema tiene también dimensiones personales y prácticas. ¿Significa esto que se tienen que disolver amistades por causa de la verdad? ¿Quiere acaso decir que la iglesia debería castigar —o incluso expulsar— a cualquiera que niegue lo que es *verdadero*? Cada una de estas dimensiones existentes en el pasaje demanda atención en nuestras iglesias de hoy.

Significado Contemporáneo

A la mayoría de nosotros, tratar con el conflicto nos paraliza. Es doloroso porque, si somos honestos y confrontamos a las personas con su mala conducta, las relaciones pueden quedar arruinadas y, en algunos casos, quedar las comunidades fracturadas. En un contexto de iglesia, la parálisis es la misma. En ocasiones hay personas que pasan adelante con seductora influencia y enseñanza falsa, *y consiguen que gente les siga*. Nuestro impulso es corregirlos amablemente y sanar lo que hayan generado las divisiones para que la comunidad quede intacta. La unidad del cuerpo de Cristo es a menudo lo primero en nuestra mente.

---

8. *Ibíd.*, 108.

Estos versículos son interesantes, porque Juan ha experimentado precisamente este tipo de conflicto. Su iglesia ha sufrido una ruptura por parte de miembros que han salido, que han dejado la congregación, porque veían las cosas de otra manera. Pero, aunque la situación es dolorosa, Juan no se queda paralizado por ella. La interpreta y cuenta a los miembros restantes de su congregación cómo tratar la situación.

(1) *Construyendo un clima escatológico.* A lo largo de la historia, la iglesia ha sufrido con frecuencia ataques de herejía y persecución, y ha intentado interpretarlos escatológicamente. Es decir, cuando la vida cristiana empieza a cargar el peso de esos problemas, cuando aumentan las señales de tribulación, la vida se está aproximando al clima que caracteriza el fin del tiempo, y, por tanto, la iglesia recobra esperanza y es advertida. Podemos dibujar la vida de la iglesia como una línea irregular que discurre entre eras de confort y épocas de persecución. Este ciclo se ha repetido durante siglos y, en algunos casos, los cristianos han malinterpretado su historia, impulsando un mensaje apocalíptico de que el final está cerca.

El fin de la historia

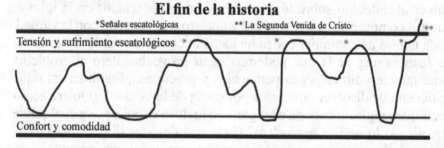

Juan querría que construyéramos un clima en la iglesia que aumentase la conciencia escatológica, de manera que, cuando los problemas nos abrumen, en lugar de predicar confiadamente la llegada del fin, dijéramos que nos encontramos en un periodo marcado con rasgos del fin y que, en este caso, podría trasladarnos al umbral que pone término a la historia humana. El gráfico superior ilustra los ciclos de vida que la iglesia ha conocido. Tiempos de comodidad van seguidos de tiempos de lucha. Cuando se produce esta última, tales experiencias empiezan a sonar como los sufrimientos que encontramos, por ejemplo, en Marcos 13. Esto no significa necesariamente que el fin esté aquí, sino que se caracterizará por un sufrimiento parecido que, un día, acogerá el regreso del Señor.

Todo esto sirve a un propósito: preparar a los cristianos para que no se desanimen cuando irrumpan las dificultades y la confusión. *En otras palabras, la preparación escatológica consta de una función pastoral.* Ayuda a entender la lucha y echa fuera la desesperación que la acompaña. Nos enseña a aguardar cambios en la historia, a estar alertas ante los "anticristos" y atentos a los tiempos en que la historia deja entrever elementos del fin.

Un problema que acompaña a esta perspectiva es, por supuesto, el de las irresponsables predicciones del fin que ofrecen los profetas apocalípticos de cada generación. En 1991, en el apogeo de la Guerra del Golfo, visité la librería de una familia cristiana y examiné la "sección de profecía". Y allí estaba; se presentaba con vehemencia a Saddam Hussein, de Irak, como el anticristo. Curiosamente, también encontré un libro más antiguo, todavía en venta, que decía lo mismo sobre Mikhail Gorbachov, dirigente de la antigua Unión Soviética. Escritores como el Dr. John Walvoord (expresidente del Dallas Seminary) estaban haciendo confiadas predicciones:

> El auge de la acción militar en Oriente Medio es un acontecimiento profético importante. Mientras que las guerras de Corea, Vietnam y Europa no eran necesariamente significativas en lo profético, toda la profecía del fin de los tiempos describe Oriente Medio como el centro del poder militar, financiero y político del tiempo del fin.[9]

Las comunidades del Nuevo Testamento no eran ajenas al problema de las voces apocalípticas desenfrenadas. En Marcos 13:5, Jesús describe a los que explotan las pasiones apocalípticas, y en 2 Pedro 3:3-7, el apóstol describe a los escépticos que se burlaban de las predicciones cristianas del fin.

No obstante, el Nuevo Testamento no nos advierte acerca del celo escatológico tanto como lo hace sobre la posibilidad de perder una visión escatológica. Estén preparados, exhortan Jesús y Pedro, porque la venida del fin será como un ladrón en la noche (Mt 24:43-44; 2P 3:8-10). El desafío para los líderes cristianos es discernir cómo promover una cosmovisión escatológica sin inspirar un apocalipticismo catastrofista.

---

9. J. Walvoord, *Armagedón, Cercano Oriente: petróleo y crisis* (Miami: Vida, 1975), p. 48 de la edición en inglés. Cuesta imaginar hasta dónde llega este interés fantástico. Me han entrevistado en emisoras de radio y televisión cristianas en las que no tenían otro interés que determinar si las circunstancias actuales de la política de Oriente Medio, especialmente los Acuerdos de Paz de Palestina, cumplen la profecía y son una señal del fin.

(2) *El problema de los creyentes errantes*. Juan no nos cuenta explícitamente la historia o el carácter de las personas que han dejado la iglesia. ¿Fueron alguna vez fieles cristianos que ahora se han pasado a la oscuridad? ¿Eran cristianos caídos? ¿O eran realmente parte de la comunidad en el principio? En 1 Juan 2:19b parece negar su membresía: "Su salida sirvió para comprobar que ninguno de ellos era de los nuestros". ¿Con "ser de los nuestros" Juan quiere decir que nunca fueron verdaderamente parte de la comunidad? O, aún más grave, ¿quiere decir que, para empezar, nunca fueron cristianos, desde el principio?

Esto abre la puerta a una multitud de cuestiones teológicas. ¿Es posible que el creyente se meta en mala doctrina y ponga así en peligro toda su situación ante Dios? ¿Incapacita este error la gracia de Dios en sus vidas? Si tales errores son posibles, ¿dónde está el umbral teológico, esa línea que podría cruzarse? ¿Cómo evito comunicar a mis hermanos temor y ansiedad o me guardo de la tentación de usar esta amenaza como un poder inapropiado sobre mi gente? Aunque puede haber una cantidad de cuestiones teológicas o espirituales críticas que, si se niegan, ponen en riesgo nuestra vida, la carta de Juan pone énfasis sobre una sola: la doctrina de Jesucristo. Allí donde se hace peligrar su lugar, donde se pierde su señorío, se siguen graves consecuencias.

Me parece interesante que estas personas dejaran la iglesia *voluntariamente*. ¿Es esta la estrategia pastoral de Juan? ¡Compárese con la expulsión por parte de Pablo de un notorio pecador en 1 Corintios 5:1-5! Juan se mantuvo firme y no quiso hacer concesiones en las cosas esenciales de fe y experiencia, y permitió que los separatistas descubrieran por sí solos su descontento. Poco después, se fueron.

Pero, por supuesto, no podemos ser ingenuos. No se trata simplemente de que esas personas estuvieran equivocadas en sus creencias. Estaban en el error y lo enseñaban vehementemente a otros para que se unieran a sus filas y abandonaran la enseñanza tradicional de sus responsables. En este tipo de situación pastoral hay mucho en juego. No puedo imaginar a Juan pasivo, rogando amablemente a cada uno que buscase un punto teológico. Sin duda, pasó a la ofensiva (su tono en esta carta lo deja muy claro) y mantuvo la presión, exhortando para que se amoldaran a lo que se les había enseñado desde el principio.

(3) *Luchas con la autoridad en un contexto carismático*. Hoy día, mientras que las denominaciones tradicionales están experimentando un declive sobrecogedor, las iglesias carismáticas y pentecostales dan testimonio de un fuerte crecimiento. De hecho, la explosión de vida

cristiana en África, Asia y Latinoamérica es principalmente de naturaleza carismática. Un amigo, líder pastoral, del África occidental me lo resumió así una vez: "Nuestras iglesias en África buscan poder, sus iglesias estadounidenses buscan una fe razonable. ¡Nosotros procuramos el modelo bíblico!". En Evanston, en la parte norte de Chicago, y en Wheaton, cerca de nuestra Facultad, la Comunidad de la Viña, una denominación carismática, está creciendo en proporciones que otras iglesias protestantes no pueden sino envidiar. Otra iglesia que crece rápidamente es la Iglesia Episcopal, que ahora incluye danza, estandartes, servicios de sanación, adoración carismática, y experimenta un crecimiento sin precedentes.

¿Qué hace un pastor cuando un creyente fiel, lleno del Espíritu Santo de una manera nueva, desafía a la autoridad pastoral sobre la base del mismo? Una vez asistí a la Society of Pentecostal Studies [Sociedad de Estudios Pentecostales], una fraternidad nacional de eruditos carismáticos y pentecostales, y recuerdo escuchar a los pastores confesar que las cuestiones de autoridad en sus congregaciones eran algunos de los problemas más difíciles. Si el Espíritu juega un papel prominente en la vida de la congregación, y lo más normal son los dones de habla y de enseñanza, la autoridad pastoral tiene problemas para apelar al intelecto o al cargo.

Juan se da cuenta de esto y no ataca a sus oponentes basándose en dicha autoridad académica o institucional. Realiza dos interpelaciones. Primero, reafirma a sus seguidores en que *todo* cristiano tiene el Espíritu y, por implicación, el cristiano medio no tiene que ser tratado como un no iniciado: 2:20, "Todos ustedes, en cambio, han recibido unción del Santo, de manera que conocen la verdad"; 2:27, "La unción que de él recibieron permanece en ustedes, y no necesitan que nadie les enseñe".

Cuando los cristianos no reciben un sistema teológico que incorpora la pneumatología, son vulnerables al sabotaje espiritual. Recuerdo cuando estaba en la universidad y fui a hablar con mi pastor para preguntarle sobre el bautismo del Espíritu Santo. Alguien me había dicho que, sin él, yo era un cristiano incompleto. Tengo dos tristes recuerdos. Primero, mi pastor pareció quedarse estupefacto y sin habla. Luego buscó una gruesa concordancia para ver dónde hablaba la Biblia de esas cosas. Apenas sabía dónde buscar. Mi confianza en él se evaporó en minutos. Mi amigo carismático había dicho incluso que "tal vez este pastor ni tiene el Espíritu". Al recordar, no creo que tuviera razón. Sin embargo, ese pastor no había aprendido —y por tanto no podía enseñar a su gente— acerca de las cosas del Espíritu (ni de la guerra espiritual). No podía interpretar el cada vez mayor contexto carismático. Como resultado, sus miembros no estaban bien equipados para responder a los líderes carismáticos autoritarios. Cuando tenía veinte años, supe que en mi corazón estaba dejando la grey de ese pastor. Así pues, es crucial que capacitemos a los miembros de nuestras congregaciones con una comprensión del discipulado cristiano como algo ligado al Espíritu Santo. Es decir, cuando hablamos de recibir a Cristo, tenemos que expresarlo en términos que incluyan al Espíritu Santo, porque no va separado de Jesús; el Espíritu es Jesús mismo que regresó a nosotros en poder. Es Jesús-en-Espíritu. Juan lo deja claro en el discurso de despedida de su Evangelio (Jn 14–16). El Espíritu que había de venir se describe como Jesús que regresa; la prometida experiencia del Espíritu es también una experiencia de Jesús.[10] Necesitamos cultivar una *pneumatología cristocéntrica* que una simultáneamente nuestra visión de Cristo como Señor y nuestra experiencia del Espíritu como su poderosa presencia. En cuanto los cristianos cultiven la poderosa presencia de Cristo-en-Espíritu, vean su discipulado a través de su unción, difícilmente se sentirán frustrados por esas enseñanzas.

La segunda interpelación de Juan la encontramos en el versículo 24. En este contexto carismático, intenta aferrarse a una autoridad, pero no puede apelar a su propio rol o posición. No dice: "Miren, yo soy apóstol y sé lo que dijo Jesús". Sus oponentes simplemente dirían que Jesús está también en ellos. En consecuencia, Juan apela a las Escrituras como la regla con la que hay que medir toda enseñanza. Un pastor con tal estrategia no está, pues, señalándose a sí mismo como poseedor de la jurisdicción teológica. Más bien, las Escrituras, las que se enseñaron "desde el principio", tienen toda autoridad. La Biblia, pues, media en las disputas teológicas. En la situación de Juan, no hay duda de que apeló al Cuarto Evangelio y poco más (puesto que el Nuevo Testamento tal como lo tenemos hoy no estaba disponible). Pero nosotros tenemos toda la armadura de Dios y debemos apelar a la Escritura en toda su amplitud.

Pocos libros explican esta unidad de Cristo como Espíritu con tanta eficacia como el de Thomas Smail, *Reflected Glory; The Spirit in Christ and Christians* [La gloria reflejada; el Espíritu en Cristo y los

---

10. Ver G. Burge, *The Anointed Community. The Holy Spirit in the Johannine Tradition* (Grand Rapids: Eerdmans, 1987), 137-43.

cristianos].[11] Siguiendo estudios académicos en Glasgow y Basilea (con Karl Barth como profesor), Smail empezó su ministerio como pastor de una parroquia de su Escocia natal. Pero entonces tuvo una experiencia profunda, abrumadora, en el Espíritu Santo, en 1960, que le llevó a dirigir la renovación carismática en el Reino Unido. Este libro es el intento de Smail de dar una explicación teológica al rol perdido del Espíritu en la iglesia. En mi opinión, este libro, a menudo pasado por alto, debería estar en la librería de cada pastor.

Smail explica la centralidad del Espíritu para cada dimensión de nuestra fe, desde nuestra comprensión de los Evangelios hasta los sacramentos. Pero su preocupación principal es argumentar que la experiencia cristiana es experimentar a Jesús-en-Espíritu. La vida cristiana no es meramente abrazar a Cristo de forma cognitiva; es un compromiso, un encuentro con Cristo en el Espíritu. ¿Se trata de dos bendiciones — Cristo y el Espíritu— o una sola? Smail subraya:

> [Si preguntamos] "¿Cuántas bendiciones son?", la respuesta del NT es: "esencialmente una". Dios nos ha dado un don de sí mismo en su Hijo, y todo lo demás se contiene en él. "Alabado sea Dios, Padre de nuestro Señor Jesucristo, que nos ha bendecido en las regiones celestiales con toda bendición espiritual en Cristo" (Ef 1:3). Por muchas y variadas que sean nuestras experiencias espirituales, todas ellas tienen su unidad y significado en el hecho de que todas proceden de él, lo reflejan y lo glorifican. Él es el centro y unidad de todo lo que nos viene de Dios, y todo lo que no deriva en definitiva de ese centro, sea cual sea su cualidad como experiencia, carece de valor o contenido cristiano.[12]

Por tanto, experimentar al Espíritu ha de ser una experiencia de Jesús, y esto tiene que ser una experiencia del Espíritu. Smail nos advierte que el error carismático y pentecostal es convertir la bendición del Espíritu en algo separado de Jesús. Por un lado, los no carismáticos explican la experiencia cristiana de Cristo sin referencia al Espíritu. En su opinión, ambos modos de verlo están equivocados.

(4) *¿Es la división la máxima catástrofe a nivel pastoral?* Cuando una congregación sufre una división grave en su comunión y se separa, los pastores experimentan ansiedad, vergüenza y pérdida. Desde luego,

---

11. T. Smail, *Reflected Glory; The Spirit in Christ and Christians* (Grand Rapids: Eerdmans, 1975).
12. *Ibíd.*, 45.

se preguntan cuánto más se podría haber hecho. Tal vez debieron haber sido más amables o haber trabajado más fuerte el compromiso. Se sienten culpables de que su iglesia pierda personas. No importa cuál sea la explicación del cisma, la mayoría de personas de afuera deducirán que ha habido alguna deficiencia pastoral, algún fallo en el liderazgo, dado que no se ha podido mantener la unidad.

La carta de Juan me impresiona por la cantidad de veces que habla sobre el amor de la comunidad. En 1 Juan 2:10-11 tenemos un toque de rebato a la fidelidad y la unidad en el cuerpo de Cristo. Así pues, Juan valora seriamente la unidad.

Sin embargo, en estos versos aparece una cuestión delicada: *hay un momento en que los líderes tienen que sacrificar la unidad por causa de la verdad.* A veces, creer lo correcto es más importante que la cohesión y la unidad. Esta última no es la virtud máxima de la fe cristiana. Juan es aquí uno de los que provocan la división de su iglesia, porque se ha mantenido firme en la verdad. Está claro que sufría duelo por esas personas, pero no lamentaba su decisión (2:18-19).

Por supuesto, esto nos lleva a una cuestión sobre el liderazgo pastoral que no podemos responder. ¿En qué punto es apropiado sacrificar la unidad? ¿En qué momento se convierte la comunión de los creyentes en algo secundario ante la verdad? ¿Qué verdades tienen tal importancia? Mientras escribo esto, hay evangélicos que, como yo, sirven en denominaciones tradicionales que luchan con estas cuestiones. La unidad que no tiene en cuenta la verdad que conocemos en Jesucristo puede no ser digna de aprecio.

1 Juan 2:28–3:10

Y ahora, queridos hijos, permanezcamos en él para que, cuando se manifieste, podamos presentarnos ante él confiadamente, seguros de no ser avergonzados en su venida.

²⁹ Si reconocen que Jesucristo es justo, reconozcan también que todo el que practica la justicia ha nacido de él.

³:¹ ¡Fíjense qué gran amor nos ha dado el Padre, que se nos llame hijos de Dios! ¡Y lo somos! El mundo no nos conoce, precisamente porque no lo conoció a él. ² Queridos hermanos, ahora somos hijos de Dios, pero todavía no se ha manifestado lo que habremos de ser. Sabemos, sin embargo, que cuando Cristo venga seremos semejantes a él, porque lo veremos tal como él es. ³ Todo el que tiene esta esperanza en Cristo, se purifica a sí mismo, así como él es puro.

⁴ Todo el que comete pecado quebranta la ley; de hecho, el pecado es transgresión de la ley. ⁵ Pero ustedes saben que Jesucristo se manifestó para quitar nuestros pecados. Y él no tiene pecado. ⁶ Todo el que permanece en él, no practica el pecado. Todo el que practica el pecado, no lo ha visto ni lo ha conocido.

⁷ Queridos hijos, que nadie los engañe. El que practica la justicia es justo, así como él es justo. ⁸ El que practica el pecado es del diablo, porque el diablo ha estado pecando desde el principio. El Hijo de Dios fue enviado precisamente para destruir las obras del diablo. ⁹ Ninguno que haya nacido de Dios practica el pecado, porque la semilla de Dios permanece en él; no puede practicar el pecado, porque ha nacido de Dios. ¹⁰ Así distinguimos entre los hijos de Dios y los hijos del diablo: el que no practica la justicia no es hijo de Dios; ni tampoco lo es el que no ama a su hermano.

Sentido Original

En la mayoría de las exhortaciones de Juan hemos podido ver su doble programa: (1) poner al descubierto a los que distorsionan la verdad mediante su enseñanza y vida falsas, y (2) reafirmar a aquellos que perseveran hasta el fin en fidelidad a sus enseñanzas sobre Cristo. Después de una explícita denuncia de sus oponentes en la exhortación anterior, Juan se dedica ahora a elevar a sus seguidores, fortaleciendo su confianza ante Dios. Cierto, no puede dejar a un lado las amenazas de sus oponentes (3:7) e incluso adopta un lenguaje severo hacia los que están en ese bando (son "del diablo", 3:8, 10). No obstante, lo que impulsa este mensaje es el deseo de fortalecer mediante la exhortación, con el propósito de que sus seguidores sean menos vulnerables, y reafirmar su seguridad.

Esta es una observación importante cuando interpretamos muchos de estos versículos. Por ejemplo, en 3:4-10, Juan habla de que los hijos de Dios no pecan. No intenta infundir miedo ni amenazar a sus seguidores con la pérdida de la salvación. En 3:2, dice con claridad que ellos ya *son* hijos de Dios. Más bien, lo que quiere es animarles a perseverar en el camino en *el cual ya han sido confirmados.*

Brown señala una interesante simetría en la sección.[1] Después de unas palabras introductorias acerca de continuar en Cristo en los versículos 28-29a, se lanzan dos afirmaciones antitéticas:

• Todo el que actúa en forma justa (2:29b)
• Todo el que actúa en forma pecaminosa (3:4a)

Los encabezamientos de esta sección son seguidos después por discusiones (3:1-3 y 3:4b-6) que esbozan en mayor detalle lo que Juan tiene en mente. Luego, en 3:7-10, Juan contrasta la conducta de la actividad justa y de la pecaminosa para distinguir a los hijos de Dios de los hijos del diablo.

Además, el pasaje contiene nueve peculiaridades estilísticas que destacan.[2] En nueve ocasiones, el sujeto de una frase es "todo el que", seguido de un participio griego (gr. *pas ho*…). También, si dejamos por el momento a un lado 3:1-3 (véase más abajo), el resultado es cuatro pares antitéticos con la misma estructura y temas opuestos.

29b	*todo el que* actúa rectamente	ha nacido de Dios
(3a	*[todo el que tiene esta esperanza en él]*	*se hace puro)*
4a	*todo el que* actúa de forma pecaminosa	está cometiendo pecado
6a	*todo el que* permanece en él	no comete pecado
6b	*todo el que* comete pecado	nunca le ha visto

---

1. Brown, *The Epistles of John*, 379ss.
2. *Ibíd.*, 418ss. En p. 419, Brown también muestra cómo estos versículos pueden organizarse en un paralelismo invertido o quiasmo.

7b	*todo el que* actúa rectamente	es verdaderamente justo
8a	*todo el que* actúa de forma pecaminosa	pertenece al diablo
9a	*todo el que* ha nacido de Dios	no actúa de forma pecaminosa
10b	*todo el que* actúa de forma no recta	no pertenece a Dios

¿Qué hacemos entonces con 3:1-3? Si bien las contundentes afirmaciones de Juan están en 2:29b y 3:4, tenemos que 3:1-3 es una exclamación, un paréntesis en el que el apóstol hace una pausa para reflexionar con más profundidad acerca de lo que significa ser nacido de Dios. Hasta su elección de palabras nos está diciendo: "¡Fíjense qué gran amor nos ha dado el Padre, que se nos llame hijos de Dios!".

La confianza de los hijos de Dios (2:28-29)

Las primeras palabras del versículo 28 ("Queridos hijos",[3] *cf.* 2:12, 18) introducen una nueva sección que se construye sobre la exhortación anterior (2:27, "Permanezcan en él") y expande el pensamiento en una nueva dirección. Juan usa ahora la esperanza de la venida de Cristo como un renovado impulso para la fe.[4]

Se emplean dos expresiones para describir la Segunda Venida de Cristo.

(1) La primera es "cuando se manifieste", una referencia a la "manifestación" de Cristo. Esta expresión se da en otras partes para referirse a la primera venida en la encarnación (1:2; *cf.* 3:5, 8). El verbo significa en realidad "revelarse"; en un sentido, Juan está pensando en la venida de Cristo como momento en el que nuestro Señor se hará visible ante el mundo entero. (2) La otra expresión es el término griego *parousia*, que se usaba originalmente para la llegada de un gobernante o alguien

---

3. Estas palabras (gr. *kai nun teknia*) sirven como marca común de inicio de una nueva sección (Jn 17:5; 1Jn 2:1, 12). Como el flujo de pensamiento de Juan no es obvio, los comentaristas prefieren a veces romper el párrafo en 2:29 o 3:1. Esta división tiene el apoyo de Marshall, Brooke, Schnackenburg, Stott, Bultmann, M. Meye Thompson y Bruce.

4. Algunos críticos han llegado a cuestionar la autenticidad de este pasaje, porque es uno de los pocos lugares en los que Juan se entrega a la escatología futurista. Sin embargo, Juan 5:25-30 apoya la misma perspectiva escatológica.

famoso, acompañado de gran interés y celebración.[5] "Cristo —afirma Juan— va a llegar, y su manifestación corregirá dramáticamente las circunstancias presentes y, al mismo tiempo, identificará a los que han estado de su lado.

La aparición de Cristo producirá dos reacciones. Algunas personas sentirán confianza, mientras que otras experimentarán vergüenza. Literalmente, este último grupo "será avergonzado", mientras que el primero disfrutará de confianza y reafirmación, e incluso aplomo. El término griego aquí usado es uno de los favoritos del Nuevo Testamento para describir la franqueza y denuedo con que los cristianos se pueden acercar a Dios en oración (Heb 4:16; 1Jn 3:21; 5:14). En 1 Juan 4:17, está será nuestra disposición incluso en el día del juicio. Sin embargo, hay una importante nota que añadir. La advertencia de Juan acerca de la vergüenza no se escribe con la intención de amenazar a los cristianos, a los nacidos de Dios. Se dirige a los que se alzan en oposición a Jesús, para quienes su culminante venida resultará una catástrofe de primer orden.[6]

Encontramos aun más confianza en el versículo 29. Cuando mostramos el carácter justo de Dios, dejamos ver que somos nacidos de él, igual que un hijo puede manifestar los rasgos de sus padres. Conocer a Dios y su carácter recto conduce inexcusablemente a su imitación. Pero al revés no funciona. Obrar con rectitud no es una condición previa para ser nacido de Dios ni es el medio para nacer de él. Como dice Stott: "La justicia de una persona es, pues, la evidencia de su nuevo nacimiento, no la causa o condición del mismo".[7]

La identidad y pureza de los hijos de Dios (3:1-3)

La mención de nacer de nuevo en 2:29 inspira a Juan a reflexionar en alabanza sobre el esplendor del amor de Dios por nosotros. La NVI no traduce adecuadamente la exclamación: "¡*Fíjense* qué gran amor nos ha dado el Padre...!". Juan expresa su asombro empleando una palabra inusual para expresar la naturaleza absolutamente ajena a nosotros de dicho amor. El término griego *potapen* significa "de qué país" y, por tanto, da a entender que el amor de Dios es tan fuera de lo normal, tan fuera de lo terrenal, tan particular para nuestra experiencia que apenas podemos esperar su resultado: "¡... que se nos llame hijos [gr. *tekna*] de Dios!" (*cf.* Mt 5:9). Esta transacción no es imaginaria; Juan la res-

---

5. *Parousia* solo se da en este lugar en la literatura joánica, pero Pablo lo usa con frecuencia (1Co 15:23; 1Ts 2:19; 3:13; 4:15; 2Ts 2:1; etc.).
6. Thompson, *1-3 John*, 85.
7. Stott, *The Epistles of John*, 118.

palda con una expresión final que le proporciona una base firme ("¡Y lo somos!"). Marshall señala que este es un acto de "legitimación" en el que un padre nombra a su hijo y, por tanto, realiza una afirmación permanente de identidad y pertenencia.[8] Por consiguiente, ¡es algo que no está en las manos del niño! No, esta identidad se encuentra por completo en las manos del Padre, y aumenta la seguridad del hijo.

Encontramos confianza adicional sobre nuestro lugar con Dios en nuestra relación con el mundo (3:1b). El conocimiento íntimo compartido entre el creyente y el Padre se contrasta ahora con la ausencia de tal conocimiento en el mundo. La NVI da una traducción libre de 3b que cambia un poco su significado. El versículo empieza con el griego *dia touto* ("por causa de esto"), que en la NVI se traslada a la segunda cláusula: "El mundo no nos conoce, *precisamente porque* no lo conoció a él". Esto significa que la ignorancia del mundo con respecto a nosotros es teológica: nunca han conocido a Dios y, por tanto, no pueden reconocer a sus hijos.

Por otro lado, algunos dicen que la expresión podría referirse a lo que se acaba de decir en la oración anterior, en 3:1a.[9] Una traducción literal podría decir: "Por tanto, somos llamados hijos de Dios, ¡y lo somos! Por esta razón el mundo no nos conoce".[10] Podríamos, pues, parafrasear 3:1 como: "¡Dios nos ha dado un amor increíble! ¡Incluso nos ha hecho sus hijos! Y esta es la razón por la que el mundo no nos conoce, porque tampoco ha conocido al Padre". Esta segunda lectura resulta llamativa, porque sugiere que los hijos de Dios, *debido a su relación con el Padre*, se han convertido en un enigma para el mundo. Por supuesto, es cierto que el mundo no conoce al Padre tampoco, lo cual contribuye a su desconocimiento y hostilidad hacia el pueblo de Dios.

Una y otra vez, Juan repite que *ahora* somos hijos de Dios. Es un hecho establecido que el amor de Dios controla. En 3:2, Juan reflexiona sobre cómo este hecho tendrá consecuencias en el futuro. Si ahora tenemos un vislumbre de lo que significa tener la presencia del Padre en nuestro interior, cuando Cristo venga conoceremos experiencias aún más abrumadoras. Él se manifestará, nosotros también apareceremos, y entonces

8. Marshall, *The Epistles of John*, 170-71.
9. *Ibíd.*, 171 y Bultmann, *Johannine Epistles*, 48; Westcott, *The Epistles of John The Greek Text with Notes and Addenda*, 3d ed (1892, repro Grand Rapids: Eerdmans, 1966), 96.
10. Brown reúne un impresionante conjunto de pruebas en favor de la traducción de la NIV, *The Epistles of John*, 392.

le veremos tal como él es.[11] En ese día habrá una inmediata e inequívoca unidad entre nosotros y el Padre. Esto nos recuerda el pensamiento de Pablo en 1 Corintios 2:9: "Ningún ojo ha visto, ningún oído ha escuchado, ninguna mente humana ha concebido lo que Dios ha preparado para quienes lo aman". En esta idea está inherente la noción de que participaremos de la gloria de Cristo (Ro 8:17-19; Fil 3:21; Col 3:4).

El versículo 3 contiene el resumen del apóstol sobre sus razones para la confianza en la vida cristiana. Conocer plenamente el amor del Padre, ser testigos de la justicia de Dios obrando en nosotros, experimentar la separación del mundo y compartir una renovada confianza y alegría en la expectativa del retorno de Jesús; estas cosas construyen un renovado gozo y seguridad entre los cristianos que puedan estar en lucha. Este era, desde luego, el contexto de la iglesia de Juan, con el cisma que desafiaba su liderazgo y que estaba abocado a partir en dos la iglesia.

Sin embargo, el propósito pastoral de Juan aquí no es simplemente reafirmar la fluctuante fe de sus lectores. En último término, su propósito es ético. Si ponemos nuestra mente en la confiable base de la promesa de Dios, nos sentiremos de otra manera y eso renovará el carácter de nuestra manera de vivir. "Todo el que tiene esta esperanza en Cristo, se purifica a sí mismo, así como él es puro" (v. 3). "Pureza" (*hagnos*) es un término que solo se da aquí y se refiere a la ausencia de cualquier mancha. Pero Juan no está pensando en pureza ritual o ceremonial. Una mente especialmente enfocada en el encuentro con Jesús descubrirá un renovado poder para procurar la rectitud de manera que "cuando venga", nuestra justicia se identifique con la suya. Esto nos recuerda las palabras de Jesús en Mateo 5:8: "Dichosos los de corazón limpio, porque ellos verán a Dios".

Los hijos de Dios y los hijos del diablo (3:4-10)

La discusión anterior acerca de la justicia y la pureza lleva a Juan a reflexionar acerca de la tensión entre el pecado y la perfección en la vida cristiana. Como ilustra Stott, los temas se repiten sistemáticamente:[12]

	1 Juan 3:4-7	**1 Juan 3:8-10**
Introducción	todo el que comete pecado	todo el que comete pecado

---

11. Acerca de la idea de ver a Cristo o a Dios en el cielo, Mateo 5:8; Juan 17:24; 1 Corintios 13:12; 2 Corintios 5:7; Hebreos 12:14.
12. Stott, *The Epistles of John*, 121.

Tema	el pecado y trans-gresión de la ley	el pecado y el diablo
El propósito de la manifestación de Cristo	Cristo apareció para quitar el pecado	El Hijo de Dios apareció para destruir las obras del diablo
Conclusión lógica	ninguno que permanece en él practica el pecado	nadie que es nacido de Dios practica el pecado

El Nuevo Testamento contiene varias descripciones generales del pecado, su carácter y sus inclinaciones (Ro 1:18–3:20; Stg 4:17, 1Jn 5:17, etc.). Pero pocos pasajes son tan claros como 1 Juan 3:4-10. La firme condena del pecado pronunciada por Juan sugiere que está pensando en los separatistas que han hecho algunas afirmaciones sobre estar sin pecado (ver el comentario a 1:8-10). Pablo se enfrentó al mismo problema en Romanos 6, donde algunos creyentes consideraban el pecado como una oportunidad para practicar la gracia de Dios más plenamente. Juan no solo vuelve a afirmar la universalidad del pecado, sino que describe su carácter interno. *Los pecadores quebrantan la ley*.

El uso que Juan hace en el versículo 4 del término "transgresión" (gr. *anomia*, de *nomos*, "ley") se puede ver de dos maneras. Es posible que se esté refiriendo a la cualidad moral del pecado como quebrantar algún mandamiento divino. De hecho, lo es. Cometer pecado es ofender una regla o palabra dada por Dios. Muchos leen este versículo desde esta perspectiva y creen que Juan está describiendo la esencia del pecado. Los herejes de Juan estaban considerando la inmoralidad con indiferencia y él escribe para confrontarlos.[13] En este sentido, la transgresión y el pecado son prácticamente sinónimos e intercambiables (y así se presentan en la LXX).

Pero otros intérpretes han seguido una dirección diferente.[14] No parece propio de Juan insertar aquí una imagen legal, puesto que no hay indicios de un marco de ese tipo en el contexto. Además, este es el único caso en que Juan usa *anomia*, por lo que no podemos comparar su uso aquí con ningún otro. Por tanto, es posible que tenga otro significado. En 2 Tesalonicenses 2:3, 7, el término describe a "uno que no tiene ley", el que está en directa oposición a Cristo en su Segunda

---

13. *Ibíd.*, 122.
14. Técnicamente, el término ley no aparece en el versículo 4.

Venida (por eso algunos lo traducen como "el hombre de pecado"). Así pues, Juan puede querer decir que los que cometen pecado *participan en una transgresión*, o una rebelión, que es lo que caracteriza al diablo. Esta interpretación resulta útil, porque en su sección anterior (ver 2:18) Juan describió al anticristo y reveló el desencadenamiento del mal que acompañará al fin del mundo.

Esta interpretación encuentra apoyo adicional si seguimos la simetría del pasaje y miramos 3:8. Aquí, Juan deja muy clara la línea: los que cometen pecado participan en la obra del diablo, porque comparten el carácter inherente de él (v. 8a). Por tanto, la decisión de pecar o no es, en realidad, una decisión de reflejar el carácter de Cristo o el de Satanás. Juan describe lo que significa ser un verdadero hijo de Dios, o del diablo (v. 10).

Pero, añade Juan, Jesús vino a destruir todo pecado (3:5b, 8b). Esto significa en principio que su sacrificio sustitutorio "quitó" nuestros pecados (*cf.* Jn 1:29) y el castigo que conllevan. Pero Juan tiene más en mente. Jesús mismo es puro, no hay pecado en él, y, siendo así, su obra incluye también la oposición a cualquier pecado. En otras palabras, la obra de Jesús incluye *tanto* quitar la culpa del pecado como derrotar su presencia. Jesús se ocupa de la justificación *y también* de la santificación.

Para que no haya equívocos en este punto, Juan llega a decir que nadie que esté verdaderamente en íntima relación con Cristo "practica el pecado" (3:6). El mismo pensamiento se repite en 3:9 y 3:10 con diferentes matices (ver también 5:18). Los que son nacidos de Dios —los que han recibido la "semilla" de Dios[15] y son sus hijos— se mantienen libres del pecado. De hecho, 3:9 lo afirma contundentemente: ese tipo de personas "no puede practicar el pecado, porque ha nacido de Dios"

Las afirmaciones característicamente osadas de Juan en estos versículos han provocado muchas luchas en el cristiano promedio. *¿Significa esto que Dios espera de mí la santidad perfecta?* En principio, podemos descartar la idea de que Juan piense que los cristianos pueden vivir sin pecado. En 1:8–2:1 (*cf.* 5:16-17) ha dicho justo lo contrario y no podemos admitir que se esté contradiciendo justo un capítulo después. Algunos han sugerido que Juan se está ocupando de cuestiones diferentes en 2:1 y 3:9. En la primera sección se enfrenta a

---

15. El uso que hace Juan de la palabra "semilla" podría referirse a la vida que Dios nos da o incluso a su palabra. Es probable que se pueda referir al Espíritu Santo, que, como Juan ha insistido, es el don exclusivo del creyente (*cf.* 1Jn 2:20, 27).

los protognósticos que habían negado la ética al adoptar su espiritualidad superior. El apóstol lo rechaza. Pero en estos versículos presenta un ideal, una visión del carácter cristiano como algo santo e irreprochable. Difícilmente diría: "Sean como Cristo tanto como puedan". Más bien nos exhortaría a asumir el carácter prefecto de Cristo (aun siendo un ideal fuera de nuestro alcance).

Una solución útil es la que emplea la NIV, concentrándose en los tiempos de los verbos. En griego, el presente (en algunas de sus formas) indica actividad continua, reiterada.[16] Cuatro ejemplos clave exigen nuestra atención: (1) en 3:6a y 5:18, Juan dice (lit.) que los cristianos "no pecan". El verbo griego "pecar" aparece en presente de indicativo, con el sentido de que no deberíamos tener el hábito continuo y consentido de pecar. (2) En 3:6b, la construcción emplea un participio presente (lit. "el que peca", o mejor, "el que continúa pecando") para expresar la misma idea. Una vez más, el participio con un verbo en presente implica actividad continuada. (3) En 3:9a, se usa un verbo diferente ("*hacer* pecado") y el pecado aparece como sustantivo. De nuevo, se expresa con un presente. (4) Finalmente, en 3:9b, Juan describe al cristiano como alguien que no puede pecar. Tanto el verbo "poder" (lit. "ser capaz") como "practicar el pecado" (lit, "pecar") aparecen en presente. Es conveniente hacer un cuidadoso esquema con estos verbos, porque pueden resultar difíciles en la mayoría de traducciones. Usando esta interpretación, Juan bien puede estar enfatizando que el pecado habitual y continuo no debe tener lugar en la vida del creyente.

Pero numerosos intérpretes han esbozado los problemas de esta opinión.[17] Principalmente, parece que Juan puede no estar siguiendo diligentemente la función gramatical de los tiempos presente y aoristo con tanto cuidado. Entre tales eruditos, la mayoría consideran estos textos dominados por la situación teológica de la crisis joánica. Juan se está enfrentando a personas que parecen decir que los cristianos son *libres para pecar* (puesto que la ética es del todo irrelevante según sus cálculos). En 3:7 se menciona su influencia y se lanza una advertencia. Por tanto, el tema real es la permisividad ante el pecado[18] o una especie de perfeccionismo en el que no importa la moralidad.

---

16. Otro presente, el de aoristo (un tipo de pasado) indica acción individual o singular en ciertas formas. En 2:1, Juan usa el aoristo ("Pero si alguno peca") para decir "Si alguno comete un pecado, Cristo es nuestro abogado".

17. Ver Smalley, *1, 2, 3, John*, 159ss.

18. Hay varias soluciones a este problema de la ausencia de pecado de 1 Juan y el tema ha recibido una amplia atención de los expertos. Aquí solo he dado el esquema más

Aun cuando Juan afirma que los cristianos realmente van a pecar, con todo, está defendiendo con fuerza la santidad del creyente. De hecho, los comentaristas de tradición wesleyana o del movimiento de santidad (p. ej., Marshall) señalan que, incluso en el judaísmo, se esperaba que en la era del Mesías una santidad fuera de lo normal sería moneda corriente (Ez 36:27).[19] Así, los escritores del Nuevo Testamento (que consideraban que vivían en esa era) esperaban que la vida cristiana conllevase una casi total ausencia de pecado.

Este es un tema sobre el que haremos más precisiones en nuestra aplicación, más delante. Sus implicaciones pastorales son inmensas, y tendremos que preguntarnos hasta qué punto encaja esta enseñanza con la experiencia práctica de la vida cristiana.

 Aunque muchas de las secciones que hemos estudiado en 1 Juan están totalmente condicionadas por el conflicto del apóstol con los separatistas, esta tiene una importante aplicación universal. Con ello no negamos que la lucha doctrinal joánica siga influyendo en el pasaje. En 1 Juan 3:7 se nos da una advertencia explícita contra los opositores del autor. No obstante, la división congregacional, la crisis de liderazgo y la corrupción de la cristología ortodoxa no están limitadas al contexto del primer siglo. Por tanto, al leer el pasaje y extraer su significado para hoy, mi tarea parece ser más fácil. La exhortación de Juan suscita temas que podemos encontrar en cualquier época y contexto.

Cuando Juan describe el significado esencial de vivir como hijos de Dios, dos énfasis saltan al primer plano: seguridad y justicia. Tal vez puedan abarcarse bajo una categoría más amplia: *transformación*. En medio de los conflictos de su iglesia, Juan desea que sus seguidores muestren un cambio profundo en la forma de considerarse a sí mismos y su relación con Dios. Su gente necesita una visión renovada acerca de quiénes son y de lo que Dios quiere que lleguen a ser. La renovación de esa visión es la que producirá esa transformación y llevará fruto sin medida: descubrirán una mayor *seguridad* en su identidad como hijos de Dios y empezarán a mostrar el carácter *justo* de Jesucristo.

Sin embargo, estas exhortaciones no pretenden hacer simplemente que los cristianos de la iglesia de Juan se sientan mejor. *Sus intencio-*

---

escueto. Para un estudio más exhaustivo, ver Brown, *The Epistles of John*, 412-17.
19. Marshall, *The Epistles of John*, 181-82.

nes no son puramente terapéuticas. Es decir, no se limita a ayudarles a tener una vida cristiana victoriosa. Debemos tener siempre en mente que el contexto joánico es de enfrentamiento y que su propósito es, por tanto, fortalecer a sus seguidores y protegerlos para que sean menos vulnerables a los desafíos y corrupciones de sus detractores. En consecuencia, cuando Juan habla de la perfección entre los cristianos, bien podemos pensar en los separatistas que parecían rechazar la ética. Pero, sin duda, tiene también a otros en mente como sus seguidores, cuya justicia comparada con la de sus oponentes debía estar a la altura de las estrellas.

Al mismo tiempo, en este pasaje hay mucho de sana terapia pastoral para los cristianos que, aunque no experimentan las amenazas de ningún opositor, sienten las mismas inseguridades que uno amenazado. En otras palabras, aun cuando los adversarios de Juan puedan estar ausentes del contexto actual, los síntomas propios de aquel conflicto (inseguridad, vulnerabilidad, etc.) siguen con nosotros hoy. Y las palabras de Juan sobre seguridad y justicia pueden, por tanto, jugar un papel esencial.

Así pues, parece que mi labor interpretativa que me lleva a establecer puentes entre estos temas y mi tiempo es del todo posible. Los creyentes buscan seguridad en cuanto a su lugar ante Dios y alguna manera de entender el implacable llamamiento de Dios por la justicia que no crea legalismo. Por desgracia, mi experiencia sugiere que, aunque tenemos que equilibrar estas cuestiones, no lo hemos hecho bien. Los hombres y mujeres de fe oyen el llamamiento a la santidad, pero no pueden apreciar la naturaleza de su seguridad ante el Señor. Los temas de Juan pueden conectarse inmediatamente con la actualidad, pero necesitamos maneras nuevas y creativas de expresar esas verdades hoy, de modo que lleguen con fuerza a nuestra gente.

Significado Contemporáneo

Todo pastor y dirigente cristiano quiere fortalecer la energía espiritual de su grey. Esto es especialmente así cuando, como en la iglesia de Juan, los opositores están a la puerta o en las bancas. La lógica pregunta es: *¿Cuál es la estrategia que mejor funciona para reforzar el discipulado cristiano?*

Este pasaje plantea tantas cuestiones como las que resuelve. Pero nos conduce a áreas de reflexión muy pertinentes, aunque no tengamos todas las respuestas. Juan es un pastor con corazón de pastor. Por tanto, conoce por medio de la guía del Espíritu Santo cuáles son las cuestiones que hay que tratar.

(1) *Seguridad y nuevo nacimiento*. A lo largo de este pasaje (y buena parte de la carta) Juan repite una y otra vez que el nuevo nacimiento divino es una característica necesaria del discipulado cristiano (ver 2:29; 5:1-2). Es la fuente de nuestro poder para vivir una vida no infectada por el pecado. También nos da confianza en que nuestra identidad se encuentra completamente en Cristo y en que, incluso en su regreso, seremos llenados de reafirmación.

En la Iglesia Luterana en la que yo crecí, esos pensamientos sobre el nacer de nuevo, de Dios, eran realmente desconcertantes. Estábamos bautizados, confirmados y se nos enseñaba con regularidad que el discipulado incluía cuestiones prácticas como la lectura bíblica, la oración, la Cena del Señor, y la piedad y obediencia personales. Por si fuera poco, ¡hasta el *Catecismo menor* de Lutero ocupaba un lugar en nuestras vidas devocionales! Sin embargo, las observaciones de Juan acerca del nuevo nacimiento me daban a entender que había una dimensión experiencial del cristianismo que yo me estaba perdiendo. Cuando Juan escribe para decir a sus seguidores que su nuevo nacimiento es lo que les da seguridad, ¿qué ocurre cuando no pueden anclar su espiritualidad en alguna poderosa experiencia de éxtasis que valide la presencia de Dios en sus vidas?

Para responder a esta pregunta, tenemos que considerar primero lo que sucede cuando una teología pastoral hace de la *experiencia* la pieza central del discipulado cristiano. Los estudiantes de mi facultad, por ejemplo, suelen preguntarse con frecuencia unos a otros por "la historia de su conversión". Esto parece reforzar la idea de que una vida cristiana válida debe tener un comienzo extraordinario o al menos un componente de esa naturaleza. En círculos evangélicos/fundamentalistas, puede tratarse de una profunda experiencia de conversión. Entre los carismáticos, puede ser una de éxtasis, como hablar en lenguas o una sanación.

Por supuesto, no estoy negando que los cristianos deban nacer de nuevo. ¡Juan 3 lo deja perfectamente claro! Tampoco digo que una experiencia transformadora y poderosa con el Espíritu Santo no debiera ser parte importante de la fe cristiana. Simplemente me pregunto si la teología de la experiencia, es decir, la predicación que refuerza la centralidad de la experiencia, no debilita la fe. Si mi seguridad está anclada en *lo que siento* en mi caminar cristiano, mi confianza es frágil, porque no puedo seguir produciendo esas experiencias ni reinventarlas. Y, conforme pasa el tiempo y las experiencias iniciales se hacen cada vez más tenues, encuentro que van perdiendo poder para reafirmarme.

La enseñanza de Juan me ha mostrado que *sentir* el poder del nuevo nacimiento no es la medida principal de haber nacido de nuevo. Para Juan, está en otra parte. Mi impulso moral a hacer lo justo, a obedecer la Palabra de Dios, a vivir una vida ética, es el primer resultado del nuevo nacimiento divino (2:29; 3:9). Sin duda alguna, esa madurez ética vive en conjunción con una ortodoxia formada a conciencia (Juan no la tendría de otra manera). Pero es la conducta cristiana, el comportamiento que el mundo no reconoce y que encuentra incomprensible, lo que nos muestra que algo divino se ha producido en nuestro interior, que hemos renacido.

Es interesante señalar que, en la literatura joánica, el mundo no solo no reconoce a Jesús, sino que tampoco puede apreciar la conducta de sus seguidores (Jn 15:18-27). Esto es un testimonio añadido al carácter peculiar de la experiencia del Espíritu. ¿Pero cuáles son las cosas que el mundo encuentra imposibles? Juan nos ayuda poco, pero podemos especular que tiene algo que ver con nuestra íntegra devoción, lealtad y obediencia a la persona de Jesús, *incluso cuando esa devoción va en contra de nuestro propio interés*. Esto es lo fundamental del mensaje de Juan. El amor cristiano a Dios y al prójimo es un amor sacrificial que recibe su fuerza de un poder sobrenatural; toma su modelo de lo que Dios nos ha mostrado en Jesucristo —amor sacrificial— y a continuación extiende ese mismo tipo de amor en el mundo (Jn 16:12-17; 1Jn 3:1)

(2) *Seguridad y adopción.* En 3:1-3, Juan presenta una segunda manera en que podemos saber de nuestra seguridad con Dios. Juan señala que se nos ha de conocer como hijos de Dios y que esta identificación viene de su amor que él inicia por nosotros. Esto lleva a Juan a una exclamación de alabanza.

Hace algunos años, nuestra familia tuvo el privilegio de adoptar en nuestro hogar a una niña de cuatro años llamada Grace. He reflexionado a menudo acerca de cuánto se parece esta experiencia a la nuestra con Dios cuando nos hace suyos. No fueron los méritos de Grace los que dieron lugar a la adopción ni nadie nos obligó a ello. Decidimos, de manera independiente, que fue algo que quisimos hacer. Y un día, el 20 de febrero de 1992, fuimos todos al juzgado de Illinois, en el centro de Chicago, donde un juez solemnemente ataviado de negro y con su mazo cambió para siempre el apellido de una niñita.

Cuando Juan piensa en nuestro estatus como "hijos de Dios", tiene en mente este tipo de decisión absoluta, inquebrantable, iniciada por Dios a nuestro favor. Esto es lo que le lleva a exclamar: "¡Fíjense qué gran amor nos ha dado el Padre, que se nos llame hijos de Dios!". Es un amor y una adopción inmerecidos, una elección divina por medio de la cual nos convertimos en posesión del Señor. Cuando este marco conceptual se convierte en firme parte de nuestra conciencia, cuando descubrimos que nuestra seguridad con Dios está fuera de nuestras manos y se halla firme en las suyas, la seguridad nos viene de forma natural. La confianza en nuestra identidad cristiana se produce simplemente por encontrar que Dios nos mantiene seguros. Si no nos sentimos como un hijo de Dios o si otros dicen que no mostramos ciertos baremos que confirmen nuestra condición de hijos de Dios, no importa. *El mazo del juez divino ha dictado sentencia.*

Me asombra la cantidad de veces que he explicado a las clases de estudiantes cristianos el inmerecido amor que Dios tiene por nosotros, que somos sus hijos y que nunca va a "desadoptarnos", y cómo en el transcurso de mi exposición he visto a estudiantes de sólidas iglesias evangélicas literalmente llorando. Sus lágrimas no tienen nada que ver con el carácter de mi presentación, más bien señalan la *inseguridad* que han recibido en sus iglesias de procedencia. "Si no me siento hijo de Dios, tal vez no lo sea". "Si no puedo actuar siempre como hijo de Dios, tal vez es que nunca lo he sido". Mi despacho ha sido testigo de tales afirmaciones de parte de hijos de nuestros hogares evangélicos, cada semestre durante años.

(3) *Seguridad y escatología.* Juan escribe en 3:3 que quien se aferra a su esperanza escatológica se purifica. Es decir, si tenemos una expectativa del inminente regreso de Jesús y vemos que se nos identificará con él y seremos manifestados como sus hijos, esto producirá un impacto transformador en nuestras vidas. Nuestra fe se fortalecerá y nuestra determinación de vivir una vida piadosa aumentará.

Pero me pregunto si esto es realmente lo que sucede. La predicación apocalíptica que subraya la Segunda Venida y nuestro encuentro con el Señor Jesús ha de ser manejada con gran cuidado. Creo que muchos cristianos promedio están llenos de ansiedad y temor ante el pensamiento de la Segunda Venida; se preguntan si *para ellos* será un día de gozo. Usando pasajes como 1 Corintios 3:10-15 y la parábola de los talentos que cuenta Jesús en Mateo 25:14-30, muchos cristianos enseñan que el día del regreso de Jesús será un día de ajustar cuentas para todos.

Cuando él regrese, querrá saber lo que hemos estado haciendo con la heredad que nos dejó.

Las intenciones de Juan discurren por diferentes líneas. En 3:2 dice: "… *ahora* somos hijos de Dios" y *puesto que* portamos la imagen de Cristo, cuando él se manifieste seremos como él. El regreso de Cristo pondrá al descubierto la verdad acerca de la relación de Dios con nosotros, no evaluará si esa relación es o no satisfactoria. Pedro se refiere a este acontecimiento como algo que los creyentes han de celebrar con alegría (1P 4:13) y Pablo piensa en ello como un tiempo de recompensa divina (2Ti 4:8) y de auténtico ánimo (1Ts 4:18).

(4) *Rectitud y nuevo nacimiento.* En el comentario de la anterior sección dejé claro cuál es la intención de Juan cuando habla de la ausencia de pecado de los creyentes. Los que son hijos de Dios, que llevan el carácter de Cristo y han nacido de él, no están infectados con los hábitos de pecado continuo. Una evidencia de la presencia de Dios en sus vidas es su santificación. Aun cuando Juan nos exhorta a la santidad, está muy claro que la perfección no es totalmente posible, porque dice con toda sinceridad en otro lugar que el pecado es característico de todo hombre (1:8; 2:1-2). Por tanto, hay aquí tensión, acompañada de una serie de problemas pastorales profundos. Por un lado, admitimos con franqueza nuestro estado caído y anunciamos el generoso perdón de Dios. Por otro lado, nos exhortamos mutuamente para procurar la santidad, para ser más como Cristo conforme vamos madurando como cristianos.

Las tradiciones cristianas difieren acerca de cómo tratar esta delicada cuestión. Algunas, especialmente en las iglesias del movimiento de santidad, enfatizan con fuerza las exigencias de rectitud. En la tradición reformada, el énfasis en la gracia y el amor de Dios ha hecho que no nos sintamos cómodos con los llamamientos enfáticos a la santidad. Para los que estamos en estas comunidades, las rotundas palabras de Juan tienen que volver a hacerse oír. "Todo el que permanece en él, no practica el pecado" (3:6). Tristemente, hay muchos en nuestras iglesias para quienes el pecado habitual no es algo que tenga consecuencias reales. Incluso entre responsables cristianos, no todos están cómodos al hablar claro y directo sobre la pureza y la vida recta.

(5) *Rectitud y seguridad.* El difícil problema teológico que concurre con el tema de la perfección es si alguien que peca continuamente, que conscientemente quebranta la ley de Dios, se coloca o no en una situación de riesgo espiritual. Es decir, ¿puede el pecado habitual violar nuestra condición de hijos de Dios de modo que perdamos los privile-

gios propios de esa relación? Otra manera de encuadrar esta cuestión es preguntar si el pecado continuo refleja que ya hemos violado nuestra condición de hijos de Dios, o quizás, para empezar, no la conocimos nunca.

Esto nos hace volver al punto de partida, al tema de la seguridad. La intención de Juan es exhortar a sus seguidores hacia un discipulado cristiano superior de una manera que fortalezca su fe. Por tanto, su apelación a la santidad no enfatiza la imposibilidad del pecado, sino la conexión con Cristo. *"Ninguno que haya nacido de Dios* practica el pecado" (3:9). Lo que se presupone es que quienes forman la audiencia de Juan son nacidos de Dios y disfrutan de un lugar redimido con el Padre. *A la luz de este privilegio, el pecado no debería tener lugar.* La santidad se convierte en imperativo, no alimentada por el temor o el peligro, sino por una respuesta sincera a la seguridad que el amor de Dios nos da. Los cambios que aparecen en nuestra vida como respuesta a la amenaza son superficiales. Los permanentes se producen en nosotros cuando estamos seguros y a salvo en el amor de Dios; esta seguridad tiene que estar anclada en la obra objetiva de Cristo en la cruz.

Sin embargo, a riesgo de arrebatar la seguridad que con tanto cuidado he protegido en el párrafo anterior, no puedo evitar sentirme inquieto ante versículos como 3:6, 8 y 10. Juan parece hacer sonar una alarma aquí, una terrible advertencia final, en el sentido de que las vidas caracterizadas por el pecado, voluntariamente desobedientes e injustas, no pueden haber nacido de Dios (3:9) ni conocerle y permanecer en él (3:6). Esas personas están ante la terrible perspectiva de una eternidad sin Dios. Son "hijos del diablo" (3:10). Dejando a un lado nuestras inquietudes pastorales, ¿tiene esta advertencia un lugar válido en la enseñanza y predicación de la iglesia? Es como esos pasajes de Hebreos que todo calvinista prefiere evitar, sobre todo Hebreos 6:1-8 (también caps. 3 y 4), en los que el escritor *advierte* a los cristianos de que no caigan en incredulidad *como hicieron los israelitas que cayeron en el desierto y no entraron en la tierra prometida.*

Cualquiera que sea la forma de comunicarlo, tengo que sopesar con cuidado la medida de exhortación y gracia que presento. Tengo que ser honesto en cuanto a ambas. Pero al final, mi propósito es fortalecer y no desgarrar, reforzar la fe y la determinación, no debilitarlas con una severa exhortación.

1 Juan 3:11-24

Éste es el mensaje que han oído desde el principio: que nos amemos los unos a los otros. ¹² No seamos como Caín que, por ser del maligno, asesinó a su hermano. ¿Y por qué lo hizo? Porque sus propias obras eran malas, y las de su hermano justas. ¹³ Hermanos, no se extrañen si el mundo los odia.

¹⁴ Nosotros sabemos que hemos pasado de la muerte a la vida porque amamos a nuestros hermanos. El que no ama permanece en la muerte. ¹⁵ Todo el que odia a su hermano es un asesino, y ustedes saben que en ningún asesino permanece la vida eterna. ¹⁶ En esto conocemos lo que es el amor: en que Jesucristo entregó su vida por nosotros. Así también nosotros debemos entregar la vida por nuestros hermanos. ¹⁷ Si alguien que posee bienes materiales ve que su hermano está pasando necesidad, y no tiene compasión de él, ¿cómo se puede decir que el amor de Dios habita en él? ¹⁸ Queridos hijos, no amemos de palabra ni de labios para afuera, sino con hechos y de verdad.

¹⁹ En esto sabremos que somos de la verdad, y nos sentiremos seguros delante de él: ²⁰ que aunque nuestro corazón nos condene, Dios es más grande que nuestro corazón y lo sabe todo. ²¹ Queridos hermanos, si el corazón no nos condena, tenemos confianza delante de Dios, ²² y recibimos todo lo que le pedimos porque obedecemos sus mandamientos y hacemos lo que le agrada. ²³ Y éste es su mandamiento: que creamos en el nombre de su Hijo Jesucristo, y que nos amemos los unos a los otros, pues así lo ha dispuesto. ²⁴ El que obedece sus mandamientos permanece en Dios, y Dios en él. ¿Cómo sabemos que él permanece en nosotros? Por el Espíritu que nos dio.

Sentido Original

Ya he sugerido en la Introducción (ver pp. 39-43) que en 3:11 se produce un corte natural en la carta. Esta división es conveniente por varias razones: (1) Hace que las dos mitades estén casi equilibradas (1:5–3:10 y 3:11–5:12). (2) Si el Evangelio de Juan sirvió de modelo para la estructura de la carta, su énfasis en la luz y la verdad de Dios en la primera mitad de Juan viene seguido de un énfasis en el amor dentro de la comunidad, tema que encontramos en la segunda parte. (3) En 1 Juan 3:11 encontramos la frase "Éste es el mensaje que han oído desde el principio", casi una copia de 1:5: "Éste es el mensaje que hemos oído de él". El término mensaje en estos versículos es el griego *angelia* que solo se da en 1:5 y 3:11. Además, el sustantivo *angelia,* puede traducirse como "evangelio", así que Juan lo define como luz y amor, temas gemelos de esta carta.

Con esto no digo que haya una brecha radical entre ambas secciones. El énfasis de 3:11 está vinculado a 3:10 (amar al hermano).[1] Y, en cada sección, Juan entrelaza los temas de amor y luz como preocupaciones clave en su iglesia. De hecho, las dos secciones están vinculadas de muchos modos, como las dos mitades del Evangelio de Juan. Por ejemplo, en el Cuarto Evangelio, los "judíos" eran los oponentes de Jesús, pero, después del capítulo 12, su interés se vuelve hacia la calidad de las vidas de sus seguidores con él (caps. 13–17). Aun cuando Jesús sigue hablando a sus oponentes, se nota que estos han pasado a un segundo plano.[2] El mismo fenómeno se da en 1 Juan. La primera parte define con detalle la diferencia entre los que viven en la oscuridad y los que abrazan la luz verdadera dada en Jesucristo; ellos son hijos de Dios, mientras que los separatistas son hijos del diablo. Ahora, en la segunda mitad de la carta, Juan se centra en la calidad de las vidas de sus seguidores en comunidad. Como dice Brown: "Los separatistas siguen muy presentes en su pensamiento, pero ahora se oye de forma menos directa sobre sus jactancias y afirmaciones. La secesión ha roto la vida de la comunidad joánica y el autor se está esmerando por reconstruirla. Lo hace poniendo todo su énfasis en el amor mutuo".[3]

Tenemos una clara subdivisión desde 3:11-24. En 1 Juan 4:1 no solo introduce una de las partes de la carta más claramente definidas, también cambia el tema de Juan de manera abrupta. Además, en 3:11 se respalda el mandamiento de amar como algo que procede del principio, y en 3:23 nos recuerda que esta exhortación viene de Jesús. Estos dos versículos están incluso construidos con la misma forma gramatical.[4]

La estructura de la unidad es simple: Juan sigue su exhortación inicial a amar de un ejemplo negativo (Caín), en el cual halla una advertencia para los de la iglesia que muestren una hostilidad agresiva (3:12-

---

1. En 1 Juan 3:11 se empieza con *hoti*, que significa "por" o "porque", lo que hace que el sujeto de este versículo dependa gramaticalmente de 3:10.
2. Ver Brown, *The Epistles of John,* 468.
3. *Ibíd.*
4. Cada exhortación emplea una cláusula griega *hina.*

15). Después, cita el ejemplo positivo de Jesús que amó hasta la muerte (3:15-18); en esto, Juan encuentra un llamamiento al amor con plena acción, no con meras palabras. Juan concluye con términos de reafirmación que señalan cómo podemos estar seguros de que agradamos a Dios en nuestra manera de vivir (3:19-24).

El trágico ejemplo de Caín (3:11-15)

El relato de Génesis 4:1-16 siempre ha tenido gran fuerza para mostrar los impulsos destructivos que conlleva la envidia. Es un relato arquetípico en el Antiguo Testamento (la única alusión de Juan al Antiguo Testamento en esta carta), que se conocía muy bien en la comunidad cristiana (ver Mt 23:35; Lc 11:51; Heb 11:4, 12:24; Jud 11) y se debatía ampliamente en el judaísmo. Puesto que Satanás ha sido siempre el destructor de la vida (Jn 8:44), tiene sentido que de alguna forma Caín operase bajo su inspiración, aunque no se mencione en Génesis. Brown describe con detalle la destacada fascinación del judaísmo y de los primeros cristianos por el relato de Caín.[5] Filón (un judío contemporáneo de Pablo), por ejemplo, ¡escribió cuatro obras sobre Caín![6] En la literatura cristiana (Heb 12:24; *Homilías Pseudoclementinas*) la historia de Caín y Abel se usa abundantemente, sobre todo prefigurando el martirio de los cristianos. El sacrificio de Abel era agradable a Dios; el de Caín, no. En la iglesia cristiana, la envidia y la venganza albergadas por Caín se compararon con los sentimientos de los que se oponían a los cristianos, cuyas vidas sacrificiales agradaban al Señor.

En el versículo 13, Juan realiza esta comparación. Las pasiones que alimentaban la envidia y el odio de Caín están ahora alimentando a quienes se oponen a los cristianos. Esto no solo incluye a los no cristianos de fuera de la iglesia, sino también a los que lo son —hermanos y hermanas— y viven en la comunidad.

Juan insiste en su pensamiento en los versículos 14-15 para reforzar la antítesis que ha creado entre los que aman y los que odian, los que tienen vida y los que viven ya en muerte. Quienes manifiestan amor por la familia de Cristo muestran que *ya* están disfrutando de la vida eterna que se les prometió. Esto no significa decir (y no nos cansaríamos de insistir en esto) que una manera de obtener esa vida sea amando a los demás encarecidamente. No es eso lo que Juan dice. Él está subrayando

---

5. Brown, *The Epistles of John*, 441-44.
6. En algunos escritos judíos medievales, Caín es el fruto de la unión de Eva y Satanás, aunque esta tradición no está en el siglo I.

sencillamente que, *puesto que* ese amor está ya en marcha, tenemos una señal tangible de la obra salvífica de Cristo en progreso.

El versículo 15 se hace eco de la seria exhortación del Sermón del Monte acerca de que, en la economía moral de Dios, los motivos y actitudes internos pesan tanto como nuestras acciones.

> Ustedes han oído que se dijo a sus antepasados: "No mates, y todo el que mate quedará sujeto al juicio del tribunal". Pero yo les digo que todo el que se enoje con su hermano quedará sujeto al juicio del tribunal. Es más, cualquiera que insulte a su hermano quedará sujeto al juicio del Consejo. Pero cualquiera que lo maldiga quedará sujeto al juicio del infierno. (Mt 5:21-22)

En otras palabras, todo el que odia está dispuesto a negar la vida a su oponente y, en cierto sentido, ya ha cometido asesinato (*cf.* 1Jn 2:9-11; 4:20). Pero lo inverso también es cierto. Todos los que muestran amor, que perdonan gratuitamente y aprecian a su prójimo, traen vida, sanidad y bondad a los demás. No son ni más ni menos que cualidades divinas.

El ejemplo superior de Jesús (3:16-18)

Si Caín nos da un ejemplo negativo, Jesús ofrece un modelo totalmente distinto de lo que significa vivir en comunidad. Él da vida.[7] Puesto que la esencia de Dios es amor (4:8-12), Jesús, que trae la presencia de Dios en medio nuestro, nos ofrece esos dones divinos de amor y vida.

Juan usa el ejemplo de Jesús por dos razones. (1) Cristo es un modelo que hemos de imitar. Por ello, en el versículo 16b se nos enseña que debemos mostrar la misma calidad de amor y vida a nuestras comunidades. En el versículo 17, esta idea adquiere un giro interesante: si poseemos la "vida [*bios*] del mundo", es decir, si tenemos "posesiones materiales" o "bienes de este mundo" (LBLA) y nos negamos a compartir, bloqueando nuestros sentimientos[8] por los necesitados, no estamos dando vida (*zoe*) a los que sufren. La *bios* mundana puede interferir con

---

7. El texto griego no se refiere específicamente a Jesús en el versículo 16; emplea el pronombre enfático *ekeinos* ("esa persona"). Pero en toda 1 Juan, así es como el autor se refiere a Cristo (*cf.* 2:6, 3:3, 5, 7; 4:17). La NIV interpreta, pues, el versículo correctamente y lo amplía.

8. El texto griego se refiere en realidad a cerrar nuestras entrañas o tripas (*splanchma*), entendidas como asiento de las emociones, de una forma muy similar a como usamos hoy "corazón".

la *zoe* divina. Cristo, como Hijo de Dios, tenía más de lo que podamos imaginar, pero no se guardó egoístamente lo suyo, sino que dio de sí mismo voluntariamente para los demás. Pablo usa esa entrega de Jesús de un modo similar en Filipenses 2:5-11. El modelo de sacrificio personal de Cristo *debe* inspirarnos para nuestros niveles de dación.[9]

(2) Pero Juan tiene un segundo interés, igualmente importante, en cuanto a la muerte de Jesús. En el versículo 16a vemos también una *revelación* del esfuerzo de Dios por nosotros: "Jesucristo entregó su vida por nosotros". El verbo empleado (gr. *tithemi*) es de especial interés para Juan y suele describir algo que se "deja a un lado", como una prenda. En Juan 13:4, por ejemplo, Jesús "deja a un lado" su manto cuando lava los pies de sus discípulos. En Juan 10, Jesús se describe como el buen pastor que "deja a un lado" su vida por las ovejas (10:11, 15, 17). En 13:37-38 y 15:13 hace lo mismo por sus seguidores. Esta peculiar construcción joánica sugiere la idea de "despojarse de algo" precioso y de gran valor personal.[10]

A 1 Juan 3:16 se le puede llamar la versión joánica de Marcos 10:45, donde dice que "ni aun el Hijo del hombre vino para que le sirvan, sino para servir y para dar su vida en rescate por muchos".[11] Cierto número de eruditos incluso ven este versículo como una variación joánica de Isaías 53:10.[12] El servicio de Jesús por nosotros no consiste simplemente en revelarnos el amor del sacrificio propio. Su muerte no es meramente un modelo ético; es una auténtica ofrenda, una entrega genuina de su vida. Esto se ve adicionalmente apoyado por la aparición del griego *hyper* ("en beneficio de"), término sacrificial común que solo se da aquí, en 1 Juan.

El versículo 18 sirve como una especie de sumario, y como ruego (*cf.* "Queridos hijos"). El amor que no llega a convertirse en acción en favor de los demás no es más que retórica religiosa. Sin duda, el contexto del cisma joánico alimentaba esta preocupación. Se estaban blandiendo armas religiosas con devastadoras consecuencias. Juan está ansioso por que su comunidad muestre señales visibles de amor; del amor que actúa conforme a la actividad salvadora de Cristo.

---

9. Enfatizo el "debe" aquí porque la frase de Juan en griego emplea este verbo (*opheilo*) en el versículo 16.
10. Westcott, citado en Stott, *The Epistles of John*, 143.
11. Smalley, *1, 2, 3 John*, 193.
12. *Ibíd.* Smalley cita a C. Maurer, "τίθημι", *TDNT*, 8: 155-56; J. Jeremias, "παῖς θεοῦ", *TDNT*, 5:708-10, ídem. "ποιμήν κτλ.," *TDNT*, 6:496.

Apuntalar la confianza cristiana (3:19-24)

Algunos comentaristas han considerado los versículos 19-24 como una digresión de principal importancia en el pensamiento de la carta.[13] El tema de Juan cambia bruscamente de ejemplos prácticos de amor a la seguridad cristiana. Tanto el versículo 19 como el 24 hablan de "cómo sabemos" algo, con lo que se da a entender que esa seguridad es lo que ahora preocupa a Juan. Sin duda, Smalley está en lo cierto cuando dice que la frase entera del versículo 19a rige, en realidad, toda la sección: "En esto sabremos *que somos de la verdad*".[14] La comunidad de Juan está bajo asedio y sus seguidores necesitan tener la seguridad de que están del lado de los ángeles, de que poseen la verdad.

Las palabras de reafirmación de Juan están enlazadas con la precedente exhortación acerca del amor. Debe entenderse que "En esto" señala los versículos anteriores, 11-18, de modo que, cuando llegue la crisis del autoexamen, la primera evidencia de nuestra seguridad con Dios sea nuestra obediencia al mandamiento de amar.[15] Otras versiones ponen el verbo en presente ("sabemos"), pero está en futuro. Dicho de otro modo, Juan está capacitando a su iglesia, haciendo planes para un episodio futuro en que las dudas de identidad y la autoincriminación pudieran paralizarlos. Si cambiamos la puntuación de los versículos 19-20, veremos con mayor claridad el pensamiento de Juan, sobre todo si hacemos que la primera cláusula señale claramente lo que viene antes.[16] Inicialmente, por tanto, Juan está planteando dos argumentos que podemos parafrasear de esta manera:

19a: "En esto [en el amor y la obediencia que mostramos, vv. 11-18] sabremos que somos de la verdad".

---

13. Si algo nos dice la evidencia de los manuscritos es que los escribas se planteaban muchas cuestiones en torno a estos versículos (sobre todo vv. 19-20). Abundan las variaciones textuales y los comentaristas se han esforzado por ordenar el sentido de lo que dice Juan.

14. Smalley, *1, 2, 3 John*, 199-200. La referencia a "verdad" sirve de enlace literario con lo anterior.

15. Esta interpretación de "en esto" es la que adoptan la mayoría de comentaristas, aunque en muchos casos la expresión griega *en touto* señala lo que sigue y no lo que precede.

16. Marshall, *The Epistles of John*, 198. Es interesante que esta nueva puntuación, por motivos de claridad, es exactamente la que muchos de los antiguos escribas estaban haciendo cuando editaban el texto.

19b-20: "Reafirmaremos nuestros corazones en su presencia[17] siempre que nuestros corazones nos condenen, porque (1) Dios es más grande que estos y (2) sabe todas las cosas".

Esta paráfrasis nos proporciona una clara estrategia acerca de qué pensar cuando nos dominan los momentos de profunda inseguridad. Nuestra seguridad está anclada en Dios, solo en él, nunca en nuestra propia capacidad de generar sentimientos de confianza. Juan proclama que Dios es el árbitro final de nuestro bienestar espiritual. No miramos en nuestros corazones para ver si nos sentimos seguros y entonces usarlo como evidencia de nuestra seguridad en la verdad. Si nuestra conciencia dicta condena, Dios anula su veredicto. Esto es posible por dos razones: Dios es más poderoso que nuestros corazones, y él sabe de nosotros mucho más de lo que podemos imaginar.

El contexto de nuestra inseguridad "ante Dios", que se ha sugerido en el versículo 19, se explica en los versículos 21-22. Cuando ya no hay autocondena, y la opinión de Dios acerca de nosotros es la que manda en nuestras mentes, disfrutamos de un renovado denuedo en nuestra relación con él que descubrimos principalmente en la oración.

La asombrosa afirmación de los versículos 21-22 recuerda otras formas similares de confianza que encontramos en pasajes como Juan 14:13-14; 16:23-24: *¡Recibiremos todo lo que pidamos!* Juan dice prácticamente lo mismo en 1 Juan 5:14-15, pero ahí modifica la afirmación con un condicionante. Si pedimos cualquier cosa *conforme a la voluntad de Dios*, obtendremos lo que pedimos. Es normal encontrar en las Escrituras condiciones junto a tales promesas. Debemos orar en el nombre de Jesús (Jn 14:13) o permanecer en Jesús y guardar sus mandamientos (Jn 15:7). Aquí, Juan dice que tenemos que hacer "lo que le agrada"; esto presupone un tipo de intimidad que está en contacto con el mismísimo corazón de Dios. Thompson comenta: "La oración conforme a la voluntad de Dios (5:14) es aquella que entiende lo que le agrada a él (3:20) y formula sus peticiones de acuerdo con ello".[18] Por tanto, la oración de esta clase brota de una relación íntima y fructífera con Dios que ha madurado.

Si es cierto que nuestra relación con Dios puede verse a través de las lentes de la obediencia (v. 22), ahora tiene sentido revisar exactamente

---

17. Esta traducción requiere que el segundo *hoti* de la oración no se lea como "porque" o "que", sino como un pronombre relativo conectado con el *ean* siguiente. La tercera cláusula de *hoti* introduce una proposición causal.
18. Meye Thompson, *1-3 John*, 109.

lo que esto significa (vv. 23-24). Algunos han entendido erróneamente esta carta como apoyo a una perspectiva minimalista de la fe cristiana según la cual, si nos amamos unos a otros, somos cristianos. El mandamiento de Dios que hemos de obedecer tiene dos puntos focales que poseen una "unidad fundamental".[19] Tenemos que creer en el Hijo de Dios, Jesucristo, y amarnos unos a otros. El versículo 24 deja explícito que el éxito de dicho amor solo viene cuando vivimos en intimidad con él, una intimidad que tiene lugar cuando está viviendo de manera auténtica en nosotros y nosotros en él. Pero la fórmula va incluso más allá. Este vivir en él, esta intimidad, se hace posible por el Espíritu que él nos da (*cf.* Jn 14:23-27).

Por tanto, la descripción que hace Juan de la vida cristiana es a la vez teológica *y* ética. Dios ha enviado a su Hijo, por medio del cual recibimos vida, y a su vez Dios ha derramado la vida de su Hijo en nosotros a través del Espíritu Santo.[20] Las virtudes de la vida cristiana no se pueden vivir si no hay una relación con Dios definida y sostenida por Jesucristo.

Tras estos versículos se esconden indicios de la lucha interna de la iglesia de Juan que no se ven desde otro punto de observación. Hay fuerza en pensar acerca de la conducta de Caín como asesino y reflexionar sobre la división que impregna todo el trasfondo de esta carta. El interés de Juan en este relato se centra en cómo los hermanos se destruyen entre sí llevados por una *ira causada por la religión*. El propio Juan se enfrenta a una lucha religiosa, una pelea por el poder espiritual aun cuando implique infligir bajas espirituales. "La gente que estorba —no dudan en pensar algunos— tiene que ser eliminada". Caín resolvió su obstáculo con brutalidad: el término *sphazo* (3:12) significa en realidad "despedazó" y se da con frecuencia en un contexto de sacrificios en la LXX (ver Gn 22:10). Por tanto, implica una carnicería religiosa, matanza ligada a la piedad, asesinato entrelazado con la oración.

En un contexto así, ¿cómo se ve desde dentro este tipo de conflicto? ¿Cuáles son las prioridades pastorales de primer plano cuando la maravilla de la religión es un fracaso porque esta se usa como arma? Esta cuestión pastoral la he visto ilustrada de una forma interesante entre los

---

19. Marshall, *The Epistles of John*, 201.
20. El inherente marco trinitario de la teología de Juan es evidente.

pastores de las iglesias de Palestina, donde los cristianos están experimentando grave violencia que los israelíes justifican como religión: "Dios nos ha llamado a limpiar esta tierra y tomarla. Nuestras escrituras justifican nuestra conducta". En un contexto así, ¿qué ha de hacer un pastor palestino? ¿Cómo pastorear a personas que sufren una grave violencia? ¿Cómo hacemos que las personas no abandonen la fe religiosa cuando esta se halla corrompida y violentamente tergiversada?

Aquí es donde tengo que intentar extraer la esencia de la situación pastoral y traerla a mi propio contexto cristiano. La estrategia de Juan pasa a ser la mía. Me parece interesante cómo se esfuerza por mantener dos cosas.

(1) Empieza con la cohesión y la pureza de su congregación. Les insta a evitar la fragmentación, a no dejar que el espíritu de enfrentamiento contamine su frágil vida comunitaria. Esto es justo lo que muchos de nosotros experimentamos hoy. El contexto joánico de conflicto interno no nos resulta extraño. He visto revueltas de miembros de iglesias por temas triviales, como la hora del culto de adoración. He mediado entre pastores que trabajan juntos en público, pero en privado se entregan a una guerra letal. La iglesia de Juan estaba fragmentada; las nuestras también. La rectitud religiosa se ha convertido en un arma entre nosotros como lo fue en tiempos de Juan. Por tanto, es necesario, obligatorio, conectar estos versículos con nuestra generación.

(2) Juan también se preocupa por que cuidemos de los que han quedado heridos en la cuneta. La fragmentación de la vida corporativa termina en fragmentación de las individuales, de hombres y mujeres que sufren graves dudas o debilitadoras desilusiones a causa del conflicto. Una vez más, el carácter atemporal del mensaje de Juan no puede ser más claro.

Entretejida en estos versículos está la insistencia de Juan en que los cristianos muestren una pureza e inocencia como la de Jesucristo. Esas cualidades cuya carencia en el mundo ha sido objeto de crítica *tienen que* verse en la iglesia cristiana. Si el mundo es hipócrita y hostil, la iglesia debe tener integridad y paz. Por tanto, debemos trabajar para apuntalar nuestras debilitadas almas y fortalecer nuestros decaídos espíritus que sufren asedio y fragmentación.

Este pasaje, más que ningún otro, nos obliga a reflexionar sobre el carácter de las comunidades fragmentadas. ¿Cómo se han destruido? ¿Cómo se han sanado? ¿Se puede seguir asesinando a personas como Abel en la comunidad cristiana? Aun cuando Juan define esta lucha como el odio de "el mundo", no debemos olvidar que los separatistas han salido de su propia iglesia (2:19-27). Se trata de una lucha congregacional, o denominacional.

Esencialmente, Juan plantea una pregunta básica: Si una persona afirma haber sido cambiada en su interior, ¿hasta qué punto es ese cambio una realidad *hacia el exterior*? ¿Afecta a nuestras relaciones con nuestros iguales, con los necesitados, con aquellos a quienes consideramos "oponentes"? Y, cuando explota esta fragmentación, ¿cuál es el daño colateral? ¿Cuál es el coste en corazones humanos y fe debilitada?

 Estoy cada vez más convencido de que toda comunidad cristiana lucha con la fragmentación. A veces es pública y notoria, con hostilidad manifiesta. En otras ocasiones se desarrolla con maniobras encubiertas y sutiles por el poder, destruyendo con toda delicadeza a otros de la comunidad. Juan nos habría preguntado si el espíritu de Caín sigue vivo y coleando en nuestras iglesias.

(1) *Esta exhortación ¿tiene que ver con gente de dentro o de fuera?* Juan no aclara un punto. Cuando dice que hemos de amar a nuestros hermanos, ¿se sigue refiriendo a los secesionistas? ¿Se está refiriendo quizás a los miembros fieles? En otras palabras, ¿está hablando de cohesión en la iglesia o de cómo esta debe amar a sus enemigos?

Podría argumentarse que, puesto que esos creyentes equivocados han dejado el rebaño, ya no se les puede etiquetar de "hermanos"; por tanto, se nos llama aquí a amar a los que están en la iglesia de Cristo. En tal caso, la exhortación sería algo así:

> Nuestros oponentes han demostrado ser gente de odio, por
> lo que no pueden tener la vida de Cristo en ellos. Pero en
> nuestras filas no se debería ver algo así. Nuestra comunidad
> es un colectivo de amor y así nos tratamos mutuamente.

Los diecinueve usos de la familia de palabras de *adelphos* (hermano/a) en estas cartas dejan cierta ambigüedad acerca de la concreción con que deberíamos definir el término.[21] Está claro que los secesionistas fueron *una vez* "hermanos", aunque ahora se han convertido en "enemigos". Como mínimo, Juan está diciendo que su exhortación está inspi-

---

21. *Adelphos* ("hermano") se da dieciocho veces en las cartas; *adelphe* ("hermana"), una vez (2Jn 13).

rada en el conflicto interno de la iglesia, pero estoy convencido de que tiene mucho más en mente. El acceso que esas personas parecen tener a la congregación sugiere que muchos los ven todavía como parte del rebaño y miembros de la iglesia. Sin embargo, no traza una línea que implique que los de un lado solo merecen enemistad y los de "nuestro lado" todo el amor.

Además, si el amor ha de ser la característica de su comunidad, debe abarcar a *cualquiera* que contacte con dicha comunidad, enemigos incluidos. En 3:9, Cristo es el modelo del amor que hemos de mostrar, y él no solo amó a sus seguidores hasta el fin (Jn 13:1), sino también a sus enemigos (Mt 3:44; Lc 6:27, 35). Pero, curiosamente, el mandamiento de Jesús de amar a nuestros enemigos no aparece en la literatura joánica. ¿Era esta un área de lucha para la iglesia? ¿Podemos a veces encontrar razones personales o teológicas para apartarnos de la comunión de otros?

(2) *¿Está justificado el conflicto?* La mayoría de nosotros somos capaces de justificar algún tipo de hostilidad cuando notamos que nuestros oponentes son incompetentes o están equivocados. Tal vez están en algún error teológico. Puede que, como líderes, no estén a la altura. Quizás han perdido nuestro respeto y (en nuestra opinión) están estorbando el avance de la iglesia. Es en estos contextos en los que nos encontramos con sobrecogedores ejemplos de cainismo en nosotros mismos y en otros. En contextos cristianos, he oído a profesores de teología pronunciar en voz alta palabras diseñadas para destruir. En comités de iglesia, he visto a buscadores de poder manipular las vidas y sentimientos de los demás sin titubear.

Por supuesto, la implicación de Juan es que, como estos oponentes nos atacaron primero, como se han ido de la comunidad, queda demostrado que no tienen la vida en ellos (3:15). Juan se vuelve entonces al pensamiento que tiene en la cabeza. *Su mala conducta, sin embargo, no puede ser una justificación para la nuestra.* El fuego no tiene que ser combatido con fuego. "Nosotros sabemos que hemos pasado de la muerte a la vida porque amamos a nuestros hermanos" (v. 14).

Pero esto nos plantea todo un abanico de difíciles cuestiones. Desde luego, hemos de estar firmes y negar concesiones a los que enseñan el error espiritual. Está claro que no podemos entregar la iglesia a falsos pastores. Su historia, desde Nicea a la Reforma, está repleta de ejemplos de hombres y mujeres que plantearon conflictos en defensa de la verdad. ¿Pero cómo discernimos la diferencia entre conflicto justificable y hostilidad inapropiada? Hay un interesante ejemplo de este problema en las páginas de un número de *Christianity Today*,[22] donde John Woodbridge escribió un artículo titulado "Culture War Casualties: How Warfare Rhetoric Is Hurting the Work of the Church" [Daños de la cultura de guerra: cómo está dañando la retórica del enfrentamiento a la obra de la iglesia]. Woodbridge nombró a James Dobson. Dos meses después, Dobson respondió ("Why I Use Fighting Words" [Por qué uso términos de combate]) y *Christianity Today* incluso invitó a Woodbridge a proporcionar una contrarréplica ("Why Words Matter" [Por qué las palabras importan]). En lo que nos concierne, la cuestión tiene poco que ver con la preocupación cristiana acerca de la cultura occidental. El interés del intercambio está en cómo estos dos hombres estaban tratando de lidiar con su conflicto. Dobson intentaba defender sus palabras como algo justificado. Woodbridge se preguntaba si ese lenguaje era útil y adecuado.

(3) *Odio de alto nivel*. El pastor Juan entiende que el odio y la división no siempre son abiertamente manifiestos. Para la mayoría de nosotros, hay formas sofisticadas de eludir el mandamiento de amar.

Pero Juan establece un inesperado paralelismo entre el odio y el asesinato en 15: "Todo el que odia a su hermano es un asesino". Esto significa que las actitudes nos dicen cómo somos. Nos recuerda las enseñanzas de Jesús en el Sermón del Monte, en Mateo 5:21 (ver más arriba), donde Jesús une con una línea recta odio y asesinato. ¿En qué sentido, me pregunto, manifestamos actitudes que traen muerte a los que nos rodean? ¿Con cuánta frecuencia nuestros modales civilizados encubren sentimientos ocultos de antipatía y aversión? Por lo general, estos sentimientos no se pueden encubrir por completo y, al final, causan destrucción.

Además, Juan establece otro inesperado paralelismo entre el amor y la generosidad en el versículo 17, pero esta vez trata de la indiferencia hacia los que están en necesidad. Una medida de amor es hasta qué punto las personas bendecidas con riqueza material la distribuyen en la comunidad. Es un pensamiento sorprendente e inquietante. Los lemas de las iglesias suelen describir a las congregaciones como lugares de "amistad" o "donde el amor de Cristo es genuino". Imaginemos una iglesia donde el amor de Cristo fuera *generoso, ¡no de forma metafórica, sino económica!* Sin duda, hay innumerables problemas prácticos con esta manera de pensar, y muchos (sobre todo los ricos) los señala-

---

22. *Christianity Today*, 6 marzo y 19 junio 1995.

rán en seguida. Pero Juan no podía ser más claro. Santiago presenta el mismo argumento. Una iglesia no es una comunidad que ama si el rico es simplemente amable con el pobre y lo envía de vuelta a su situación después de la hora del café (Stg 2:14-17). Esto también significa que el bienestar financiero de los miembros de la iglesia —su sufrimiento y luchas, así como sus éxitos— debería llegar a ser objeto de interés del cuidado pastoral.

Siempre me ha intrigado ver cómo las iglesias pobres de las áreas urbanas suelen tener ministerios que tratan directamente con necesidades económicas. Algunos ofrecen empeños de corto plazo. Otros tienen programas hipotecarios completos. Conozco una iglesia que hasta tiene programas de empleo y techo para personas de la calle.[23] Curiosamente, estas son las iglesias con menos flujo de dinero, pero reconocen que las necesidades económicas prácticas son algo esencial en el ministerio y reúnen sumas sorprendentes para cubrir esas necesidades. Por otro lado, las iglesias pudientes, *donde hay más recursos disponibles*, rara vez entran en ese campo de acción.

(4) *Fuentes de malestar espiritual.* Toda esta sección da la idea de que la iglesia ha de convertirse en una comunidad dadora de vida. Debería ser un lugar en el que los hombres, mujeres y niños sean sanados, no dañados; donde el rico asuma una verdadera responsabilidad por el pobre; donde las vidas florezcan tanto espiritual como materialmente. El conflicto, la lucha, el rechazo, la fragmentación de la comunidad, son todas cosas que conducen a la desesperanza y la duda. Cuando una comunidad pierde su solidaridad, y se evaporan su visión compartida y su vida, la fe personal empieza a desvanecerse. Aquí, en Chicago, me han contado de dos grandes iglesias cuyas congregaciones perdieron a pastores influyentes debido a las luchas, y en ambos caso desapareció una cuarta parte de la membresía que la integraba. Un exmiembro me dijo: "Si los líderes cristianos pueden comportarse así, de entrada ya no estoy seguro de que el cristianismo sea verdadero".

En 1 Juan 3:19-24 está la respuesta de Juan para el cuidado pastoral. Como ya hemos visto, su preocupación principal es recordar a los creyentes que Dios es más grande que todas esas cosas y que, por tanto, cuando la duda autoincriminatoria nos encenaga, tenemos que entender su soberanía y su fuerza. Juan da al menos tres estrategias que deberían

---

23. Ver Wayne L. Gordon con Randall Frame, *Real Hope in Chicago* (Grand Rapids· Zondervan, 1995).

formar parte del arsenal cristiano.[24] Si las procuramos, disfrutaremos de una relación espiritual viva y confiada con Dios pese a la lucha y la fragmentación que nos rodean.

Primero, debemos tener *fe* en Jesucristo (v. 23). Esto significa que la confianza de nuestra fe no está anclada en la iglesia, en otros creyentes o en nuestro pastor. Las palabras de Jesús, que están en las Escrituras, deberían ser más audibles para nosotros que las de quienes fragmentan el mundo a nuestro alrededor.

Segundo, debemos ser *obedientes* y hacer lo que agrada a Jesús (vv. 22-23). En particular, esto significa que realizamos actos concretos de amor por los demás, acciones inesperadas y alimentadas por el amor que vemos en Cristo mismo (v. 16). Tales hechos, nos asegura Juan, serán señales para nuestro corazón de nuestra pertenencia real a Cristo. De este modo, en nuestras comunidades no acabarán conociéndonos como protagonistas o cancerberos teológicos, sino como gente que ama sin complejos a quienes no son fáciles de amar.[25]

Tercero, debemos ser *llenos* con el Espíritu Santo (v. 24). Esto significa que nuestro andar cristiano no solo es una cuestión de ortodoxia doctrinal o pureza ética, sino también místico y espiritual. En el versículo 24, Juan dice que Jesucristo vivirá en nosotros y que el vehículo para ello es el Espíritu Santo. La seguridad no brota simplemente de vigorosas obras de obediencia o de ortodoxia, sino de la vida interior. Sabemos que Cristo vive en nosotros *por el Espíritu que nos dio* (*cf.* 4:13). Por tanto, debería ser normal para nosotros encontrar evidencias del Espíritu que señalen la presencia de Cristo. En cuanto a la comunidad de Juan, estoy seguro de que estaba cómoda con lo que hoy llamaríamos "evidencias carismáticas" (dones de profecía, sanaciones, etc.). El Espíritu no es una colección insignificante de sentimientos, sino que guía a una presencia y realidad concretas en nuestra vida.

---

24. Smalley, *The Epistles of John*, 199, y la mayoría de comentaristas enumeran seis puntos que Juan establece para reafirmar al creyente. He extraído los tres más importantes; los otros pueden agruparse bajo esos tres.

25. Acerca de la oración con confianza de 3:22, ver comentarios sobre 1 Juan 5:13-15.

1 Juan 4:1-6

Queridos hermanos, no crean a cualquiera que pretenda estar inspirado por el Espíritu, sino sométanlo a prueba para ver si es de Dios, porque han salido por el mundo muchos falsos profetas. ² En esto pueden discernir quién tiene el Espíritu de Dios: todo profeta que reconoce que Jesucristo ha venido en cuerpo humano, es de Dios; ³ todo profeta que no reconoce a Jesús, no es de Dios sino del anticristo. Ustedes han oído que éste viene; en efecto, ya está en el mundo.

⁴ Ustedes, queridos hijos, son de Dios y han vencido a esos falsos profetas, porque el que está en ustedes es más poderoso que el que está en el mundo. ⁵ Ellos son del mundo; por eso hablan desde el punto de vista del mundo, y el mundo los escucha. ⁶ Nosotros somos de Dios, y todo el que conoce a Dios nos escucha; pero el que no es de Dios no nos escucha. Así distinguimos entre el Espíritu de la verdad y el espíritu del engaño.

 Cuando Juan comenta la seguridad del creyente en 3:24 refiriéndose al Espíritu Santo, trae a nuestra mente el tema del discernimiento espiritual.[1] Dios nos ha dado su Espíritu y, como hemos visto, esta unción estaba enfatizada en la comunidad de Juan (2:20, 27; 3:24; 4:1-3,13). Pero, sobre todo en comunidades que subrayan la capacitación espiritual, es necesario sopesar las afirmaciones de los que dicen haber recibido una iluminación espiritual. O, como insiste Juan, tenemos que "someter a prueba" los espíritus. Pablo dice lo mismo a los corintios, quienes también vivían en una comunidad pneumática y necesitaban evaluar la autoridad de las voces proféticas (1Co 12:1-3; 14:29).

Se presupone una idea esencial a lo largo de este pasaje: hay dos espíritus activos en este mundo, "el espíritu de la verdad" y "el espíritu del engaño". Es decir, está el Espíritu que viene de Dios, que glorifica y ensalza a su Hijo, Jesucristo (Jn 16:14), y el espíritu del anticristo (1Jn 4:3), bien recibido por el mundo (4:5) y que boicotea la verdad sobre

---

1. Parece claro que 4:1-6 es una unidad contenida en sí misma. Nótese su frecuente uso de *pneuma* (7 veces) y el brusco cambio de tema en 4:7.

Jesús (4:2). En estos versículos, Juan nos proporciona dos tests para que los cristianos seamos capaces de distinguirlos.

Profetas-maestros peligrosos (4:1)

A lo largo de esta carta hemos visto sugerencias sobre el cisma en que estaba atrapada la comunidad de Juan que alimentaban los falsos maestros (p. ej., 2:22-23). Ahora vemos que eran pneumáticos, maestros que afirmaban que sus palabras eran inspiradas por el Espíritu de Dios. En el versículo 1, Juan los llama "profetas", porque técnicamente un profeta es el portavoz de algún espíritu.[2] Y, como Juan reconoce, entre los que se hacen llamar profetas hay muchos fraudes (*cf.* Mt 7:15; Mr 13:22; Hch 20:28-30; 2P 2:1).

Es importante hacer una pausa y aclarar un poco más cómo era este problema en la iglesia primitiva. Las iglesias en casas estaban aisladas en ciudades a lo largo del Imperio romano. En los años iniciales había pocos credos formales (como posteriormente el de Nicea) que dieran guía doctrinal y las Escrituras no estaban al alcance de la mano como hoy. Nadie tenía un "Nuevo Testamento" y, como mucho, los primeros cristianos solo contaban con colecciones de cartas de los apóstoles y de relatos sobre Jesús. Por tanto, la comunicación oral era esencial. Las iglesias confiaban en emisarios enviados por sus dirigentes que entregaban información de otras comunidades y enseñaban. Pablo envió a Timoteo y Silas en esta misión, y Juan envió a ancianos y portavoces (3Jn 5).

Pero los problemas llegaron cuando se presentaron profetas o maestros arrogándose una autoridad que no era suya por derecho. Pablo tuvo que tratar el problema de los maestros no autorizados en Galacia y Tesalónica. Dado que algunas iglesias recibieron cartas falsas (ver 2Ts 2:2), decidió incluso firmar su correspondencia con marcas reconocibles (Gá 6:11; Col 4:18; 2Ts 3:17). Este fenómeno implicaba que las iglesias podían caer en las garras de profetas y maestros itinerantes sin escrúpulos, y las iglesias de Juan no fueron la excepción (*cf.* 2Jn 7). En consecuencia, los cristianos tenían que estar listos para evaluar el mensaje que escuchaban y el espíritu que lo inspiraba.

El primer test de Juan: lo que dicen sobre Jesús (4:2-5)

Esta es la única vez que aparece el verbo *dokimazo*, "someter a prueba", en la literatura joánica, aunque se da con frecuencia en el

---

2. Stott, *The Epistles of John*, 153.

Nuevo Testamento (en veintidós ocasiones). Aparece en las cartas de Pablo cuando reta a sus iglesias a evaluar la validez de enseñanzas irregulares (ver 1Ts 55:21; 1Ti 3:10). Someter a prueba los espíritus puede hacer referencia a una dominación espiritual, como en la manera que Pablo tiene de entender el discernimiento de espíritus (1Co 12:10). En este caso, Juan tendría en mente a líderes carismáticos de la congregación que intuían espiritualmente la autenticidad de las vidas de esos profetas. Así como Jesús podía "ver" las ataduras espirituales de una persona antes de una liberación —es decir, su espíritu veía al espíritu—, así el Espíritu de Dios capacitaría a los creyentes de Juan para reconocer el Espíritu de Dios en otros. Por otro lado, es posible que el pensamiento de Juan no tuviera más misterio que evaluar objetivamente lo que estaban diciendo los profetas. Tal vez esto involucraba diferentes dones en la iglesia de Juan: ancianos, maestros y dirigentes con sabiduría y conocimiento que pudieran sopesar lo que se decía y compararlo con lo que se había enseñado previamente.

Pero ¿qué había que someter a prueba? El espíritu de Dios siempre glorifica al Hijo de Dios (Jn 15:26; 16:13-15; 1Co 12:1-3). Así, la primera prueba se centra por completo en la opinión que uno tiene de Jesucristo: "Todo profeta que reconoce que Jesucristo ha venido en cuerpo humano, es de Dios".[3] Vimos antes, en 2:18-22 (y también en 1:1-4), cómo la cristología encarnacional estaba en el corazón de las luchas de esta comunidad. Tras estas palabras, Juan presenta tres cosas acerca de lo que creemos: (1) que el hombre Jesús es realmente el divino Verbo de Dios; (2) que Jesucristo era y es plenamente divino y plenamente humano;[4] y (3) que Jesús es la única fuente de la vida eterna, puesto que solo él nos revela al Padre y hace expiación por nuestros pecados.

---

3. Hay un debate considerable acerca de cómo deberíamos entender este versículo. Ver Smalley, *1,2, 3 John*, 222-23, Brown, *The Epistles of John*, 492-93. Algunos ven este versículo como la evidencia de una disputa entre la afirmación de Cerinto de que Cristo descendió sobre Jesús en su bautismo y, así, la traducen como "Todo el que confiese que Jesús como el Cristo viene en la carne". Otros ponen juntos a Jesús y Cristo, como la NVI, dando un lugar central a la doctrina de la encarnación y tomando a "Jesucristo" como el preexistente Señor que se hizo carne. Aquí, el énfasis está en el factor del credo y la encarnación. Aun otros (p. ej., Smalley, Brown) consideran toda la frase como confesional y descriptiva: "Todo el que confiesa a Jesucristo encarnado", enfatizando su persona y su modo de existencia.
4. El tiempo perfecto del verbo "ha venido en cuerpo humano" deja ver el énfasis de Juan en el significado continuado de esta encarnación hasta el presente. Ver Smalley, *The Epistles of John*, 222-23.

Juan considera esta confesión como algo central en el discipulado cristiano. Si Jesús, el hombre de Nazaret, no fuese nuestro divino Señor, su sacrificio en la cruz sería de una importancia limitada. Si no fuese divino, poco podríamos confiar en que el Padre se nos hubiera revelado. La naturaleza del discipulado quedaría también en cuestión. Nuestras vidas humanas, nuestra ética, son importantes porque Dios ha destacado a nuestra humanidad mediante la encarnación de su Hijo.

Pero nótese además que esta afirmación no es simplemente un asunto de sostener un credo. En 4:3 se abrevia la confesión: "confesar a Jesús" es lo que realmente interesa a Juan.[5] Él busca creyentes que abracen con sus palabras y sus corazones la verdad de la encarnación. Smalley comenta que este es el "corazón del evangelio apostólico", que requiere "una consideración correcta de la identidad [de Cristo] (una humanidad eterna e histórica) junto con un reconocimiento personal de su condición de Señor".[6] En el Nuevo Testamento, hasta los demonios reconocen el hecho de la encarnación (Mr 1:24; 3:11; Hch 19:15), pero no abrazaban esta verdad confesando el señorío de Jesús. Detrás del credo hay una persona, y es a ella, a Jesucristo, a quien Juan nos dice que hemos de ser fieles.

No confesar la encarnación de Cristo es reflejar el pernicioso "espíritu del anticristo" que vive en el mundo. ¿Se trata simplemente de un espíritu de error? ¿De juicios humanos erróneos? ¿O este espíritu es demoniaco? El dualismo de Juan personificaba sin duda el mal, y veía a los que estaban en contra de Jesucristo como personas que obraban aliados con el diablo (2:13; 3:8, 10, 12; 5:18-19). En los cinco usos de "anticristo" en las Cartas de Juan, se ve que el interés principal del anticristo es esta negación de Jesucristo (2:18-22; 4:3; 2Jn 7).

Marshall señala que el texto griego no menciona "el espíritu" cuando la NIV traduce en inglés *"the spirit* of the antichrist" [no así la NVI en español. Nota del Traductor], aunque gramaticalmente se puede añadir. De este modo, Juan evita cualquier comparación implícita entre el espíritu de Dios y ese otro supuesto espíritu.[7] El punto está bien explicado. Juan asegura rápidamente a sus lectores en el versículo 4 que el Espíritu Santo en ellos es más poderoso que este otro que está en el mundo. El

---

5. Algunos manuscritos antiguos alargan el versículo añadiendo "Jesús que vino en la carne", para armonizarlo con el versículo 2.

6. Smalley, *The Epistles of John,* 224.

7. Marshall, *The Epistles of John,* 208, n. 12.

dualismo espiritual de Juan afirma que el Espíritu de Dios no tiene rival y que los que están en el Espíritu Santo no tienen razón para temer.

Es interesante comparar 4:1-3 con 2:18-22. En la primera sección, tener una correcta relación con el Padre conduce a una perspectiva correcta del Hijo. En el segundo, tener una correcta relación con el Espíritu conduce a una similarmente correcta perspectiva del Hijo. En ambos casos, el Hijo es central en toda verdadera relación con Dios. Jesucristo es el único punto de comunicación entre el cielo y la tierra.

El segundo test de Juan: lo que el mundo piensa sobre ellos (4:4-6)

El segundo test de Juan tiene que ver con los receptores. ¿Quiénes celebran esta enseñanza? ¿Dónde encuentra seguidores dispuestos? Juan se refiere con frecuencia a "el mundo" (veinticuatro veces en las cartas) y en algunos casos lo ve simplemente como un lugar de inofensiva incredulidad. Dios lo ama y envió a su Hijo para salvarlo (2:2, 15, 17; 4:9, 14; 5:4-5; véase el comentario de 2:15-17). Pero Juan también ve "el mundo" como un lugar de auténtica hostilidad hacia Dios, un lugar en el que las fuerzas del mal y el engaño están organizadas (3:1, 13; 4:1). De hecho, en 5:19 dice que está bajo el poder del maligno.

Así, no nos toma por sorpresa que, si las profecías falsas (como las de los cismáticos) tienen su origen en un espíritu impío, sus declaraciones hallen una buena acogida en el mundo (v. 5). Por otro lado la respuesta de la iglesia, la comunidad de los verdaderos creyentes, es la que puede comprobar la veracidad de una palabra del Señor (v. 6). El pueblo de Dios conoce su voz —como reconocen las ovejas la de su pastor (Jn 10:4ss.)— y se debe confiar en su juicio como cuerpo. Existe también una armonía, una correspondencia, entre el Espíritu Santo que mora en el creyente y el que está en el profeta. Cuando este los inspira, su pueblo distinguirá la verdad de Dios.[8]

Aquí están, pues, los dos tests de Juan. Es así como podemos discernir "el espíritu de la verdad y el del engaño" (v. 6). Los cristianos deben juzgar la corrección cristológica de las enseñanzas de cualquiera. Si han eliminado teológicamente al Cristo encarnado, si la cristología no está en el centro de lo que dicen, hacemos bien en sospechar. Además, si la comunidad en que siempre hemos confiado, si la iglesia como custodia histórica de la verdad rechaza esta profecía, debemos estar alerta. Más

---

8. Pablo emplea esta misma estrategia en 1 Corintios 14:29, donde las palabras de los profetas han de ser puestas a prueba por el discernimiento de la iglesia.

aún, si encuentra una buena acogida en el mundo, deberíamos, huir, porque puede tratarse de un mensaje originado en el espíritu maligno que lo domina.

 El mandamiento de Juan de someter a prueba a los espíritus es apto para nuestra generación, dada la gran cantidad de afirmaciones que compiten con la verdad religiosa hoy. Abundan las sectas y nuevos movimientos religioso. Incluso hay innumerables iglesias domésticas dirigidas por maestros sin preparación, así como un discernimiento teológico y una madurez espiritual dudosos. En una ciudad de cuarenta mil habitantes cercana a la mía, un estudio guiado por un graduado de Wheaton College encontró docenas de estas comunidades religiosas que reclutaban miembros de todas las congregaciones principales de la ciudad, y los pastores ni se daban cuenta de lo que estaba pasando.

Pero aquí surge también un problema. Nuestra sociedad premia la tolerancia religiosa y el pluralismo hasta tal punto que muchos de nosotros hemos empezado a creer que ese "someter a prueba" comporta una estrechez de visión demasiado crítica, y hasta juzgadora. En 1994, cierto número de iglesias tradicionales organizaron una conferencia llamada "Reimaging God" [Dar una nueva imagen a Dios], en la que se abrazaban formas de adoración pagana y se atacaban abiertamente las enseñanzas de la ortodoxia tradicional. Hoy día, "someter a prueba a los espíritus" exigirá una cantidad considerable de discernimiento y no poca valentía. No obstante, el mandamiento de Juan es claro: cada generación es responsable de practicar esos tests.

Conectar este texto con la escena contemporánea me obliga a preguntar cómo deberían hacerse estas pruebas. Los dos tests de Juan, la cristología encarnacional y la respuesta del mundo, estaban diseñados para un contexto histórico particular. En algunos casos, pueden sernos útiles, pero queda abierta la cuestión de si sirven como árbitro universal en cuestiones de ortodoxia. Por ejemplo, algunos errores doctrinales pasarían la prueba de Juan. Los mormones, por ejemplo, admiten que Jesús era humano y divino, *pero su divinidad no era exclusiva*. Harold Camping, el profeta que anunció en sus treinta y nueve estaciones de radio que Cristo iba a regresar en septiembre de 1994 [anuncio que reiteró en 2011. Nota del Traductor], también pasa la prueba, aunque sus abusos de cualquier método razonable de interpretación son famosos.[9] Como señaló John Walvoord, expresidente del Dallas Seminary, Camping "practica un método de interpretación que nadie más reconoce". Por tanto, en cada generación se pueden redactar nuevas preguntas para tratar los desafíos teológicos que van apareciendo.

Dado que los tests de Juan se limitan a un contexto histórico, tienden también a circunscribir su alcance. Otras creencias esenciales acerca de Jesús que van más allá de la encarnación, como sus poderes milagrosos, su resurrección y su Segunda Venida, pueden incluirse en otras circunstancias. Juan no menciona ninguna de las anteriores, por no ser temas que definieran la fidelidad al testimonio apostólico en sus circunstancias.

Cada generación, pues, tiene que fraguar su credo anclado en las doctrinas que tenemos en la Escritura, con un ojo puesto en los desafíos contemporáneos que la iglesia ha de afrontar. Una rápida mirada al pasado ilustra que esto ya se ha estado haciendo. Fue, precisamente, lo que realizaron los credos históricos cristianos (Nicea, Calcedonia): formularon declaraciones de fe sobre asuntos esenciales para su época y lugar. Cada era tiene todas las herejías imaginables, y es responsabilidad de los líderes de cada generación levantarse y enfrentarse a las graves desviaciones de la verdad. En el siglo XX, los cristianos de Alemania redactaron la Declaración de Barmen (1934) para rechazar la afirmación nazi de que Dios estaba involucrado en las aspiraciones nacionalistas del Tercer Reich y que el gobierno podía, en consecuencia, exigir obediencia en nombre de Dios. Generaciones más recientes se han sentido llamadas a aclarar cuestiones de autoridad bíblica, sexualidad y justicia social. Aquí no pueden darse directrices atemporales, porque nadie puede predecir lo que los "espíritus" dirán a cada generación. Simplemente, tenemos que estar preparados, como los cristianos de Juan, para enfrentarnos a los pensamientos erróneos y a la descreencia deliberada.

Pero tal vez sea aquí donde más me preocupo. Entre los estudiantes a los que enseño, la mayoría parece estar ansiosa por contar cómo se siente en cuanto a una cuestión en particular; sin embargo, pocos de ellos son capaces de dar un argumento coherente, objetivo, cuidadosamente razonado a favor o en contra. Lo mismo se puede decir de los adultos de la iglesia, donde los programas de educación para mayores, más que capacitar a hombres y mujeres para "someter a prueba los espí-

---

9. Ver "End-Times Prediction Draws Strong Following", *Christianity Today* (junio 1994), 46-47.

ritus" de su tiempo, solo les ayuda a tratar lo que sienten en las crisis de su vida. Ambas cosas son importantes, pero están abandonando gravemente una de ellas.

El llamamiento de Juan aquí es para construir una madurez cristiana que pueda usar el radar teológico para divisar a los intrusos que quieren poner patas arriba las creencias de la iglesia. Es un radar de alta tecnología que puede decirnos la diferencia entre un avión de turistas y un bombardero letal, entre cuestiones menores y errores colosales por los que hay que librar una dura batalla.

Significado Contemporáneo El panorama espiritual no es menos confuso hoy de lo que era para Juan hace dos mil años. Los desafíos al evangelio y la irrupción de nuevos movimientos religiosos parecen moneda corriente. Y, en algunos casos, la iglesia ha apoyado su crecimiento. Una iglesia presbiteriana de Estados Unidos (PCUSA), del presbiterio de Missouri, envió recientemente 41.000 dólares de la ofrenda de su iglesia a una escuela islámica local "para ayudar a los pobres y oprimidos". ¿Pero no sirve ese acto benéfico para el progreso de la misión teológica de una fe que niega a Cristo y compite directamente con la iglesia? Un pastor presbiteriano, Alan Krummenacher, defendió la entrega como "un puente para el entendimiento y la cooperación".[10] Ejemplos como este abundan. Por otro lado, hay espléndidas muestras de generosidad cristiana que llegan a confundirse con la misión suprema de la iglesia.

Por tanto, el discernimiento al que Juan nos anima tiene que convertirse en una parte fuerte del ministerio de toda congregación. No obstante, hay problemas y desafíos para su aplicación. Debemos saber dónde aplicarlo y con cuánto margen.

(1) *La iglesia está llamada a ser la custodia de la verdad.* Cuando Juan dice que tenemos que "someter a prueba" a los espíritus, se está dirigiendo al cuerpo de Cristo. En 4:1-6, sus verbos están en plural (todos ustedes juntos sometan a prueba a los espíritus"), lo que implica que este discernimiento espiritual es una obligación del cuerpo reunido y de sus líderes. Por tanto, no solo se le permite, sino que incumbe a la iglesia sopesar lo que se está enseñando entre ellos. Las congregaciones, como cuerpo local y como grupo nacional, tienen que evaluarlo

---

10. Ver "Educator Quits Over Grant to Muslims", *Christianity Today,* (junio 1994), 65.

todo, desde los programas de enseñanza a los maestros de Escuela Dominical.

En algunos casos, esto ha hecho que muchos se sientan incómodos, sobre todo cuando conduce a una lucha a nivel denominacional, o incluso de parroquia local. Como alguien dijo: "La iglesia debería tener amor y aceptación, no crítica". Es cierto. Nuestra labor de custodia no debería hacernos tan ásperamente críticos que descalifiquemos todo punto de vista distinto en la congregación. Por otro lado, tampoco podemos ser negligentes. No podemos admitir todas las cosas por el deseo de aceptar a todas las personas.

Pero, nada más decir esto, me asalta otra pregunta: *¿Cómo cultivar un espíritu de discernimiento sin llegar a convertirme en un escéptico?* Es una cuestión práctica implícita en el mandamiento de Juan a discernir. Por desgracia, la carta de Juan no habla de ello. Hay un defecto escondido tras este digno mandato: puede convertirme en una persona a quien no se puede enseñar. Enseguida me encuentro evaluando las palabras de todos —incluido el pastor— y yo solo me convierto en mi propio árbitro de la verdad. Sin duda, el interés de Juan en la importancia de la comunidad reunida —la iglesia— es un recordatorio para nosotros. La *iglesia* es la custodia de la verdad, y mi impulso a criticar, analizar o juzgar tiene que llevarse a cabo en la comunidad del liderazgo de la iglesia. Mi voz, que por sí misma parece justa y ortodoxa, puede sonar diferente cuando la oyen otros juiciosos responsables. Esto nos llama a la humildad y a un ánimo dispuesto a someterse a la voz de la iglesia como cuerpo que todavía retiene su pasión y visión.

(2) *La centralidad de la cristología.* Juan expresa un delicado equilibrio a lo largo de sus escritos entre la humanidad y la divinidad de Cristo. No hará concesiones ni en una ni en otra. Me pregunto si en la iglesia actual sigue viva esa preocupación. Con frecuencia, obligo a mis estudiantes a pensar con cuidado en la coherencia de la doctrina cristiana si se descuida una u otra de las dos dimensiones de Cristo. Si él no fuera plenamente humano, ¿qué implicaría para nuestra confianza en su revelación del Padre? ¿Cómo afectaría a su obra en la cruz o a su regreso al Padre? Si no fuera completamente divino, ¿qué significaría en los mismos aspectos?

Recuerdo con gran cariño y aprecio a un profesor del Fuller Seminary que nos hablaba con pasión acerca del delicado equilibrio de la cristología atanasia.[11] Ese equilibrio entre la humanidad y la divinidad —su

---

11. Dr. Ray Anderson, profesor de Teología.

simetría— es el *rasgo distintivo* del pensamiento cristiano. Hoy, mis estudiantes apenas saben que están escuchando a Atanasio. Juan quiere que cultivemos ese instinto, que sintamos de manera intuitiva cuándo se rompe la simetría cristológica por accidente o por herejía.

(3) *¿Cómo desenmascaramos a los falsos maestros?* Juan nos advierte que pueden asediar la iglesia, pero nos da pocas directrices sobre cómo hacerlo o qué hacer con ellos una vez descubiertos. Tiene, al menos, dos preocupaciones: (a) los falsos maestros no deben tener acceso a la iglesia como plataforma para sus enseñanzas y (b) las personas no deberían ser engañadas con lo que escuchan en la iglesia. Esto significa, como poco, que la iglesia debe ser un refugio espiritual donde las enseñanzas experimentales o los puntos de vista controvertidos se comprueben. Hablando en términos prácticos, cuando envío a mis hijas a la Escuela Dominical tengo derecho a estar seguro de que el maestro de la clase no está ahí simplemente por haberse ofrecido voluntario. La iglesia tiene que garantizar que quienes enseñan están teológica y espiritualmente cualificados para ello.

El peligro de desenmascarar a los falsos maestros es que la comunidad de Cristo puede volverse demasiado intolerante en diversos puntos de vista. Los particulares pueden sentirse llamados a quitar de en medio a quienes difieran en su perspectiva. No es esto lo que Juan tiene en mente. Él desea que los responsables de la iglesia prohíban toda forma de liderazgo que pueda socavar el corazón y el alma de la fe cristiana.

(4) *¿Dónde están o quiénes son esos espíritus hoy?* A lo largo de este pasaje, Juan nos dice que probemos los espíritus. Aunque él usa una perspectiva dualista (ver más arriba), tengo que estar preparado para tantear las fuerzas espirituales de mi comunidad, y ver si son auténticas. Para ser franco, debo admitir la posibilidad de una influencia demoniaca entre quienes desean sabotear la iglesia. Juan no nos explica nada de la guerra espiritual, como Pablo sí hace, pero, como he señalado en la Introducción, una amplia evidencia sugiere que dirigía una comunidad "carismática" o pneumática. Seguro que estaba familiarizado con la guerra espiritual descrita en Efesios 6. Juan, pues, quiere capacitarnos para la batalla espiritual. *¿Significa esto discernir los espíritus? ¿Acaso también implica liberación y exorcismo?*

Muchos de nosotros retrocedemos ante el pensamiento de que tan fantásticos ministerios pudieran ser parte de la labor de una iglesia. Pero tienen que serlo. Los cristianos actuales que han crecido en el despertar de la renovación carismática se sienten cómodos y buscan un ministe-

rio pastoral de "confrontación" con las fuerzas espirituales. Hace veinticinco años, los jóvenes se habrían reído ante la idea de lo demoniaco,
pero nada más. Recientemente, pasé el día con un amigo que es capellán a bordo de uno de los cruceros de misiles teleguiados más modernos de la Marina. Me comentó sobre la gran diversidad de grupos de fe
existente en su tripulación de cuatrocientas personas. Hay judíos, católicos, protestantes históricos, mormones… de todo, incluso adoradores
de Satanás. Ese barco es una muestra representativa del mundo y de su
disposición a flirtear abiertamente con lo demoniaco.

Durante una conferencia en Michigan, en la que tenía que hablar, me
encontré con un joven pastor presbiteriano y su esposa. Más tarde, ya
de noche, durante nuestra conversación hablaron de su primer pasto-
rado en Florida. En su primera semana, una mañana temprano entraron
en la iglesia, a oscuras, solo para ver las apariciones o espíritus demoniacos que muchos otros habían dicho haber visto. El choque espiritual exigía un ministerio que liberase a aquella iglesia de su atadura.[12]
Por supuesto, esta es una situación muy inusual. Sin embargo, en nuestras iglesias hay otros espíritus destructivos a los que se deben nombrar
y enfrentar: espíritus que traen enfermedades, pecado y destrucción al
cuerpo de Cristo. No es una excentricidad sostener este punto de vista.
Toda cosmología cristiana, que plantea un Dios personal y ángeles,
ha de tener también cabida para un diablo personal y sus ejércitos.
Compartí estos sucesos con un pastor hispano del sur de Texas y me
respondió, sonriendo: "Nuestras comunidades han tenido noticias de
estas realidades desde siempre".

Otros han procurado una aplicación más básica. Tal vez este "espíritu" sea algo más amplio, más universal. Pueden ser las fuerzas que
nos moldean a mí y a mi comunidad para bien o para mal. Algunos
son ciertamente demoniacos, otros simplemente el espíritu de la era en
que vivo. Estos últimos espíritus requieren discernimiento para no ser
víctima de las voces más asociadas con el mundo y sus pasiones que
con Jesucristo. Antes me referí al libro de Jacques Ellul, *Los nuevos*

---

12. La iglesia se ha construido en el emplazamiento de una antigua casa que se usó
durante décadas para rituales satánicos. Antes de eso, el lugar había sido un antiguo
cementerio indio. ¿Son importantes estas cosas? Como muestra de la marcha de este
debate y sus dimensiones pastorales, existe toda una línea de literatura sobre este tipo
de fenómenos, llamados "espíritus territoriales"). Ver Peter Wagner, ed., *Territorial
Spirits Insights on Strategic-level Spiritual Warfare from Nineteen Christian Leaders*
(Chichester, Eng.: Sovereign World, 1991).

poseídos,[13] en el que describe tendencias de pensamiento y conducta que han dañado a nuestro tiempo con terribles enfermedades espirituales. Otros muchos están alertando de lo mismo. La gran ironía es que los cristianos, que tienen una teología que debería equiparles para filtrar los impulsos del mundo, lo hacen menos, mientras que los no creyentes, que carecen de esa teología, van por delante en la descripción de la bancarrota moral y la miseria general de nuestro tiempo.

En 1993, el premiado libro de David Wells, *No Place for Truth,* empezó a diagnosticar lo que le estaba pasando a la modernidad occidental, y nos deja una lectura muy sombría.[14] Los "nuevos demonios" que describe han creado un medio ambiente intelectual en descomposición en el que la verdad no sirve, no hay interés en un Dios trascendente y, desde luego, no hay manera de concebir cualquier noción de revelación. Que Dios se hiciese hombre en Cristo no solo se rechaza (como el liberalismo teológico), sino que ahora es algo *incomprensible*. Se ha desarrollado una nueva mente pagana. Leslie Newbigin sostiene el mismo argumento en su *Foolishness to the Greeks.*[15] Describe cómo las categorías conceptuales básicas existentes tras el pensamiento cristiano ya no pueden darse por presupuestas.

¿Están activos en el mundo los espíritus destructivos? ¿Y en la iglesia? No cabe duda de que lo están. La iglesia ha de estar preparada para combatir todas las formas del mal, luchar con su descarnada fealdad en el ministerio de enfrentamiento, con su artificiosa sofisticación en las tendencias intelectuales de nuestro tiempo.

---

13. Jacques Ellul, *Los nuevos poseídos* (Caracas: Monte Avila, 1978).

14. D. Wells, *No Place for Truth: Or Whatever Happened to Evangelical Theology?* (Grand Rapids: Eerdmans, 1993).

15. L. Newbigin, *Foolishness to the Greeks· The Gospel and Western Culture* (Grand Rapids: Eerdmans, 1986).

Queridos hermanos, amémonos los unos a los otros, porque el amor viene de Dios, y todo el que ama ha nacido de él y lo conoce. [8] El que no ama no conoce a Dios, porque Dios es amor. [9] Así manifestó Dios su amor entre nosotros: en que envió a su Hijo unigénito al mundo para que vivamos por medio de él. [10] En esto consiste el amor: no en que nosotros hayamos amado a Dios, sino en que él nos amó y envió a su Hijo para que fuera ofrecido como sacrificio por el perdón de nuestros pecados. [11] Queridos hermanos, ya que Dios nos ha amado así, también nosotros debemos amarnos los unos a los otros. [12] Nadie ha visto jamás a Dios, pero si nos amamos los unos a los otros, Dios permanece entre nosotros, y entre nosotros su amor se ha manifestado plenamente.

[13] ¿Cómo sabemos que permanecemos en él, y que él permanece en nosotros? Porque nos ha dado de su Espíritu. [14] Y nosotros hemos visto y declaramos que el Padre envió a su Hijo para ser el Salvador del mundo. [15] Si alguien reconoce que Jesús es el Hijo de Dios, Dios permanece en él, y él en Dios. [16] Y nosotros hemos llegado a saber y creer que Dios nos ama. Dios es amor. El que permanece en amor, permanece en Dios, y Dios en él. [17] Ese amor se manifiesta plenamente entre nosotros para que en el día del juicio comparezcamos con toda confianza, porque en este mundo hemos vivido como vivió Jesús. En el amor no hay temor, [18] sino que el amor perfecto echa fuera el temor. El que teme espera el castigo, así que no ha sido perfeccionado en el amor.

[19] Nosotros amamos a Dios porque él nos amó primero. [20] Si alguien afirma: «Yo amo a Dios», pero odia a su hermano, es un mentiroso; pues el que no ama a su hermano, a quien ha visto, no puede amar a Dios, a quien no ha visto. [21] Y él nos ha dado este mandamiento: el que ama a Dios, ame también a su hermano.

[5:1] Todo el que cree que Jesús es el Cristo, ha nacido de Dios, y todo el que ama al padre, ama también a sus hijos. [2] Así, cuando amamos a Dios y cumplimos sus mandamientos, sabemos que amamos a los hijos de Dios. [3] En esto consiste el amor a Dios: en que obedezcamos sus mandamientos. Y éstos no son difíciles

de cumplir, ⁴ porque todo el que ha nacido de Dios vence al mundo.

Ésta es la victoria que vence al mundo: nuestra fe.

En 4:7 hay un brusco cambio de tema. En lugar de continuar su enseñanza sobre el discernimiento de 4:1-6, Juan nos da una extensa exhortación sobre el amor, retomando ideas que encontramos en otras partes de la carta.[1] En 2:3-11, Juan introduce este tema, subrayando la fidelidad del creyente a "la luz". Amar al hermano es mostrar que uno vive "en la luz" (2:10). En 3:10-24, Juan explora las aplicaciones prácticas del mandamiento del amor, conectándolo con la vida eterna. Amar es demostrar que tenemos vida eterna obrando en nosotros (3:14-15). Según D. H. Dodd, los vínculos entre 4:11–5:4 y 3:10-24 son tales que el pensamiento de 3:24 lleva directamente a 4:7.[2]

En 4:7ss., Juan se preocupa de que entendamos plenamente qué inspira nuestro amor unos por otros. Como Marshall dice: "Juan está aquí preocupado por la definición, no por la exhortación".[3] ¿Cuál es la conexión entre el amor y Dios? ¿Cuál es la base de nuestro amor mutuo? ¿Qué efectos dejan ver en las vidas de hombres y mujeres que muestran este tipo de amor? Escondida en esta sección está la famosa declaración de Juan: "Dios es amor" (4:8), que se corresponde con sus otras dos afirmaciones: "Dios es luz" (1:5) y "Dios es Espíritu" (Jn 4:24). Sin embargo, hemos de tener cuidado con lo que hacemos con esta afirmación, porque ha sido fuente de un abuso impresionante. Si Dios es amor, ¿quiere eso decir que todas las personas que tienen amor han encontrado de algún modo a Dios? ¿Significa que todos los que aman son hijos de Dios?

El origen del amor cristiano (4:7-10)

En las Cartas de Juan se emplea seis veces el vocativo personal "amados" (NVI, "Queridos hermanos")[4] que expresa su sincera preocu-

---

1. He optado por mantener junta esta sección, pese a que es más larga que otras unidades del comentario. Se debe considerar como un conjunto literario; además, repite y refuerza temas similares reiteradamente.
2. Dodd, *The Epistles of John,* 95. Esto ha llevado a algunos críticos a reorganizar esta sección.
3. Marshall, *The Epistles of John,* 211.
4. El término griego aquí usado es *agapetoi* (2:7, 3:2, 21; 4:1, 7, 11).

pación pastoral por el bienestar de sus seguidores. Ahora explica la exhortación a amar (ver también 3:11, 23) como algo que tiene su origen en Dios mismo (4:7a). La venida de Jesús proporciona un cautivador retrato del amor de Dios por nosotros. Este tema —el fascinante origen del amor divino— se trama a lo largo de la sección (4:7-11, 16, 19). Así, para Juan, una exhortación a la obediencia no viene con una amenaza, sino que es la inspiración la que la alienta. El amor inspirador de Dios, su generoso sentimiento, nos mueve a obedecer. Si él ha hecho tanto por nosotros, ¿qué menos que obedecerle? El amor genuino no se puede mostrar en una comunidad a menos que esta refleje el amor de Dios y que reciba su fuerza de la experiencia de haber sido amada.

Los cristianos que viven ese tipo de amor lo demuestran mucho más. Asimismo, manifiestan que *han nacido* de Dios y le *conocen* (4:7b; *cf.* 5:4). El primer verbo está en tiempo perfecto, lo que sugiere que el nuevo nacimiento divino es algo pasado, aunque produce su fruto en el presente. Una persona convertida tiempo atrás demuestra ahora el resultado de dicha conversión. El segundo verbo está en presente e implica que el amor va asociado a una conciencia continua de quién es Dios. ¿Por qué seleccionó Juan estas palabras en particular? El nuevo nacimiento espiritual y el conocimiento divino se promovían, sin duda, entre los separatistas (ver 3:9). Por tanto, el apóstol presenta una prueba de verdadera madurez espiritual que derrota de un golpe las vindicaciones espirituales de sus oponentes, y basa sus comentarios en la conducta poco espiritual de ellos, en el hecho de que no han mostrado amor.

Juan prosigue y señala que lo inverso (v. 8) también es verdad. Todo aquel que no ama —en el contexto de la iglesia joánica— no puede haber conocido a Dios (también 4:20). Nótese que el tiempo del verbo "conocer" ha cambiado del presente al aoristo (o pasado). Se describe aquí a una persona que en ningún momento de su vida ha experimentado el amor de Dios. Sin duda, nuestro énfasis debe estar en el carácter positivo de este principio: puesto que Dios es amor, quienes tienen un encuentro con él poseen la facultad de convertirse en personas que aman.

Cuando el versículo 8 dice "Dios es amor" (*cf.* v. 16), es importante señalar lo que Juan no está diciendo. No dice que Dios es "amoroso" (aunque lo es). Tampoco afirma que una de las actividades de Dios sea "amarnos" (que también es verdad). Lo que Juan dice es que Dios *es* amor, que "la totalidad de su actividad es amar".[5] El amor es la esencia de su ser, pero no viceversa. No podemos decir que "el amor es Dios",

---

5. Smalley, *The Epistles of John*, 239.

como si cualquier muestra de afecto se pudiese catalogar de repente como divina. Juan define con cuidado el carácter de quién es Dios y de lo que significa vivir en relación con él. Contemplar de manera genuina la verdadera identidad de Dios es hacerse como él. Una verdadera comprensión de la persona de Dios debe llevarnos a cambiar nuestra forma de vivir y de comportarnos.

En los versículos 9-10, Juan lleva más allá su definición teológica con palabras que recuerdan mucho a 1 Juan 3:16: "En esto conocemos lo que es el amor: en que Jesucristo entregó su vida por nosotros" (*cf.* Jn 3:16). El acto supremo de la revelación que Dios ha hecho de sí mismo se encuentra en su actividad en Jesucristo. El "manifestó" del versículo 9 traduce el término griego *phaneroo* (lit. "reveló"), una palabra que alude a divulgar cosas que estaban ocultas.[6] ¡Nunca antes había hecho Dios algo así en la historia! Cristo es el corazón de Dios al descubierto; es su presentación ante el mundo de manera vulnerable.[7]

Estos versículos ofrecen dos desarrollos de 1 Juan 3:16. (1) El amor de Dios es lo que inició el envío de Jesús. No solo disfrutamos del amor de Cristo, sino también de *la pasión oculta de Dios* por la humanidad, expresada visiblemente en Jesucristo. Por tanto, no deberíamos considerar a Cristo como un mero aliado que se esfuerza por aplacar a un Dios airado. Es *Dios mismo* quien nos ama y está pendiente de nosotros. Como dice Pablo en 2 Corintios 5:19: "… en Cristo, Dios estaba reconciliando al mundo consigo mismo".

(2) En 1 Juan 3:16 se describe cómo Cristo entregó su vida por nosotros y cómo esto debiera inspirar nuestros sacrificios unos por otros. Ahora, Juan añade que el propósito de esta apertura de amor materializada al enviar a Jesús es que podamos vivir (v. 9b) y que el castigo por nuestros pecados pueda cubrirse (10b). "Tener vida" es una de las expresiones favoritas de Juan (Jn 5:25; 6:51, 57, 58; 11:25; 14:19);[8]

---

6. Esta revelación tiene lugar "entre nosotros". El griego *en hemin* puede significar, en algunos casos, "en nosotros" o incluso "para nosotros". Puesto que este amor revelado afecta directamente a quiénes somos al amarnos unos a otros, Juan puede estar proyectando toda la fuerza de *en*, con el sentido de que este amor ha "impactado a cada uno de nosotros".

7. En el versículo 9, la NVI traduce el término griego *monogenes* como "unigénito". Esta palabra se usa en la literatura griega únicamente para los hijos, en la LXX se emplea para traducir el término hebreo "solo" o "soltero". Traducir como "unigénito" es entender la segunda mitad de la palabra como derivada del griego *genao* ("dar a luz, engendrar"). Esto es incorrecto. La palabra derivaría de *genos*, que significa "tipo" o "clase".

8. El grupo léxico de *zao/zoe* aparece cincuenta y cuatro veces en la literatura joánica.

pero dicha vida *solo* viene a través del perdón de pecados. Es la segunda vez que se habla de la muerte de Jesús como "sacrificio propiciatorio" (ver comentario de 2:2). Este término, con los verbos y sustantivos relacionados, solo aparecen seis veces en todo el Nuevo Testamento.[9] La palabra griega *hilasmos* describe el acto de "quitar" una ofensa (por ej., mediante el sacrificio), con el que se repara una relación con Dios. A menudo se traduce como "expiación" [en la NVI, léanse las notas al pie de 4:10 y 2:2. Nota del Traductor]. Por tanto, disfrutar del amor de Dios tiene un requisito: renovar una relación rota; algo que solo Jesucristo puede realizar.

La inspiración del amor cristiano (4:11-16)

El versículo 11 cambia de tema y pasa a la preocupación inmediata en la mente del apóstol. Se nos alerta de este cambio por su uso, una vez más, de "queridos hermanos" (ver más arriba, v. 7). Juan es un pastor que escribe apasionadamente a sus seguidores.

La cláusula condicional del versículo 11 (empezando con el gr. *ei* ["si"], traducido "ya que" en la NVI) tiene que interpretarse con exactitud. No expresa falta de certeza (como algunas traducciones sugieren), sino un hecho: "*ya que* Dios nos ha amado así…". Aquí no hay condición; Juan ya ha afirmado con términos inequívocos que la actividad de Dios en Cristo nos ha proporcionado una incuestionable evidencia del amor del Padre. Por tanto, la exhortación a amar no brota de la ansiedad por perder ese amor ni de una amenaza de la ira de Dios. Nuestra obligación de amarnos unos a otros es el resultado de la generosidad de amor de Dios hacia nosotros (*cf.* 3:11, 14, 23; 4:12, 21; 5:2; 2Jn 5). Juan cree que esto es lo primero que inspira el amor cristiano: el reflejo del amor divino ya derramado sobre nosotros.

Además, Juan pasa a decir que, conforme cumplimos esta obligación de amar, experimentamos algo sin parangón: Dios vive en nosotros mientras su amor se hace completo a través de nosotros (vv. 12, 15). Esto explica la referencia de Juan a la invisibilidad de Dios en el versículo 12. El amor inspirado por Dios, que es el cumplimiento de esta divina obediencia, hace de Dios una realidad tangible. En el versículo 13 se nos enseña sobre el vehículo que trae esta presencia de Dios, es decir, el Espíritu Santo. Esta idea tiene una paralela en 3:24. Quienes obedecen los mandamientos de Dios viven en él y *él vive en ellos*. "¿Cómo sabemos que él permanece en nosotros? Por el Espíritu

---

9. Ver Lucas 18:13, Romanos 3:25, Hebreos 2:17; 9:5; 1 Juan 2:2; 4:10.

que nos dio". Aquí está, pues, lo segundo que inspira el amor cristiano: el propio Espíritu de Dios que está poderosamente vivo en nosotros cuando obedecemos (3:24) y amamos (4:13).

Finalmente, Juan ofrece una tercera fuente de inspiración. No nos limitamos a oír lo que Dios ha hecho en Cristo ni a experimentar el Espíritu. Juan insiste en que, por medio de nuestra proclamación —de nuestro testimonio—, la realidad de Dios se hace más visible en nuestras vidas (vv. 14-16). Se nos fuerza a observar que el discipulado fiel y de amor no es la mera experiencia emocional de ser amado ni la respuesta a un mandato ético. Ni siquiera es una conducta amorosa, aunque todas estas cosas tienen su importancia. *Dicho discipulado tiene un contenido teológico*. Dios mora en nosotros por la mediación de la obra de Cristo ("Si alguien reconoce que Jesús es el Hijo de Dios, Dios permanece en él, y él en Dios", v. 15). La visión que Juan tiene del discipulado requiere de nuestras mentes tanto como de nuestros corazones.

Los resultados del amor cristiano (4:17-19)

En el versículo 17, Juan realiza la destacada declaración de que una vida inspirada por Dios y conformada por esta calidad de discipulado cristiano, muestra un *amor que se ha perfeccionado* (*cf.* 4:12, 18, notas al pie en NVI). La NVI omite un importante conector con los versículos anteriores: "*Por medio de esto* el amor se manifiesta plenamente entre nosotros".[10] Es decir, mediante todo lo dicho hasta ahora, por los principios esbozados más arriba, el amor de Dios se perfecciona *entre nosotros*. Nótese que, en el versículo 12, Juan se refiere al amor que está siendo perfeccionado *en nosotros*. Ahora aparece un nuevo énfasis. El amor de Dios no se perfecciona a través de nuestra percepción o experiencia, *sino por medio de nuestra expresión* del mismo. El amor de Dios alcanza la plenitud en la medida en que se comparte entre nosotros. Así, algunos han sugerido que Juan tiene en mente un triángulo divino para que tenga lugar esta plenitud (ver ilustración en la página siguiente). Como escribió C. H. Dodd: "La energía del amor se descarga en líneas que forman un triángulo, cuyos vértices son Dios, yo y el prójimo".[11]

---

10. Griego *en touto*. Brown cita Juan 16:30, 1 Juan 3:10, 19 como precedentes en la gramática joánica de una cláusula como esta que señala hacia atrás, a lo que precede. Otros intérpretes han entendido que esta frase señala a las cláusulas siguientes de *hina* o *hoti*.

11. C. H. Dodd, citado en Thompson, *1-3 Juan*, 126.

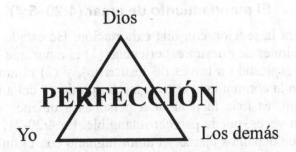

El resultado más inmediato de este perfecto amor es la seguridad:[12] tendremos denuedo o confianza en el Día del Juicio. Juan se refiere a esta confianza cuatro veces en su carta (2:28; 3:21; 4:17; 5:14).[13] El sentido en 3:21 (como en el libro de Hebreos) es el de hablar de manera confiada, como un niño, en la oración. Aquí en 4:17 evoca vívidas imágenes, como escribió Robert Law, del "trono de juicio ante el que todos hemos de presentarnos, y de la franca confianza con la que las personas se vuelven hacia su Juez y le miran a la cara".[14]

Experimentar y expresar el amor de Dios con tanta fuerza, sabiendo inequívocamente que Dios-en-Espíritu reside en nuestras vidas, redunda en una confianza sin límites conforme se acerca el día en que nos encontraremos con el Señor. No somos irreverentes, sino seguros; no frívolos, sino francos. Gracias a que Dios mora en nosotros sabemos que, pese a la vida que seguimos teniendo en el mundo, somos diferentes: "Somos como él" (17b), es decir, somos como Jesús.[15] Disfrutamos de un privilegiado lugar con Dios.

El principio que Juan tiene en mente es el carácter del amor de Dios: "... el amor perfecto echa fuera el temor" (v. 18a). Cuando alcanzamos a entender plenamente el amor de Dios ya no hay lugar para sentir aprensión o tenerle miedo. El temor y el amor se excluyen entre sí. Temer al carácter de Dios o al juicio final nos paraliza y destruye la perfección que ofrece el amor (v. 18b). Pero esto deja abierta la cuestión de si hay o no un lugar para el temor (véase más abajo la aplicación).

---

12. Nótese que el versículo 17b introduce una cláusula *bina* que indica resultado.
13. Aparece nueve veces en el Cuarto Evangelio.
14. Law, *The Tests of Life*, 280.
15. Los manuscritos indican la preocupación de los escribas por reconciliar este versículo con 3:2.

El mandamiento de amar (4:20–5:4)

Juan cierra la sección con una exhortación. Ha estado describiendo dos dimensiones de nuestra experiencia: (1) el amor que compartimos con Dios (expresado a través de Jesucristo), y (2) el amor que compartimos en la comunidad (visto como un producto del amor de Dios). Desde luego, es más fácil amar a personas a quienes vemos que a Dios que, a veces, puede parecer intangible. En 4:20-21, Juan no está diciendo que debamos ejercer el amor humano con el fin de crecer en el divino. No está interesado en enseñarnos distintas etapas de amar a Dios, sino en darnos tests por medio de los cuales podamos ver si realmente le amamos por encima de todo. La ausencia de amor los unos por los otros denota una ausencia de amor de Dios. Los que viven con esta duplicidad, diciendo que aman a Dios pero odiando en sus corazones a alguien, son (en las implacables palabras de Juan) "mentirosos".[16]

La exhortación final no se apoya en nuestra experiencia para alimentar nuestro amor. Juan guía a un mandamiento divino a aquellos cuyas vidas requieren un estímulo más fuerte: "El que ama a Dios, ame también a su hermano". Hemos visto palabras similares en otras partes de esta carta (2:9; 3:10, 23). La cuestión adquiere relieve ya que la comunidad de Juan estaba, sin duda, luchando contra los impulsos de odiar a sus oponentes. Por lo general, Jesús resumía la perspectiva de Dios en cuanto a la vida con este mismo doble mandamiento. Cuando el joven rico le preguntó sobre los mandatos de Dios, por ejemplo, señaló:

> "Ama al Señor tu Dios con todo tu corazón, con todo tu ser y con toda tu mente" —le respondió Jesús—. Éste es el primero y el más importante de los mandamientos. El segundo se parece a éste: "Ama a tu prójimo como a ti mismo". De estos dos mandamientos dependen toda la ley y los profetas (Mt 22:37-40; *cf.* Jn 13:34).

Es crucial considerar 1 Juan 5:1-4 como parte de esta discusión. Juan no cambia de tema, pero aquí aporta un matiz diferente. En 5:1a se nos enseña que sostener una confesión de fe verdadera es evidencia de nuevo nacimiento (como lo eran el amor en 4:7 y la obediencia en 2:29 y 3:9). El versículo 1b añade un principio general, que por desgra-

---

16. Curiosamente, la palabra "mentiroso" (gr. *pseustes*) es uno de los términos favoritos de Juan. De diez apariciones en el Nuevo Testamento, siete las usa Juan: dos en el Cuarto Evangelio (8:44, 55) y cinco en 1 Juan (1:10; 2:4, 22; 4:20; 5:10). Esta palabra subraya la intensidad de la lucha que la comunidad mantenía por su propia vida.

cia solemos obviar:[17] El que ama "al que engendró" (NVI, "al padre") ama al que ha sido engendrado por él. Es decir, "todo aquel que ama al padre, siente lo mismo por sus hijos". Puede que Juan tenga algo concreto en mente. Si amas a tus padres, seguramente amarás a sus otros hijos. O si amas a Dios (como padre), amarás a todos sus hijos (incluido Jesús). Por tanto, usando una metáfora familiar, Juan está ensanchando el desafío ético. Dios tiene muchos hijos. Amarle —o amar a Jesús— exige amar también a los demás hijos de Dios.

Estos argumentos nos llevan ahora a la afirmación de 5:2. Algunos intérpretes estiman que "Así" es una referencia a 5:1.[18] Por tanto: "Por el principio de que debemos amar a todos los miembros de la familia de Dios, sabemos que tenemos que amar a los hijos de Dios si es que amamos a Dios". Otros intérpretes (incluida la NIV) prefieren señalar el concepto que viene a continuación: "Así es como sabemos que amamos a los hijos de Dios: amando a Dios y guardando sus mandamientos". En esencia, la cuestión se vuelve hacia lo que alimenta el amor cristiano: ¿se basa en la obligación moral o en el amor de Dios? Quizás (como sostiene Smalley) deberían ir ambas juntas. "Los dos amores son inseparables".[19] El mandamiento mencionado en 5:2 consiste en amar a los hijos de Dios, pero esta obligación brota, antes que nada, de un profundo afecto por Dios.

En 5:3b–4, Juan repite lo que dijo en el versículo 1. Las personas que entienden la verdadera identidad de Cristo —los que aman a Dios y a todos sus hijos, que obedecen sus mandamientos— son los nacidos de Dios. Con semejante poder divino de su lado, el mandamiento de amar no puede ser una carga. No hay impedimento ni tentación del mundo que pueda robarles su victoria moral. Stott señala: "La razón por la que no consideramos los mandamientos de Dios como una carga no radica, sin embargo, tan solo en el carácter de los mandamientos, sino también en nosotros, es decir, en que hemos recibido la facultad de guardarlos".[20] La victoria de la vida cristiana, pues, no trata de nosotros *tal como somos en el mundo*, sino de poder —transformación mediante un nuevo nacimiento— y de cómo este derrota los impulsos del mundo que en otro tiempo nos controlaban.

---

17. Los términos griegos correspondientes a "padre" e "hijo" no figuran; por tanto, el pasaje no se refiere a Dios como Padre. La traducción de la NRSV como "parent" (padre o madre) y "child" (hijo) es, pues, muy conveniente.
18. El debate de Juan acerca de adónde dirige la expresión *en touto* ya ha aparecido en 4:17.
19. Smalley, *1, 2, 3 John*, 268.
20. Stott, *The Epistles of John*, 174.

El inquebrantable interés de Juan en el amor es una reconocida seña de identidad de sus cartas. Afirma, una y otra vez, la importancia del amor y perfila lo que este puede pedir. ¿Pero qué inspiraba este interés? Creo que su contexto pastoral de trabajar en una iglesia gravemente dividida le obligaba a considerar en profundidad cómo llevar a una iglesia en guerra a la unidad. Así pues, lo que Juan hace aquí es teología pastoral ligada por completo a su contexto de división y controversia. Pero la cuestión que podemos plantear es si este contexto limita la utilidad de sus palabras para hoy. ¿Es necesario hallarse en un contexto de crisis o conflicto para apreciar las palabras de Juan? Cuando miro estos versículos y me esfuerzo por conectarlos con mi propio contexto cristiano, me veo obligado a preguntar hasta qué punto estarán limitados estos versículos por el entorno.

Por un lado, puedo responder que el conflicto es algo intrínseco a prácticamente cualquier contexto cristiano. Esta opinión surge de una valoración realista de la naturaleza caída del hombre. No tengo que ir muy lejos en mi iglesia, mi denominación o mi trabajo para encontrar tensiones semejantes a las de la comunidad joánica. Por otro lado, veo que el apóstol responde a esta crisis sin establecer culpa ni dirigir exhortaciones para pecados particulares cometidos. Más que diagnosticar la fuente del conflicto, se concentra en la solución; y esta no consiste en una mera petición hueca de que los cristianos se amen unos a otros. En lugar de ello, Juan da soporte a la exigencia de amar con una afirmación teológica de lo que, en primer lugar, hace que el amor sea posible. En estos versículos, Juan parece bastante franco en cuanto a que la reconciliación en amor no es algo fácil (¿por qué si no da tantos recordatorios?) Por tanto, señala la manera en que hombres y mujeres han de cimentarse con fuerza en el amor de Dios y, así, ser capaces de experimentar una transformación que afectará a su vida de comunidad.

Este es, pues, el puente que construyo. Limitarme a reconstruir las luchas de Juan para mi congregación es privar a la carta de su fuerza intemporal. Decir que tenemos que amarnos unos a otros (aunque es verdad) no dice nada nuevo. Pero construir el motivo y el poder que hacen posible el amor sí es de veras significativo. Juan ve que los creyentes han sido sanados por dentro de una manera tan completa que la reconciliación en la comunidad será un resultado natural de la madurez espiritual.

Significado Contemporáneo. Las comunidades estudiantiles, así como las iglesias, se esfuerzan por ser lugares de reconciliación en amor. El desafío es especialmente patente en las facultades. En Wheaton College, por ejemplo, tenemos unos 2.500 estudiantes que viven juntos a diario, comen, asisten a clase y se dedican a actividades recreativas. En un contexto así es apremiante la necesidad de un amor como el de Cristo. Este semestre he hablado a la clase de los mayores, en la capilla, sobre Mateo 5:23-25, donde Jesús dice que, si estamos adorando y necesitamos reconciliarnos con un hermano o hermana, debemos ir primero, reparar la relación y luego volver al altar. Era un servicio de comunión y reté a los presentes a interrumpir su "momento en el altar" (tomando el pan, pero no el jugo de uva) si tenían que reconciliarse con alguien. No tenía idea de lo que ocurriría, aunque sobró muchísimo jugo de uva.

La necesidad de una reconciliación en amor acompaña siempre a nuestras comunidades. Y la exhortación joánica a amar es válida, porque nuestro mundo estudiantil (como el de la iglesia) se ve siempre acosado por tensiones o rivalidades encubiertas. Esto es parte de lo que significa pertenecer a la comunidad humana.

Estos versículos plantean una cuestión crucial: ¿Con qué traer la conducta recta? ¿Con qué mensaje, mediante cuál proceso, con qué experiencia se provocará una actividad que solo se pueda describir como caritativa, de gracia, perdonadora y de amor? Desde luego, tiene que haber algún antídoto, alguna solución a la conducta divisoria y sin amor.

(1) *La gracia de Dios y la rectitud.* No hace mucho asistí a una reunión de profesores y administradores en la que se estaba discutiendo el problema del legalismo en las facultades evangélicas. La cuestión en liza eran las reglas de conducta —patrones de estilo de vida— y cómo afectan al desarrollo espiritual. Curiosamente, había una diferencia de opinión acerca de qué desencadenaría una conducta recta. "La ira de Dios tiene su lugar para dar forma a nuestra conducta", aportó alguien. Y otro dijo: "Cuando Dios salvó a Israel de Egipto, lo primero que les dio fue la Ley de Sinaí. Ella nos ayuda a ser rectos". Entonces leímos una cita de C. S. Lewis (algo siempre muy socorrido para los evangélicos): "El amor es eso que perdona a los más y *excusa a los menos*" (énfasis de Lewis). En una palabra, muchos estaban queriendo decir que la *ley podía traer la rectitud.*

Por supuesto, nadie le negaría su lugar a la ley, a las reglas de conducta que pongan límites a la conducta. Pero la cuestión de fondo es si las reglas pueden inspirar una vida de devoción, servicio y adoración. Además, ¿puede un entorno de ley fomentar el tipo de reflejo para obedecer que inspira la genuina madurez espiritual?

En estos versículos, Juan fomenta una comunidad que exhiba madurez espiritual, que enarbole virtudes de amor y que las comparta con entusiasmo. Juan tiene la visión de una comunidad obediente que se entregue de forma completa. ¿Cómo lo hace? En 1 Juan 4:11 tenemos la respuesta. La rectitud solo se produce en respuesta a un abundante amor de Dios. "Ya que Dios nos ha amado así, también nosotros debemos amarnos los unos a los otros". La conducta cristiana recta se alimenta con el descubrimiento de que Dios se ha volcado en nosotros de manera tan exhaustiva que no podemos sino responder.

La primavera pasada estaba explicando a una clase introductoria de Nuevo Testamento el punto de vista de Pablo sobre la gracia tal como lo vemos en Gálatas. Pablo comparte la opinión de Juan: el amor de Dios, expresado en Cristo, es lo que inspira la vida cristiana. De hecho, como Pablo argumentaba en Romanos 7, la ley por sí sola no trae más que rebeldía. Entonces probé un experimento. Pedí a los cuarenta estudiantes que escribieran una redacción de una página analizando si sus vidas estaban moldeadas por la amenaza de la ley o por la maravilla de la gracia de Dios. Quedé desolado ante los resultados. En torno al noventa por ciento de la clase admitía en privado que la posibilidad del disgusto y la ira de Dios había dado forma a su perspectiva cristiana desde la infancia. El amor sin fin de Dios no era lo preeminente en sus pensamientos, estaba primero su posible desaprobación. Por lo que ellos contaban, el cristianismo era *en realidad cuestión de seguir las reglas*. Cuando les dije que no era sí, se produjo un silencio absoluto. Algunos me comentaron en privado que era la primera vez que habían oído tan "buenas nuevas".

No creo que el muestreo entre mis alumnos esté fuera de lo normal. Eran jóvenes maduros procedentes de familias e iglesias evangélicas fuertes. Su reacción natural era agradar a Dios *de modo que* él siguiera mostrando favor hacia ellos. No habían aprendido a agradar a Dios porque él ya estaba por ellos. Debido a esta realidad, muchos cristianos viven angustiados y no pocos tienen un auténtico miedo a Dios. Lo que viene a continuación lo escribió una estudiante de 21 años, una evangélica firme y bien informada. Estas frases formaban parte de un trabajo final en el que describía la justicia de Dios.

> Me siento como si Dios me castigase por mis pecados todo el tiempo. Siento que siempre hay algo por lo que ser casti- gada. Estoy convencida de que es imposible, porque no hay minutos suficientes en el día para que Dios nos castigue. Probablemente no debería llamarlo castigo, sino mi forma de sentir la justicia de Dios. Sé del amor y de las bendicio- nes de Dios por mí y estoy eternamente agradecida por ello. Sin embargo, vivo con este temor de que meteré la pata y volveré a ser castigada.

Me veo obligado a preguntar qué está pasando en la iglesia, en nues- tras familias. ¿Quién nos ha robado las buenas noticias del evangelio? Como resultado, en mis programaciones de clases he insertado nume- rosos puntos en los que enfatizo la amorosa y abundante generosidad de Dios. Y este semestre (cuando escribo esto) ha vuelto a ocurrir; tras explicarles de este modo el inmerecido amor de Dios, un maduro estu- diante me dijo: "Nunca había oído nada parecido".

(2) *El riesgo del amor generoso*. Una reacción inmediata entre los estudiantes —incluso entre algunos colegas— es el miedo a que, sin amenaza alguna de disciplina y sin ley, este generoso amor sería objeto de abuso. Desde luego, es cierto. Estoy seguro de que los oponentes de Pablo en Galacia opinaban lo mismo. Pero es sorprendente cómo Pablo y Juan están dispuestos a asumir el riesgo. Este último es totalmente consciente de esta posibilidad, porque hace referencia a cristianos que no viven de acuerdo con su vocación. Sin embargo, como Pablo, nunca recurre a emplear el miedo ni afirma que el discipulado cristiano que fracasa pierde el amor de Dios. En 4:19 señala de manera instantánea y decisiva la hipocresía de esos discípulos que no responden, pero no los amenaza con el abandono de Dios.

Tampoco Pablo. Podemos afirmar con seguridad que los gálatas se hallaban bien lejos del discipulado ideal de Pablo. Pero, a pesar de ello, les exhorta a que "vivan en el Espíritu" (no en la naturaleza pecami- nosa), puesto que ha sido Dios quien les ha dado tantos dones (Gá 5:16-26). Pablo tampoco se vale del miedo. Subraya el tema de la liber- tad pese a la mala conducta de los gálatas (5:13). Simplemente les recuerda: "… toda la ley se resume en un solo mandamiento: 'Ama a tu prójimo como a ti mismo'" (5:14). El temor no es una herramienta pas- toral de primer orden.

Juan tampoco lo utiliza como estrategia pastoral, porque "el amor perfecto echa fuera el temor" (1Jn 4:18). Cuando nuestra percepción de Dios se vea moldeada por el temor y la ansiedad, la inquietud quizás de perder su afecto, significa que no hemos sondado la profundidad de su amor. No hemos experimentado su compromiso con nosotros. Así, en el versículo 8, Juan dice que resulta obvio que quien no ama a su prójimo no ama a Dios, porque, si de veras hemos conocido su amor en Cristo, seremos transformados. El amor es la característica esencial del ser de Dios (vv. 8, 16). No expresar amor significa que no hemos conocido ese poderoso amor divino.

(3) *La cuestión del temor reverencial.* Imaginar al Señor como un Dios solo de amor supone otro riesgo: perderle el profundo respeto por haberlo convertido en algo demasiado personal y accesible. Tal vez se convierta en nuestra mente en un abuelo, un pariente envejecido, sabio y generoso. Para algunos, Dios es un "amigo", pero tiene poco de santo y todopoderoso.

Sin duda, esto no era tanto problema en el primer siglo, cuando los oyentes o lectores de herencia judía tenían a Dios en alto respeto. Su *distancia* y majestad eran muy propias de la vida espiritual judía. Su grandiosidad era preeminente. Así, cuando el Nuevo Testamento habla de Dios como un Padre amoroso, al oyente se le presenta un escándalo emocional: a este Señor magnífico y asombroso ¿también le interesa tener una profunda intimidad conmigo? Cuando reivindicamos esta escandalosa tensión en nuestra predicación y enseñanza; cuando afirmamos sin reservas que Dios es santo, poderoso y supremo, y declaramos al mismo tiempo su sorprendente intimidad con nosotros, hemos encontrado las buenas nuevas.

Un cristiano árabe de Oriente Medio me lo expresó así: "Nuestro problema es que no sabemos lo que es vivir con un monarca absoluto". Los jeques, sultanes y reyes de Arabia Saudí y de los países del Golfo ostentan a menudo un poder de este tipo.[21] Con una palabra, pueden llevar a la ruina económica a cualquiera. Algunos pueden arrebatar la vida simplemente dando una orden. El poder sin límites (dentro de sus dominios) es una característica de sus vidas. Los que viven en estrecha proximidad con un sultán así saben que puede ser su gran benefac-

---

21. En cuanto a esto, muchos gobernantes modernos de Oriente Medio asumen esta autoridad tiránica absoluta basándose en estas antiguas ideas sobre el poder en la cultura árabe. Consideremos el gobierno de Saddam Hussein en Irak, Assad en Siria y las familias reales de hoy en los países del Golfo.

tor o su mayor enemigo. Ser un niño, un príncipe o una princesa que vive en palacio, lo coloca a uno en una increíble posición de privilegio. Estás a salvo durante la tormenta, protegido ante el león. La mano que ha matado a tantos te bendice.

Cuando reivindicamos el carácter sobrecogedor y poderoso de Dios, otorgándole el máximo respeto, esa bondad y amor adquieren una nueva potencia. Esta es la tensión que quiero transmitir a mis estudiantes cuando consideran cómo es Dios. Quiero que sientan temor, respeto, privilegio y bendición al mismo tiempo. Estas son las buenas nuevas. La zarpa del león es suave, pero poderosa. Su rugido es profundo y fuerte, pero pronuncia mi nombre con cariño.

(4) *Victoria y confianza cristianas*. Juan plantea una interesante serie de cuestiones acerca de la confianza y la certidumbre espirituales. El motivo principal de este mensaje es reforzar la forma en que el cristiano medio entiende el amor de Dios y construir una ética cristiana en respuesta a ello. En 5:4, Juan habla de una victoria que vence al mundo. Sin embargo, muchos en la iglesia han trabajado duro para obtenerla y siguen sintiéndose inadecuados. ¡Cuán a menudo he presenciado la fatiga espiritual —esa que se siente al intentar producir las experiencias descritas en el púlpito— en el rostro de mis estudiantes! ¿De qué estrategias pastorales disponemos? ¿Qué otros modos existen para fomentar la percepción de la presencia de Dios y dar certeza donde no la tenemos? Anunciamos las buenas nuevas ¿y luego qué?

La primera sugerencia de Juan puede centrarse en la obediencia. Si no puedo sentir el afecto de Dios, ¿tengo que esperar a sentirlo antes de actuar? *¿O puedo experimentar su amor por mí nuevamente en el curso de mi actividad?* Conozco a cristianos que han servido en situaciones desesperadas y han gustado por primera vez el asombro del amor divino. Algunos han entrado a trabajar en la zona urbana de Chicago. Otros han ido a ultramar o han trabajado en nuestro sistema penitenciario. La cuestión es que estaban mostrando el extraordinario amor de Dios entre quienes carecían de él no como una forma de hacer que Dios les amara, sino como ejercicio espiritual, para fortalecer sus corazones y tocar el amor en sí, porque ellos mismos habían sentido su falta. Cabe subrayar que amar a alguien odioso subraya, a su vez, la elección de Dios de convertirnos en el objeto de su amor cuando no somos dignos ni fáciles de amar.

En nuestro pasaje, pues, Juan exhorta inmediatamente a sus seguidores, una y otra vez, a obedecer el mandamiento de amar independientemente de cómo se sientan. En 1 Juan 4:21 y 5:3 lo dice bien claro: los que eligen amar a Dios tienen que escoger hacer lo mismo con sus hermanos y hermanas y ser obedientes. La exhortación se combina reiteradamente con el ánimo, a medida que el apóstol teje la delicada tela de una teología moldeada por el amor inmerecido, esperando a la vez obediencia.

La segunda sugerencia de Juan nos resulta incómoda a muchos de nosotros. Es de carácter místico. En 4:13 nos dice que "sabemos" que Dios está en nosotros y nosotros en él, "porque nos ha dado de su Espíritu". La misma idea aparece en 3:24: "¿Cómo sabemos que él permanece en nosotros? Por el Espíritu que nos dio". Juan plantea este potencial de seguridad espiritual sin explicar cómo se produce. Asume que el Espíritu Santo es parte natural de la experiencia de sus seguidores y la utiliza como medio para darles seguridad.

Por supuesto, esto nos obliga a hacernos la pregunta: ¿Nos referimos al Espíritu Santo como un "sello" ambiguo que se puso en nuestras vidas en algún punto remoto (cuando fuimos bautizados o vinimos a la fe)? Tengo claros recuerdos de haber preguntado, siendo adolescente, a mi pastor luterano acerca de ese "Espíritu Santo". Y mi recuerdo más fuerte es que solo podía señalar a mi bautismo. "Vamos a buscarlo en una concordancia", dijo con voz débil. Pero, para entonces, mi confianza se había evaporado.

Creo que Juan tiene algo más en mente. El poder de conocer el amor de Dios en la realidad; de amar a otros como él nos ama; la seguridad que nos da victoria sobre nuestras dudas… todas estas cosas pueden llegarnos a través de una experiencia en el Espíritu, con su mediación. ¿Una visión? ¿Un don del Espíritu? ¿Una paz y determinación inexplicables? En cualquier caso, este don no se obtiene de forma intelectual ni es fruto de un comportamiento ético. Es extático, místico, de otro mundo.

¿Pero hay otras formas, no mencionadas por Juan, en que podamos experimentar el amor místico de Dios? Una de ellas es el cuerpo de Cristo. Cuando otro cristiano o el cuerpo de Cristo me aman de manera sobrenatural, obtengo una renovada visión del amor de Dios que obra a mi favor a través de ellos. Cuando este parece distante, el amor del cuerpo de Cristo es tangible y real, y, cuando lo experimento, mi propia capacidad de amar se dinamiza. Esta sencilla experiencia del amor de Dios —nada extraordinaria ni fantástica— es, también, una obra del Espíritu de Dios entre nosotros.

1 Juan 5:5-12

¿Quién es el que vence al mundo sino el que cree que Jesús es el Hijo de Dios? ⁶ Éste es el que vino mediante agua y sangre, Jesucristo; no sólo mediante agua, sino mediante agua y sangre. El Espíritu es quien da testimonio de esto, porque el Espíritu es la verdad. ⁷ Tres son los que dan testimonio, ⁸ y los tres están de acuerdo: el Espíritu, el agua y la sangre. ⁹ Aceptamos el testimonio humano, pero el testimonio de Dios vale mucho más, precisamente porque es el testimonio de Dios, que él ha dado acerca de su Hijo. ¹⁰ El que cree en el Hijo de Dios acepta este testimonio. El que no cree a Dios lo hace pasar por mentiroso, por no haber creído el testimonio que Dios ha dado acerca de su Hijo. ¹¹ Y el testimonio es éste: que Dios nos ha dado vida eterna, y esa vida está en su Hijo. ¹² El que tiene al Hijo, tiene la vida; el que no tiene al Hijo de Dios, no tiene la vida.

En la sección anterior, el interés de Juan por la victoria espiritual le conduce a desarrollar el tema de la reconciliación. En 4:7ss., Juan enseñó que la madurez cristiana (cimentada sobre un correcto entendimiento del amor y compromiso de Dios) debería dar como fruto una comunidad de amor reconciliada. Tal experiencia del amor de Dios resulta en regeneración y victoria, incluso sobre el mundo (5:5). ¿Pero debemos procurar esa reconciliación a cualquier precio? Si hay diferencias de opinión, ¿deben dejarse a un lado creencias que los creyentes sostienen con pasión?

Como en 4:9-10, Juan se niega en 5:5b-12 a que esas afirmaciones sobre Dios y la sanidad de la comunidad circulen por su cuenta sin un anclaje cristológico. Únicamente por medio de la encarnación y el sacrificio de Cristo obtenemos una visión clara y sin distorsión del compromiso de Dios con nosotros. Por tanto, la regeneración y la inspiración ética deben ser teológicamente conformadas y cristológicamente centradas.

Pero, en la comunidad joánica, había puntos de vista rivales y Juan no podía ignorarlos. ¿Cuáles eran las voces, los testimonios que obedecer? De las diecisiete apariciones del grupo léxico de "testificar/testimonio" en las Cartas de Juan, diez se hallan en estos pocos versículos.[1] Efectivamente, la cuestión que dirige el pasaje es a qué testimonio se debe dar autoridad al reconciliar esas diferencias.

Así pues, Juan tiene que ofrecer alguna fórmula, algún método para reconciliar las diferencias y evaluar la validez de los testimonios en conflicto. Puesto que las diferencias en la comunidad eran principalmente cristológicas, no apunta al Antiguo Testamento. Ni siquiera señala al Nuevo Testamento (¡no se había escrito!). No obstante, sí que tiene una estrategia: los árbitros de la verdad son el Espíritu, las afirmaciones teológicas tradicionales y las fiables palabras de testigos cristianos. Los tres apuntan a un acontecimiento concreto de la historia: la encarnación de Jesucristo.

El testimonio del agua y la sangre (5:5-6b)

En 1 Juan 5:6 tenemos el versículo tal vez más desconcertante de todas las cartas joánicas: "Éste es el que vino mediante agua y sangre, Jesucristo; no sólo mediante agua, sino mediante agua y sangre". Sin explicación, Juan usa una especie de expresión indescifrable ("agua y sangre") que seguramente resultaba conocida para sus seguidores. Intenta explicar el pasaje mediante tres puntos de vista. (1) algunos creen que "agua y sangre" se refiere a los sacramentos del bautismo y la eucaristía.[2] El problema principal de esta opinión es sencillo: Juan no centra su interés en el ritual de la iglesia, sino en la encarnación histórica. El cisma joánico se centra en la cristología, en su expresión en la historia y no en cuestiones de culto.[3]

(2) Un segundo punto de vista apunta a Juan 19:34 dado que, mientras Jesús estaba en la cruz, le clavaron una lanza en el costado y salió "sangre y agua".[4] En este sentido, Juan puede estar diciendo que la cruz es el evento salvador en la vida de Jesús. Esto podría ser importante si los separatistas afirmaban que no tenían pecado y no necesitaban lim-

---

1. Palabras que vienen del griego *martyreo* ("ser testigo, testificar") las encontramos en 5:6, 7, 9 (4x), 10 (3x), y 11. Esto representa alrededor del sesenta por ciento de todas las apariciones en las Cartas de Juan.

2. Encontramos este punto de vista en Lutero y Calvino, y en los intérpretes sacramentales de Juan, como O. Cullmann.

3. No obstante, la opinión de que la sangre no puede referirse a la eucaristía en la literatura joánica es errónea. Un ejemplo es Juan 6:52-58.

4. San Agustín apoyaba este punto de vista, y en la actualidad hay muchos que lo sostienen (p. ej., Grayston, Kysar, M. Thompson).

pieza ritual (1Jn 1:7). Pero el problema de esta perspectiva consiste en el modo en que concluye la frase del versículo 6: "… no sólo mediante agua, sino mediante agua *y sangre*". Juan está contradiciendo alguna enseñanza que implica únicamente (o sobre todo) el agua.[5]

(3) Una tercera opinión, sostenida por la mayoría de intérpretes, considera el agua y la sangre como el resumen de la totalidad del ministerio encarnacional de Jesús en la tierra.[6] Su bautismo (agua) y su cruz (sangre) lo delimitan: fue proclamado Hijo de Dios en el Jordán (Jn 1:34) y obtuvo aún más poder y autoridad por medio de su glorificación en el Gólgota. Marshall, por ejemplo, entiende que Juan está rechazando una tendencia docetista (o pregnóstica) que restaba importancia a que hubiera una encarnación completa. Había quienes (como Cerinto, ver p. 29) estaban enseñando que el Cristo celestial descendió sobre el hombre Jesús en el bautismo, pero que salió de él antes de ser crucificado. Así, Juan afirma que Jesús no solo vino mediante el agua del bautismo, sino también por medio la sangre de la cruz.

Brown (seguido por Smalley) ofrece una variante de la tercera opinión.[7] Duda de que la negación de la enseñanza de Cerinto se entendiese en la comunidad joánica, pero piensa que la propaganda de los separatistas (similar a lo que Cerinto enseñaría) enfatizaba una lectura errónea del Cuarto Evangelio en la que el bautismo de Jesús (con su gran énfasis en el Espíritu) se convirtió en la característica salvífica de su vida. El agua y el Espíritu traían revelación salvadora. La iluminación, no el sacrificio, era el camino principal a Dios. Tal vez incluso se valían de Juan 3:34: "El enviado de Dios comunica el mensaje divino, pues Dios mismo le da su Espíritu sin restricción". La refutación de Juan insiste en que la obra dadora de vida de Cristo la encontramos en la cruz. Es la muerte sacrificial de Jesús —y no solo su encarnación— la que da vida: no solo mediante agua, sino por medio de agua *y sangre*.

Cualquiera de las variantes de la tercera opinión proporciona un resultado complementario: Juan está luchando con una herejía que minimizaba la cruz e insiste en que el testimonio del agua y de la sangre respalda una completa encarnación. La vida y la verdad solo pueden hallarse cuando una encarnación completa abraza la muerte genuina en la cruz.

---

5. Nótese también que Juan invierte el orden de los términos de 19:34.
6. Esta opinión la sostienen Tertuliano, Stott, Marshall y Bruce.
7. Brown. *The Epistles of John*, 594-99; Smalley, *1, 2, 3 John*, 278-80.

El testimonio del Espíritu (5:6c-8)

Pero, como ya he escrito en otros capítulos, esta es una controversia alimentada por motivos pneumáticos (o carismáticos). Los maestros que afirmaban tener el Espíritu estaban imponiendo sus opiniones a la comunidad (2:27; 4:1-6). Este era el terreno común espiritual de las iglesias joánicas. Por tanto, Juan añade un componente más a su lista de testigos: "El Espíritu es quien da testimonio de esto, porque el Espíritu es la verdad" (v. 6c).[8] En el versículo 7, el Espíritu se añade explícitamente al agua y la sangre, y en el versículo 8 se afirma que los tres comparten un mismo testimonio.[9] ¿Qué tiene Juan en mente?

Un posible trasfondo puede ser la ley judía, en la que se requieren al menos tres testigos para confirmar un testimonio (Dt 19:15; Jn 8:17-18). El juicio de Jesús es una buena ilustración de ello. Como los testigos que había en el Sanedrín no coincidieron (Mr 14:56, 59), sus afirmaciones contra Jesús no valían. Juan, por otro lado, señala tres testigos (a los que seguirá un cuarto), ¡y los tres coinciden![10]

La elección del tiempo presente en "el Espíritu [...] da testimonio" implica que se trata de un testimonio interno de este que se da en el presente. Juan 15:26 dice que el Espíritu de verdad dará testimonio de Jesús. Pero el versículo 27 se refiere enseguida al testimonio de los seguidores de Cristo, la iglesia, que en efecto implementará la obra del Espíritu. El pensamiento de Juan aquí, en 1 Juan 5:6-7, puede ser similar. La obra del Espíritu es evidente en tanto que la iglesia testifica de Cristo.

Dado que la preocupación principal de Juan es soteriológica, puesto que está enfatizando la centralidad de la cruz, es posible que esté pensando en aquel cuyo testimonio al pie de la cruz da fundamento a su historicidad. Juan 19:35 describe al discípulo amado en este papel: "El que lo vio ha dado testimonio de ello, y su testimonio es verídico. Él sabe que dice la verdad, para que también ustedes crean". Si es el Espíritu el

8. Algunos comentaristas creen que el agua y la sangre, ahora unidas al Espíritu, se refieren a los sacramentos, sobre todo porque "da testimonio" está en presente. Sin embargo, es mejor dar a "agua y sangre" el mismo significado que en el versículo 6.

9. Una nota al pie de la NIV señala que la Vulgata y algunos manuscritos griegos tardíos (posteriores al s. XVI) añaden que estos tres testigos también dan testimonio en el cielo: el Padre, el Verbo y el Espíritu Santo. Se trata de una edición tardía de los copistas, colocada sin duda al margen. No aparece entre los padres de la iglesia primitiva que peinaban el Nuevo Testamento buscando referencias trinitarias. Por tanto, no se debe tener en cuenta en una interpretación de 1 Juan 5.

10. Stott, *The Epistles of John*, 181.

que da testimonio, y si el discípulo amado es el testigo número uno de la comunidad, entonces el versículo 8 está diciendo indirectamente que el Espíritu es quien inspira el relato del testimonio presencial de este. El Espíritu y el discípulo amado traen la verdad. Por tanto, lo que el segundo ha dicho procede del primero.

Por tanto, Juan está diciendo que la enseñanza inspirada por el Espíritu no desplaza a los eventos históricos de la salvación presenciados en la cruz. Este testimonio empezó con el discípulo amado y se ha nutrido en la comunidad de creyentes.

El testimonio del Padre (5:9-12)

Resulta difícil interpretar el siguiente pensamiento de Juan (5:9-10) si pensamos en el testimonio del Padre como algo aparte del testimonio del Espíritu, el agua y la sangre. De hecho, Juan no indica cómo recibimos el testimonio del Padre (solo se refiere a que lo da). Juan 5:37 es parecido: Jesús, en su lista de los testigos de su caso, incluye al Padre entre quienes lo apoyan, pero sin decir explícitamente cómo.[11]

En lugar de ello, Juan afirma sencillamente que, puesto que aceptamos los testimonios humanos,[12] cuánto más deberemos aceptar el testimonio divino. Es la autoridad de Dios la que está tras el testimonio del agua y la sangre. Es su Espíritu el que está afirmando verdades acerca del evangelio de Jesucristo. En este punto, resulta imposible no pensar en el cisma de la iglesia de Juan. Los testimonios humanos se peleaban por conseguir aceptación. Juan dice que esos testimonios no van a ir contra otros puntos de vista, sino contra Dios mismo.

El punto de vista de Dios, expresado en la vida histórica de Jesús y mantenido vivo en el testimonio que el Espíritu transmitió a la iglesia tiene ahora que triunfar. En efecto, el testimonio de Dios es exclusiva y exhaustivamente acerca de su Hijo (v. 10). Así, la prueba para que aceptemos o no el testimonio de Dios se halla en lo siguiente: ¿abrazamos la verdad acerca de Jesucristo? ¿Estamos de acuerdo con el testimonio apostólico? Visto con otra luz (como Juan tiende a hacer), rechazar la verdad acerca de Jesús, así como el agua y la sangre, supone alzarse en oposición a Dios y contradecir su testimonio.

---

11. A menos que en Juan 5:37 Jesús se esté refiriendo a la voz de Dios oída en el bautismo (ver 5:37b).
12. La NVI omite la traducción del primer término griego del versículo 9, "si" (gr. *ei*). El uso de esta palabra aquí no implica duda, sino certeza, como diciendo "puesto que aceptamos…".

¿Pero qué es lo que está realmente en juego aquí? ¿Se trata, acaso , de una mera creencia ortodoxa en Jesús? ¿Pretende Juan sencillamente preservar el honor del Hijo y defender el testimonio de Dios? Esto es importante, pero Juan añade algo más. El testimonio del Padre tiene que ver con la vida, la eterna (vv. 11, 12). Puesto que esta llega a nosotros por medio de la muerte del Hijo, negar "la sangre", negar una encarnación que abraza la cruz, negar la obra salvífica y sustitutoria de Jesús en el Calvario pone en riesgo nuestra salvación. Por tanto, no creer los testimonios correctos tiene graves consecuencias. Reivindicar una iluminación divina que deja a un lado al Hijo es peligroso para la eternidad.

Construyendo Puentes

Estos versículos nos recuerdan que las Cartas de Juan eran documentos forjados en medio de un desesperado debate teológico.[13] Hemos detectado indicios de polémicas cristológicas por todo el texto. En ocasiones se parafrasean afirmaciones de los oponentes (1:6-10). Hasta llegamos a leer acusaciones (2:4-11; 3:9-10), descripciones de desertores de la iglesia (2:19-21) y advertencias acerca de falsos profetas y maestros (2:26; 3:7; 4:1-3). Asimismo, contamos con una idea relativa a los que discutían (2:22-23; 4:3). Tal vez 2 Juan 7 cristalice la intensidad y contenido de este debate: "Es que han salido por el mundo muchos engañadores que no reconocen que Jesucristo ha venido en cuerpo humano. El que así actúa es el engañador y el anticristo".

Cuando leemos una expresión como "agua y sangre" podemos estar seguros de que estamos atrincherados en este mismo debate. En los primeros versículos del capítulo 5, Juan ha afirmado el amor de Dios por nosotros y cómo debería afectar a nuestras comunidades. Pero al tratar de encontrar el mejor ejemplo del amor divino (la vida y muerte de Jesús) se encuentra de nuevo atrapado en la controversia cristológica. "Agua y sangre", pues, es una *salva literaria,* compuesta en cierto grado en el contexto de la campaña de Juan en pro de la verdad. Las tradiciones de la iglesia primitiva afirmaban que uno de sus oponentes era el famoso Cerinto (según Ireneo).[14] Al menos podemos estar seguros de que Juan estaba peleando contra una polémica que minimizaba la necesidad de una encarnación completa que abarcase de Belén al Gólgota.

13. Para un resumen completo de la controversia, ver la Introducción.
14. Ireneo, *Contra las herejías,* 3.3.4.

Mi lucha hermenéutica aquí consiste en preguntarme hasta qué punto 5:5-12 está ligado completamente a su contexto histórico. Aunque la *salva* original de Juan tendría fuerza en un campo de batalla, podría no ser así en otras áreas. No obstante, en ella existe una preocupación, una inquietud universal de gran relevancia hoy día.

Regresemos por un momento al contexto de Juan, donde encontramos a los líderes religiosos con un vivo interés en Jesucristo. Los maestros y profetas estaban haciendo pronunciamientos sobre la verdad y algunos de ellos alegaban la inspiración del Espíritu. Pero estaban reinterpretando la obra de Cristo de manera que dejaban la cruz como algo secundario (o irrelevante), y fomentaban otras fuentes de "vida" que no precisaban de la muerte sustitutoria de Cristo.

¿Qué hace Juan con esto? En el marco de su cisma, argumenta que no es posible afirmar la inspiración del Espíritu, decir que uno habla de parte de Dios, y al mismo tiempo negar la realidad encarnacional de Jesús. Para empezar, actuar de este modo socava la afirmación de tener el Espíritu. Juan opina que es imposible afirmar que se tiene intimidad con Dios y contradecir la autorrevelación principal de Dios. No se puede enseñar teología cristiana y, al mismo tiempo, desmantelar la cristología y la soteriología encarnacionales.

Por tanto, este punto de conexión de contextos es crucial para nosotros. Necesito observar las tendencias teológicas que diluyen la importancia de la encarnación y de la obra salvadora de la cruz. La *andanada* teológica de Juan —agua y sangre— puede no ser efectiva hoy, pero aun así tengo que desplegar su centro teológico y aplicarlo a mi propio contexto.

Significado Contemporáneo Las tendencias teológicas contemporáneas suelen estar dispuestas a hacer concesiones sobre el sacrificio de Cristo, a la vez que intentan sostener el cristianismo en sí. Algunos a los que la cruz les ha resultado un tanto incómoda, tal vez algo parecido a una adición mitológica, han procurado una cristología desprovista de toda soteriología sacrificial.

Esto quedó patente en una conferencia patrocinada por el Concilio Mundial de Iglesias y suscrita, en gran parte, por la Iglesia

Presbiteriana.[15] Del 4 al 7 de noviembre de 1994, 2.200 personas de 49 estados y 27 países llenaron el Minneapolis Convention Center para renovar la "imagen" de Dios. La conferencia llamaba a una "Segunda Reforma" que iniciara una cirugía teológica radical en el sistema de creencias de la iglesia.

Básicamente, la conferencia elaboró una nueva ancla para la verdad. El fundamento para la teología cristiana no consistiría ya en los hechos históricos de la salvación registrados en la Biblia, sino que la estrella del espectáculo sería Sofía (la sabiduría), una característica largamente eliminada de la tradición bíblica que reside, principalmente, en la psique femenina. Para los renovadores de imagen, Sofía nunca asume una forma histórica, particularista, sino que se presenta de muchas maneras y en muchas tradiciones espirituales. Las danzas tribales de Dakota del Sur y los rituales zulúes eran contribuyentes a un mismo nivel para la reflexión teológica. El programa de la conferencia era explícito: Sofía es el área dentro de nosotros donde reside el universo entero. Para una sociedad multicultural y terapéutica como la nuestra, es una religión hecha a medida. El descubrimiento de uno mismo sirve de plataforma para la revelación divina.

Es más importante notar que, en el contexto de esta iglesia, la cristología histórica estaba totalmente desmantelada. El objetivo de los asistentes era la cruz. La soteriología cristiana fomentaba la violencia, decían. Un padre que mata a su hijo representa una fórmula para el abuso infantil. Una ponente (Delores Williams) no ocultó en absoluto sus convicciones: "No creo que necesitemos en absoluto una teoría de la expiación. No me parece necesario tener gente colgando de cruces y salpicando sangre y cosas raras […] sencillamente tenemos que escuchar al Dios interior".

Esto también requiere nuevos rituales. Junto con las danzas a Sofía que recordaban a muchos de los ritos de fertilidad cananeos, nació una nueva eucaristía que ya no consistía en pan y vino, sino en leche y miel. Las liturgias combinadas con esta eucaristía pagana eran chocantes hasta para quienes tenían una sensibilidad teológica mínima:

---

15. Un patrocinador local fue The Greater Minneapolis/St. Paul Council of Churches (Concilio de Iglesias San Pablo). La PCUSA (Iglesia Presbiteriana de los Estados Unidos) contribuyó con 65.000 dólares. Hubo un fondo adicional procedente de la American Baptist Church (Iglesia Bautista Americana), la United Church of Christ (Iglesia de Cristo Unida), la Evangelical Lutheran Church of America (Iglesia Evangélica Luterana de América), y la United Methodist Church (Iglesia Metodista Unida).

Sofía, hacedora nuestra, somos mujeres a tu imagen [...]
Con la sangre caliente de nuestros vientres damos forma a
una nueva vida [...], Sofía, Dios creador, fluyan tu leche y
tu miel [...]. Con néctar entre nuestros muslos invitamos
a un amante, damos a luz a un niño; con nuestros cálidos
fluidos corporales recordamos al mundo sus placeres y sensaciones [...]. Celebramos el sudor que se derrama de nosotros durante nuestro trabajo. Celebramos nuestro carácter
corporal y físico, las sensaciones de placer, nuestra unidad
con la tierra y el agua.

Una cosa hemos de tener clara: se trataba de personas comprometi-
das con la iglesia, cuyas vidas se habían nutrido en contextos cristianos
y que estaban dispuestas a renuncias radicales en cuanto a la cristología tradicional.

¿Orbita esta clase de herejía tan solo en la periferia de la iglesia?
¿Hemos de considerar a estos "excéntricos teológicos" meramente irrelevantes, ignorarlos y obviarlos? Al contrario —y de ahí la importancia
para nosotros de lo ocurrido en 1994—, gracias a la conferencia, se han
celebrado debates abiertos en iglesias históricas de todo el país sobre la
validez de la búsqueda de Sofía y lo arcaico de la ortodoxia cristiana.
La idea de renovar la imagen de Dios era digna de ser debatida y escu-
chada, y ha hecho su aparición en iglesias juiciosas de todas partes.
No solo la han defendido burócratas de las iglesias tradicionales, sino
también teólogos de facultades y seminarios cristianos que la han visto
como otra forma aceptable de diversidad. *Los bárbaros no están a las
puertas, ya han cruzado la entrada de la iglesia.*

(1) *Juan insiste en que "la sangre" —la cruz— tiene que seguir
siendo central en todo lo que somos y predicamos.* Pienso ahora en
el tropiezo del que habla Pablo en 1 Corintios 1–4, donde defiende la
"locura" de la cruz. "Nosotros predicamos a Cristo crucificado. Este
mensaje es motivo de tropiezo para los judíos, y es locura para los gentiles, pero para los que Dios ha llamado, lo mismo judíos que gentiles,
Cristo es el poder de Dios y la sabiduría de Dios" (1Co 1:23-24). Pablo
no solo fundamenta en la cruz el significado de Jesús, sino que también
coloca en ella la sabiduría (*sofía*) de Dios. Por tanto, es imposible mini-
mizarla en *ninguna* soteriología cristiana. El misterio de lo que Dios
está haciendo por nosotros se halla escondido allí en toda su particularidad y seriedad. Cristo no es un mero ejemplo de la sabiduría de Dios
revelada al mundo, una sabiduría que　puede mantenerse junto a los

demás sistemas religiosos. Cristo es *la* sabiduría de Dios que se manifiesta en su muerte salvífica.

(2) *Juan señala la custodia del Espíritu como preservador de la verdad.* Pero Juan no deja claro cómo tiene lugar este testimonio de la verdad de manera práctica. ¿Cuándo testifica el Espíritu respecto a estos asuntos de creencia ortodoxa?

Para muchos evangélicos, se trata de un testimonio interno, un discernimiento espiritual. Sin duda es cierto, pero no puedo evitar preguntarme si Juan no tiene algo más en mente. En estos versículos, recita una fórmula tradicional ("agua y sangre") y sintetiza en ellas un símbolo de convicción ortodoxa. La recitación de este "credo" ha llegado a ser un ancla que debería proteger a los cristianos de creencias erróneas. A lo largo de la carta, Juan hace lo mismo: señala a los creyentes la recitación de "lo que ha sido desde el principio". Por tanto, son los fundamentos concretos, y no la creatividad y la innovación personales, los que nos proporcionan la sustancia y la fuerza de nuestra fe.

Esto significa que una de las vías por la que obra el Espíritu es las instituciones humanas que construyen y protegen dichos fundamentos. Esta es sin duda una función de la iglesia que, a través de sus confesiones y tradiciones, de su recitación de credos y su defensa en los concilios, establece un fundamento a partir del cual se pueden construir las cosas. Pero, como evangélico, me temo que hemos perdido la comprensión de estas anclas. Me sorprende el número de mis estudiantes que ni siquiera conoce el Credo Apostólico (y mucho menos el Niceno) ni respeta la enorme importancia del Concilio de Calcedonia. Establecer fundamentos recitando credos se ha convertido en algo del pasado.

Durante años, los teólogos han estado haciendo sonar la alarma. Muchos ya no reconocen los fundamentos de *todo* lo que creemos. Ahora, la validez de la creencia parece ser *funcional*; Thomas Oden describe esta crisis con un relato:

> Un magnate de las instalaciones de PVC heredó de su tío, eslavo, una antigua diadema barroca cuajada de joyas, de espectacular belleza y considerable importancia histórica. Se le había encargado cuidar de ella, pero no tenía ni idea de su valor real y no movió un dedo para protegerla. La consideraba una "vieja chatarra" y la colgó de un cuerno de antílope que tenía sobre la chimenea. De vez en cuando, se entretenía lanzándola al aire, haciéndola girar, y exhibiéndola en fiestas de empleados, doblándola y bromeando

con ella. En ciertas ocasiones, cuando estaba endeudado, se sabía que había sacado una joya para empeñarla.

¿No se parece esto a la relación que el hombre actual tiene con el cristianismo clásico? Como modernos, nos sentimos enormemente por encima de nuestra herencia cristiana. Le reconocemos poco valor práctico, aunque seguimos dispuestos a mantenerla en nuestro entorno. No nos parece del todo bien tirarla, pero la consideramos poco más valiosa que un adorno en la repisa de la chimenea o que el recuerdo de un viaje a Atlantic City realizado hace mucho tiempo.[16]

Recuerdo una experiencia que me chocó durante mi último año de seminario. Mi profesor de predicación nos mandó leer un sermón cada día ¡durante diez semanas! Además de lo que avancé en conocimientos homiléticos, observé que los sermones más viejos, datados entre 1900 y 1950, poseían un nivel de sofisticación teológica rara vez encontrado en la actualidad. Los pastores consideraban los temas teológicos con seriedad.

Más recientemente, David Wells ha planteado un apasionado alegato de reivindicación de la teología en las iglesias evangélicas.[17] Consternado, narra la pérdida de sustancia teológica incluso entre los dirigentes cristianos; el interés en la certeza, el valor de lo convincente y la relevancia de la teología están desapareciendo. Se está perdiendo el alma teológica de la iglesia. Y, según destaca Wells, las consecuencias para la iglesia pueden ser terribles. En un estudio de seminaristas de 1993, Wells descubrió que el 66'4% decía que la vida no tendría mucho sentido sin teología y el 74'9% afirmaba que basaba las decisiones más importantes de su vida en la teología. Pero, entre estos mismos seminaristas, el 61'2% concordaba con esta afirmación: "Aunque se sigue profesando la teología evangélica, está perdiendo su poder para definir qué significa ser evangélico y cómo se practica el evangelicalismo". Un estudiante comentó que la teología está perdiendo terreno en la iglesia, porque "los evangélicos han dejado su búsqueda de la verdad".[18]

(3) *Juan insiste también en que ninguna afirmación de espiritualidad es legítima si desmantela lo dicho por Dios en Jesucristo. Esto*

---

16. Thomas Oden, *Agenda for Theology. Recovering Christian Roots* (New York: Harper & Row, 1979), 1-2.
17. D. Wells, *God in the Wasteland. The Reality of Truth in a World of Fading Dreams* (Grand Rapids; Eerdmans, 1994).
18. *Ibíd.*, 206.

es lo que convierte la comentada conferencia de Minneapolis en algo tan pernicioso. Aquí, los maestros se convierten en falsos profetas, afirmando haber oído la voz divina pero alejándose de lo que esta dijo en Jesucristo. Minneapolis nos trajo una teología vacía de cristología bíblica. Como resultado, construyó una doctrina de vida y salvación que hizo de Jesús algo superfluo.

Juan reivindica que negar así a Cristo también supone negar al Padre: "El que cree en el Hijo de Dios acepta este testimonio. Cualquiera que no crea a Dios lo deja por mentiroso, por no haber creído el testimonio que ha dado acerca de su Hijo" (5.10). Por tanto, la expresión teológica de hoy tiene que someterse a la prueba de la cristología encarnacional. Las implicaciones son enormes. Nos apremia para que emitir juicios difíciles respecto a la diversidad teológica, nos obliga a considerar el coste de asociar a la iglesia con otros movimientos religiosos, y nos desafía a preguntarnos cuándo hemos vaciado nuestros credos de Cristo en entornos que le eran hostiles.

1 Juan 5:13-21

Les escribo estas cosas a ustedes que creen en el nombre del Hijo de Dios, para que sepan que tienen vida eterna. [14] Ésta es la confianza que tenemos al acercarnos a Dios: que si pedimos conforme a su voluntad, él nos oye. [15] Y si sabemos que Dios oye todas nuestras oraciones, podemos estar seguros de que ya tenemos lo que le hemos pedido.

[16] Si alguno ve a su hermano cometer un pecado que no lleva a la muerte, ore por él y Dios le dará vida. Me refiero a quien comete un pecado que no lleva a la muerte. Hay un pecado que sí lleva a la muerte, y en ese caso no digo que se ore por él. [17] Toda maldad es pecado, pero hay pecado que no lleva a la muerte.

[18] Sabemos que el que ha nacido de Dios no está en pecado: Jesucristo, que nació de Dios, lo protege, y el maligno no llega a tocarlo. [19] Sabemos que somos hijos de Dios, y que el mundo entero está bajo el control del maligno. [20] También sabemos que el Hijo de Dios ha venido y nos ha dado entendimiento para que conozcamos al Dios verdadero. Y estamos con el Verdadero, con su Hijo Jesucristo. Éste es el Dios verdadero y la vida eterna. [21] Queridos hijos, apártense de los ídolos.

Sentido Original

Juan concluye su carta reforzando los temas tratados en los capítulos anteriores. De nuevo, sus intereses clave son la seguridad y la definición. En la lucha dentro de su congregación ha vigilado que los límites estén claros. Sus definiciones escritas son inflexibles con respecto a quienes entienden la verdad sobre Cristo y los que la han falsificado. Los primeros tienen vida y los segundos muerte; los unos aceptan el testimonio de Dios, y los segundos le han hecho mentiroso (5:10).

Juan ha trabajado también para apuntalar la confianza de sus seguidores. Un mero vistazo a la distribución de palabras clave nos expone su preocupación. El grupo de palabras del griego "saber" o "conocer" (*oida y ginosko*) aparece con sorprendente frecuencia en sus cartas, y con especial fuerza aquí.[1] De hecho, en 1 Juan 5:13-21, su empleo está

---

1. Para examinar la frecuencia de uso, en lugar de limitarnos a preguntar cuántas veces usa Juan una palabra en un libro determinado, podemos estudiar una ratio de apari-

más concentrado que en ningún otro capítulo del Nuevo Testamento. En 1 Juan 5:13-21, Juan repite una y otra vez que ha escrito para que sus seguidores puedan conocer con certeza la verdad de sus convicciones (vv. 13, 15, 18, 19, 20). Ahora que su escrito está llegando al cierre, quiere que estén reafirmados y confiados en su fe. A diferencia del Evangelio de Juan, cuyo propósito (declarado en 20:31) es traer a las personas a la fe ("Pero éstas se han escrito para que ustedes crean que Jesús es el Cristo"), 1 Juan se dirige a los creyentes. Una vez han creído, necesitan saber, con cada fibra de su ser, que poseen la vida eterna.

Oración y seguridad (5:13-15)

Algunos comentaristas prefieren ver el versículo 13 conectado a la sección anterior, a modo de declaración de cierre que concluye los pensamientos de 5:11-12. Podría ser el caso. Sin embargo, Juan suele vincular secciones mediante el empleo de un tema común. En esta que nos ocupa desea fortalecer la determinación de sus seguidores y proporcionarles seguridad en cuanto a su lugar con Dios y las promesas para quienes se aferran a la fe. Por tanto, recapitula lo dicho con anterioridad y, al hacerlo, resume sus propósitos para la totalidad de la carta. Smalley traduce, de forma muy útil, el principio de la frase como "He escrito *para que puedan estar seguros* de que poseen vida eterna".[2] Hasta la gramática del versículo subraya la cualidad de esta posesión.[3] No se trata simplemente de la vida que Dios ha dado, sino que es "vida eterna", y es un don que se ha de poseer *ahora*. El tiempo verbal presente implica los efectos confirmadores y duraderos de conocer nuestro destino eterno. La vida no es una simple promesa, sino una herencia disfrutada en el presente. En el lenguaje joánico significa tener comunión con Dios (Jn 17:3; 1Jn 1:3-4).

---

ciones (ocurrencias cada, por ejemplo, mil palabras) para compararla con la de otros libros. Para *oida*, por ejemplo, es menos interesante saber cuántas veces se da en Juan que saber con qué frecuencia puede usar un libro un grupo léxico en su vocabulario en comparación con otros. *Ginosko* aparece 222 veces en el Nuevo Testamento. Pero aquí preguntamos quién lo utiliza, con cuánta frecuencia, y dónde. Por ejemplo, mientras la mayoría de libros del Nuevo Testamento tienen una media de 1,5 usos de *ginosko* cada mil palabras, los libros en los que aparece con mayor frecuencia son Juan (3,14), 2 Juan (3,6) y 1 Juan (10,2). Lo mismo se puede decir de *oida*. Sus ratios más altas de uso están en Juan (1,6), 1 Juan (6,1) y 1 Tesalonicenses (7,7). ¡Duplica la media del Nuevo Testamento!

2. Smalley, *1, 2, 3 John*, 290.

3. El adjetivo está separado del nombre para mayor énfasis, *hina eidete hoti zoen echete aionion.*

Uno de los resultados de este conocimiento es tener confianza o denuedo ante Dios, en particular cuando oramos (v. 14). En una ocasión anterior, Juan suscitó el tema de la oración y la confianza (ver 3:21-23). Entonces insistió en que la oración de éxito debe ir acompañada de una vida que glorifique a Dios, que se conforme a sus deseos y que, por tanto, le agrade. Ahora añade que la oración debe también estar en conformidad con la voluntad de Dios. Así, su prodigio "no consiste en que nosotros hagamos descender su voluntad hasta nosotros, sino en que él eleve la nuestra hasta la suya".[4]

Jesús fue, quizás, el mejor modelo de esto. Su voluntad era siempre una con la del Padre (Jn 4:34, siempre hacía las obras del Padre (6:38-40) y hablaba lo que este quería (3:34; 8:55; 14:10; 17:8). Juan cree que, por medio de esta unidad, se producirá una profunda intimidad que convertirá la oración en una auténtica unidad de voluntades. En Juan 15:7, Jesús dice: "Si permanecen en mí y mis palabras permanecen en ustedes, pidan lo que quieran, y se les concederá". La permanencia espiritual es la clave que abre la puerta al poder de la oración.

Decir que Dios nos "oye" (gr. *akouo*) no disminuye su interés en absoluto. No implica que nuestras oraciones sean meramente "audibles". Juan usa esta palabra con frecuencia en su Evangelio (59 veces) y sus cartas (16 veces). Sugiere "escuchar con atención" o "escuchar favorablemente" (Jn 9:31; 11:41-42); en algunos casos significa "entender".[5] En otras palabras, Dios no se limita a oírnos, sino que entiende y responde. Además, Juan da el siguiente paso: "Podemos estar seguros de que ya tenemos lo que le hemos pedido". Dicho de otro modo, nuestras peticiones están concedidas. Es una importante afirmación que, durante siglos, ha generado un sinfín de interpretaciones erróneas y gran angustia. Toda aplicación contemporánea exige una consideración cuidadosa (ver pp. 219-228). Sin duda, la condición del versículo 14 (permanecer en la voluntad de Dios) no solo es aplicable a que Dios oiga, sino también a nuestra recepción de los dones que nos da. La unión con la voluntad de Dios es un requisito previo para ambas verdades.

Oración y pecado (5:16-18)

Los pensamientos acerca de la oración van en una dirección más sombría en los versículos 16-18, pero hay un enlace importante con lo que sigue. Los cristianos que están atentos ante la voluntad de Dios

---

4. Law, *Tests of Life*, 301.
5. Esto es evidente en los muchos lugares donde Jesús dice: "El que tenga oídos, que oiga" (*ho exhon ota akoueto*, p. ej., Mt 11:15, 13:9).

deberían tener un conocimiento confiado del éxito de sus oraciones. Pero, del mismo modo, deberían conocer la gravedad del pecado y la forma en que bloquea la vitalidad espiritual. Además, deberían ser conscientes del poder de orar por otra persona, en particular por una que peca. Es probable que Juan haya estado preparando el terreno para esto.[6] En la carta ha señalado límites claros entre los verdaderos creyentes y los separatistas, los ortodoxos y los herejes, y ha enfatizado la importancia del pecado y la rectitud en la iglesia (1:7-10; 2:12; 3:4-5, 8-9; 4:10). Los cristianos reconocen su pecado (1:8; 2:1-3), pero no persisten en hábitos pecaminosos (3:6-9). Por el contrario, los no creyentes pecan con regularidad, pero suelen negarse a admitirlo. El pecado (para muchos de ellos) es una categoría arcaica.

Juan tiene en mente la situación en que un creyente ve a otro cometiendo un pecado. La NVI menciona "hermano", que traduce literalmente la palabra griega; pero en el lenguaje de Juan significa cualquier compañero creyente. En este caso, se nos dice que oremos, y Dios responderá dando vida.[7] La dificultad principal del versículo es que, según Juan, esta intercesión debe hacerse por "quien comete un *pecado que no lleva a la muerte*". Es importante señalar lo que *no* está diciendo. No afirma que se prohíba la oración a quien cometa un "pecado que sí lleva a la muerte" ni que haya un nivel de pecado más allá del cual la oración no sirve. La traducción del versículo 16b en la NVI oscurece en cierto modo el interés de Juan, porque él solo está haciendo su recomendación en cuanto al "pecado que no lleva a la muerte". Juan no dice nada sobre el otro.

¿Pero qué son estos dos tipos de pecado? El "pecado que lleva a la muerte" podría referirse a enfermedad física y muerte (*cf.* Nm 18:22; Dt 22:26; Is 22:14; Hch 5:1-11; 1Co 5:5; 11:29-30). Pero esta interpretación parece improbable en este pasaje, sobre todo porque el versículo 16 dice que Dios dará vida al pecador y esta vida ha de ser la *eterna*. Si se tratara de la física, Juan la extendería a esos otros pecados "mortales" y es exactamente lo que no hace. La vida física de quienes cometen pecados que conducen a la muerte no corre, en principio, peligro alguno.

Más útil es la solución procedente de la distinción que hace el Antiguo Testamento entre los pecados no conscientes y los intencionados. En el

---

6. I. H. Marshall, *The Epistles of John*, 245.

7. En el texto griego, el sujeto de "dará" en el versículo 16 es ambiguo (gr. "y él/ella le dará [a él/a ella] vida"). La NIV acierta al poner a Dios como sujeto, haciendo que su acto de dar vida sea una respuesta a la oración.

Antiguo Testamento, los rituales sacrificiales del templo solo otorgaban perdón por los pecados accidentales o no conscientes (Lv 4:2,13, 22, 27; 5:1-18; Nm 15:27-31; Sal 19:13). Cuando alguien pecaba intencionada y voluntariamente, el pecador tenía que ser desterrado (Nm 15:30-31) o ejecutado (Dt 17:12). Esta clasificación dual del pecado persistió en el judaísmo del periodo del Nuevo Testamento (*cf.* Qumrán, 1QS 5:11-12).

Pero la cuestión exegética más difícil se halla en el paso siguiente. ¿Qué tipo de pecado tiene Juan en mente para los cristianos? Más abajo tratamos este tema.

Tres certezas (5:19-20)

Juan concluye esta sección con tres audaces afirmaciones acerca de la certeza cristiana. Los versículos 18, 19 y 20 empiezan con la misma declaración: "sabemos" (gr. *oidamen*; *cf.* 3:2, 14), que confiere a los versículos una cadencia rítmica. Y, en cada caso, los versículos presentan temas que han estado muy en el corazón de Juan desde el primer capítulo. La primera se dirige a la rectitud en progreso de los hijos de Dios; la segunda se refiere al estado caído del mundo; la tercera da la esperanza que está en Cristo, mientras vivimos en este mundo. Santificación, desintegración y esperanza de redención son las palabras finales de Juan a sus lectores.

La anterior referencia de Juan al pecado (vv. 16-17) inspira una arrolladora afirmación acerca de los cristianos. El cristiano no peca. La NVI traduce "no está en pecado" para reflejar el tiempo presente del verbo griego. El tema de la perfección cristiana apareció antes en 3:6-9; allí explicamos que, aunque Juan parece estar diciendo que los cristianos nunca pecan (o no pueden practicar el pecado, 3:9), esto encaja poco con nuestra experiencia y no concuerda con la enseñanza de otras partes de la carta sobre el mismo asunto (1:7-10; 2:1). El tiempo presente del verbo griego sugiere una actividad continuada; por tanto, los cristianos (en opinión de Juan) no tienen *el hábito de pecar*. Los cristianos no "viven en pecado".

Pero hay más que decir. Es posible que Juan tenga en mente la distinción ya planteada en los versículos 16-17, en el sentido de que los cristianos no se dedican a "cometer pecado que lleva a la muerte", es decir, actos intencionados y voluntarios contra Dios. ¿Por qué? Porque todos[8] los que son genuinamente cristianos han "nacido de Dios".[9] No hay excepciones. Además, Cristo mismo los sustenta y protege del mal (v. 18b).[10] Por tanto, no se dedican a esta clase de rechazo y repudio de Dios. La protección de Jesús a sus seguidores es un tema regular en Juan (Jn 10:7-17; 17:12) y aquí afirma que los cristianos no viven en solitario esa situación difícil en el mundo. Jesús mismo apoya y sustenta su búsqueda de la rectitud. Los creyentes guardan la palabra de Jesús porque él es quien los guarda.

Pero sabemos más (v. 19). Esta es la segunda afirmación audaz de Juan. El sostén y protección de Jesús son esenciales, porque el mundo está (NVI, "bajo el control") en las garras de Satanás. Juan usa unas imágenes impactantes. El mundo no está bajo asedio de Satanás; apenas lucha contra él. *El mundo está en brazos de Satanás.* La perspectiva dualista de Juan traza de nuevo claros límites entre la iglesia y el mundo, la luz y la oscuridad, Dios y el maligno. Los cristianos vivimos en el campamento rival al de Satanás, pero nuestra seguridad está garantizada, porque Jesús vive con nosotros. El mundo está acostumbrado al abrazo de Satanás, pero no puede sujetar a los cristianos.

Por último, Juan deja clara nuestra esperanza. Si el mundo está experimentando desintegración y muchos están alineados con las fuerzas del mal, ¿qué esperanza hay para nosotros en el mundo? La respuesta de Juan (v. 20) es que Jesucristo ha penetrado en el mundo; ha hecho labores de sabotaje, minando los sistemas del mundo y trastocando su potencial. Nótese que Juan describe aquí la obra de Cristo como algo que trae conocimiento (él "nos ha dado entendimiento para que conozcamos…"), pero esto no se debería tomar como una especie de iluminación gnóstica, ¡que es exactamente a lo que Juan se opone! El conocimiento cristiano se centra en la genuina realidad, en cosas sucedidas en la historia. Así, en el versículo 20, Juan no dice simplemente que conocemos la verdad (gr. *aletheia*), sino "al verdadero [o real]" (gr. *alethinon*). Utiliza un adjetivo en lugar del sustantivo habitual para subrayar que la certeza cristiana no consiste en razones abstractas o ilu-

---

8. El término griego *pas* en el versículo 18 (traducido "todos" en la NVI) enfatiza que no hay excepción a la regla de Juan.

9. Stott, *The Epistles of John*, 191, destaca cómo el participio perfecto griego "indica que el nuevo nacimiento, lejos de ser una fase transitoria de experiencia religiosa, tiene un resultado permanente".

10. Se debate sobre la interpretación de "que nació de Dios". Algunos sostienen que se refiere a los creyentes renacidos (que mantienen a otros a salvo mediante sus oraciones). Muchos otros lo ven como una referencia a Jesucristo.

minación inspirada, sino en Dios, el Dios real, "el verdadero", el único Dios verdadero (*cf.* 1S 3:7; Jer 24:7; 31:34; Jn 1:9; 15:1; Ap 3:7).

Estar en la verdad (20b), pues, no consiste meramente en tener razón, sino en participar de la verdadera realidad (en contraste con el engaño). El pensamiento final de Pablo es, sin duda, el más importante. La NVI toma el final del versículo 20 como referencia a Jesucristo ("Éste es el Dios verdadero y la vida eterna") y, aunque no todos los intérpretes están de acuerdo, "Éste" puede referirse sin problemas al Hijo y no al Padre. Es perfectamente conveniente que la carta de Juan termine aquí. A lo largo de su escrito ha fomentado y defendido la plena divinidad de Cristo. Perder esta convicción no solo es perderse a Jesús, sino a Dios mismo.

Exhortación final (5:21)

En lugar de cerrar la carta con el saludo o la bendición convencionales, Juan hace una exhortación final, usando su ya familiar apelativo de "hijitos" (*cf.* 2:1, 12, 28; 3:7). Es un final abrupto, y muchos se han preguntado si no iniciaría una nueva sección que no ha llegado hasta nosotros. Por ejemplo, en ningún otro lugar se refiere Juan a la idolatría como una de las amenazas para la comunidad. Pero la iglesia cristiana primitiva vivía en el Imperio romano, constantemente rodeada de ídolos paganos, y el resto del Nuevo Testamento siempre presenta advertencias contra ellos (Ro 1:23; 1Co 8:4-10; 1Ts 1:9).

El verbo empleado en el versículo 21 ("apártense") es diferente del que se usa en el versículo 18. Este verbo (gr. *phylasso*) significa en realidad "guardar", una especie de actividad defensiva (ver Jn 12:25; 17:12). Por tanto, Juan insiste en que, aunque Jesús nos guarda o sostiene (v. 18), nosotros debemos ser diligentes y estar atentos, nunca pasivos, en lo que respecta a cuidar de nosotros.

¿Pero de qué hemos de cuidarnos? La Biblia suele considerar ídolo a cualquier cosa que compita con Dios. Pablo da a la idolatría un significado elástico en Efesios 5:5 y Colosenses 3:5. En otras palabras, Juan insiste ante sus lectores para que vigilen que nada llegue a ser un sustituto de Dios: engaños religiosos, falsa religión o incluso las palabras llenas de error de los separatistas.

Construyendo Puentes

La tarea final de Juan en su correspondencia a sus seguidores es fortalecer su confianza y determinación. ¡Están en medio de una lucha descorazonadora! No hemos de olvidar que familias —hombres, mujeres y niños— que en otro tiempo vivían en estrecha relación, experimentan ahora un conflicto. Los viejos amigos son ahora enemigos. Y hay frustración por todas partes. Juan, por supuesto, ha declarado lo que es correcto y lo que no, quién ha pecado y quién no. Pero, como un entrenador que acaba de esbozar los puntos fuertes de sus oponentes —y los puntos débiles de los suyos—, Juan tiene ahora que reconstruir a su equipo. Es como un pastor cuya congregación está sufriendo las convulsiones de una amenazante división: la crisis de la iglesia se puede convertir en una crisis de fe personal. Una vez delimitadas las fronteras teológicas del debate, es vital volverse al "cuidado de las almas" para ver el daño que el combate ha causado en las personas que ya no pueden ver a Dios por culpa de las escaramuzas vividas en la iglesia.

Al traer 1 Juan 5:13-21 a mi contexto, me ayuda recordar que estas palabras de ánimo acerca de la oración, la vida eterna y del cuidado protector de Cristo forman el clímax del esfuerzo pastoral de Juan. Él quiere que su gente sean cristianos con confianza, no victimizados. Y no solo afirma su preocupación por sus seguidores, sino que añade que tienen que empezar a cuidar unos de otros. Juan no puede estar en todas partes, en todo momento. ¡Pobre del pastor que lo intente! Pero, a través de sus *esfuerzos conjuntos*, ve una comunidad que se autosostiene, alentándose mutuamente y vigilando que ningún miembro caiga.

Si los creyentes de hoy sufren este mismo desaliento y ven su confianza destrozada por culpa de sus experiencias en la iglesia, estos versículos tienen mucho que decir. Ese abatimiento podría salir de una lucha interna, como en la iglesia de Juan. Por otro lado, podría tratarse de alguna clase de lucha personal que distorsiona la presencia de Dios y debilita la creencia de los miembros. Los versículos 13-21 son cemento fresco para los fundamentos dañados, bálsamo para las heridas causadas cuando los cristianos se hacen daño unos a otros y ofrecen una visión renovada cuando la confusión ha hecho que el mundo espiritual parezca menos cierto.

De este pasaje salen cuatro áreas de fortalecimiento que nos servirán también en la iglesia de hoy. Esta sección es un párrafo práctico, dedicado a reconstruir la vida personal de gente exhausta. Puesto que en el tiempo de Juan había hombres y mujeres consumidos por la lucha, como también podemos estarlo nosotros, estos versículos nos ofrecen una poderosa ayuda. (1) El párrafo rebosa de confianza y trata de inculcarnos que la fe no tiene que carecer de seguridad. Vivimos en un mundo de descreencia. Los profetas posmodernos parecen decir que la *incertidumbre* es de lo único que podemos estar seguros. Cuando la iglesia actual realiza un infame matrimonio de fe e incertidumbre, haríamos bien en oír la exhortación de Juan.

(2) El interés de Juan en la confianza cristiana salpica también el tema de la oración. Estar confiado en Dios no es meramente un ejercicio intelectual, sino que se experimenta de manera práctica en la oración. Pero hay que tener cuidado con cualquier aplicación de 5:14-15, para no caer en fórmulas o expectativas sin garantía.

(3) Juan tiene la visión de una iglesia en la que hombres y mujeres se alimentan, sostienen e incluso *advierten* unos a otros. Un cristiano agotado es un cristiano debilitado, y la atracción gravitacional del mundo y sus deseos es más fuerte para ellos. Esto también tiene una aplicación necesaria, y valiente, en la iglesia.

(4) Por último, Juan entiende que los conflictos de la vida, la vulnerabilidad de nuestros líderes y la fragilidad de la iglesia imposibilitan que pongamos nuestra confianza en instituciones humanas. El contenido de nuestra visión tiene que ser Jesucristo mismo, porque las vicisitudes de esta vida convertirán a todas las instituciones humanas, incluida la iglesia, en algo decepcionante.

Estas cuatro preocupaciones apuntan a una cosa que hoy necesitamos desesperadamente: creyentes fortalecidos, cuya visión de su Señor sea tan clara que su energía en la fe, en la oración y en la rectitud sea algo tangible.

Significado Contemporáneo

A menudo me siento intrigado cuando conozco a un cristiano herido. Los hay en todas partes. Me interesa, sobre todo, si esas heridas las ha causado la iglesia. Si pido a una clase de universitarios que me cuenten sobre sus experiencias en la iglesia que no hayan sido de ayuda, las historias parecen no terminar. Por supuesto, muchos estarán deseosos de contar las maravillas de su iglesia y de dar gracias a Dios por la comunidad que tienen en casa. Pero hay historias más oscuras, y también tenemos que oírlas.

En algunos casos, el estudiante nos habla de su padre, que es pastor, y que ha sufrido una dañina lucha de poder. Otros relatos tratan de maestros de Escuela Dominical carismáticos que minaban la autoridad del pastor. Pero la mayoría describirá relaciones interpersonales que han sido poco piadosas, que los han convertido en personas desconfiadas. Hablan de hombres y mujeres que han hecho de la iglesia su plataforma para actuaciones musicales, enseñar a grandes audiencias, controlar los fondos o simplemente ejercer poder. Algunos han sido testigos del poder del dinero y de cómo compró una indebida influencia. Para otros, la iglesia se ha convertido en una red social —o tal vez una red familiar— que resulta tan satisfactoria para unos como desoladora para otros. Lo que siempre me perturba es la crueldad de estas historias, con cuánta rapidez pueden hacerse un daño mutuo los cristianos.

Estos relatos de daños y desolación personales son moneda corriente no solo entre los estudiantes, sino también en la población general de la iglesia. Los adultos cuentan sobrecogedores ejemplos de frustración en sus experiencias en las bancas. William Hendriks se interesó de manera especial en las personas que habían sido heridas por la iglesia, estudiando los relatos de hombres y mujeres que la abandonaron en consecuencia.[11] Su libro es de necesaria, y difícil, lectura.

Aunque las historias son diferentes, el resultado siempre parece el mismo. Estas personas no solo se cuestionan profundamente a la iglesia, sino a Dios también. Para ellos, la iglesia es el cuerpo de Cristo —su presencia visible— y el pastor es auténticamente un sacerdote que representa a Dios en palabra y hecho. Cuando la comunidad y sus responsables fracasan, el daño va más allá de lo que imaginamos.

Estos cristianos heridos necesitan sanidad, una visión renovada de Dios fuera de lo que han estado viendo en su iglesia en particular. No significa que la iglesia local no sea importante, sino que, si está en desorden, si daña más que cura, las palabras de Juan en 5:13-21 serán de ayuda.

(1) *Confianza cristiana y duda.* Juan enfatiza una y otra vez la importancia de que los cristianos conozcan con seguridad hechos esenciales acerca de su relación con Dios. Debemos saber, por ejemplo, que Cristo no solo ha obrado por nosotros (v.20) sino que también nos protege (v. 18). El compromiso de Dios con nosotros es tal que escucha nuestras oraciones (v. 14) y nos ha garantizado la vida eterna (v. 13). Juan ha expresado, a lo largo de su carta, cómo ha de ser la creencia de los cristianos y ha enfatizado cómo deben vivir. Pero creer y vivir deben ir emparejados con conocer.

---

11. William D. Hendricks, *Exit Interviews: Revealing Stories of Why People Are Leaving the Church* (Chicago: Moody, 1993).

Las comunidades cristianas pueden ser terriblemente honestas. A veces discutimos nuestras dudas e incertidumbres como medio de consolarnos unos a otros. En algunos lugares, *no saber* se ha convertido en una virtud. El capellán de una universidad cercana llegó a cambiar el "Festival de la fe" anual de su centro por un "Festival de la duda" para subrayar este aspecto. ¡Ni que decir tiene que la actividad en el templo fue bastante deprimente! Por supuesto, este espíritu cauto brota a veces de la humildad (intelectual o personal). Otras veces mana de un disgusto personal ante algunos fundamentalistas que usan sus certezas teológicas para dar mazazos a quienes difieren de ellos. En otras ocasiones, sin embargo, esa incertidumbre es un claro extravío.

En ocasiones, la iglesia ha confundido la falta de certeza en la fe con pensar que esta significa aferrarse a algo cuando uno no tiene confianza en la verdad. "No conoceremos esas respuestas hasta que lleguemos al cielo", fue la respuesta de un líder de jóvenes a unos estudiantes de secundaria que expresaron sus dudas sinceras, que sí tenían respuesta. Oí a un muchacho decirle a su amigo: "Imagino que en la escuela te dan los hechos, pero aquí en la iglesia solo tienes opiniones". El grupo de jóvenes estaba cultivando una cultura de la "incertidumbre", aun cuando su ministerio personal era fuerte y atento a las personas. Aunque tenía el deseo correcto de reafirmar a las personas con dudas, sin darse cuenta ratificaba la duda como experiencia cristiana normativa.

Necesitamos ser audaces en estas cosas que sabemos con certeza. Tenemos que hablar con convicción y seguridad acerca de Dios y de su compromiso con nosotros. Hemos de decir desde el atril y el púlpito: "¡Dios desea que tengamos confianza! ¡Quiere que seamos audaces! ¡Desea que limpiemos la duda de nuestras almas y disfrutemos la seguridad de quien se sabe eternamente amado!". Cuando nuestra seguridad está realmente anclada y segura, no hay conflicto o desorden en la iglesia que pueda desestabilizarnos.

¿Significa esto que los cristianos no pueden tener dudas? Juan no nos responde a esta pregunta, porque su contexto se centra en la desolación existente en su iglesia. Todos los cristianos tienen dudas, pero nuestra meta pastoral debería consistir en otras cosas, como ocurre con Juan, y fomentar la certeza allí donde se pueda.

(2) *Confianza cristiana y oración*. Los cristianos más jóvenes en la fe se ven tentados a considerar 5:14-15 como una fórmula para la oración. Si oramos con sinceridad, tendremos lo que pedimos. Claro que hay condiciones, y la mayoría de ellas señalarán a la obediencia de 3:21-

23. El Cuarto Evangelio contiene varias promesas similares que, por lo general, añaden que la oración debe ser siempre "en el nombre de Jesús".

- "Cualquier cosa que ustedes pidan en mi nombre, yo la haré; así será glorificado el Padre en el Hijo. Lo que pidan en mi nombre, yo lo haré" (Jn 14:13-14)

- "Y yo le pediré al Padre, y él les dará otro Consolador para que los acompañe siempre" (Jn 14:16)

- "Si permanecen en mí y mis palabras permanecen en ustedes, pidan lo que quieran, y se les concederá" (Jn 15:7)

- "No me escogieron ustedes a mí, sino que yo los escogí a ustedes y los comisioné para que vayan y den fruto, un fruto que perdure. Así el Padre les dará todo lo que le pidan en mi nombre" (Jn 15:16)

- "En aquel día ya no me preguntarán nada. Ciertamente les aseguro que mi Padre les dará todo lo que le pidan en mi nombre. Hasta ahora no han pedido nada en mi nombre. Pidan y recibirán, para que su alegría sea completa" (Jn 16:23-24)

En Marcos 11:21-24 se explica una confianza similar en la oración. Cuando los apóstoles vieron la higuera que Jesús había maldecido el día anterior, Pedro exclamó:

—¡Rabí, mira, se ha secado la higuera que maldijiste!

—Tengan fe en Dios —respondió Jesús—. Les aseguro que si alguno le dice a este monte: "Quítate de ahí y tírate al mar", creyendo, sin abrigar la menor duda de que lo que dice sucederá, lo obtendrá. Por eso les digo: Crean que ya han recibido todo lo que estén pidiendo en oración, y lo obtendrán.

Jesús incluso continúa sus palabras poniendo un ejemplo de la condición espiritual que puede impedir el éxito de tales oraciones, es decir, que el pecado contra otra persona nos lleve a estar en disonancia con Dios (11:25). Jesús toca este tema en otras partes, como en Mateo 7:7-8; 18:19-20. En Lucas 11:5-10, refiere una parábola acerca de la confianza en la oración y, tras ella, añade unas líneas acerca del anhelo de Dios por entregarnos generosos dones.

¿Cómo hallar el equilibrio entre las realidades prácticas de la oración y estas promesas? No basta con decir que, si seguimos esas fórmulas, todas las oraciones serán respondidas tal como se han pronunciado. Dios no es nuestro mayordomo. Por otro lado, no se las puede rechazar como si la oración no fuera más que ilusiones. Juan tiene más bien en mente una unión de tipo místico entre nuestras vidas y el Espíritu de Dios que se expresará finalmente en una voz. Esto es lo que Juan pretende describir con "en mi nombre". Llegamos a ser uno con Jesús. En ese momento, nuestra voluntad se transforma libremente para llegar a ser la suya. Obrando Dios tan a fondo en nosotros, tenemos la absoluta confianza de que él conoce los pensamientos más callados de nuestros corazones.

¡Algunos objetarán que esto no es ningún don! ¡Nuestros deseos se ven secuestrados, sumergidos bajo la irresistible voz de Dios! Pero, en realidad, su voluntad conlleva el favor de una sabiduría que sobrepasa todo lo que podríamos pensar o imaginar, y confiar en él y en su bondad es parte de nuestra unión con él. Esto significa que, como cristianos, tenemos que desarrollar tanto una oración que escucha como una que habla. La "oración que escucha" ha sido siempre algo típico entre los místicos y maestros espirituales cristianos, pero extrañamente atípico entre los que somos evangélicos.

Sin embargo, versículos como 1 Juan 4:14-15 son los que pueden provocarnos una gran desilusión. Hay momentos en que parece fracasar todo esfuerzo, todo intento de buscar alguna conexión con Dios. El silencio de Dios o las circunstancias de mi vida son inexplicables. El salmista refleja esta frustración en Salmos 44:23-24:

¡Despierta, Señor! ¿Por qué duermes?

¡Levántate! No nos rechaces para siempre.

¿Por qué escondes tu rostro
      y te olvidas de nuestro sufrimiento y opresión?

Job clama en Job 30:26-27:

Cuando esperaba lo bueno, vino lo malo;
      cuando buscaba la luz, vinieron las sombras.
No cesa la agitación que me invade;
      me enfrento a días de sufrimiento.

Pocos escritores han intentado tratar este problema de la decepción profunda. El valiente libro de Philip Yancey *Desilusión con Dios* cuenta una historia tras otra de creyentes que, debido a una aplastante decepción con Dios, se cuestionaron la validez de su fe. Yancey afirma que existen tres preguntas que la iglesia no ha abordado: (1) ¿Es Dios injusto? ¿Por qué no castiga a los malos y recompensa a los buenos? ¿Por qué ocurren cosas terribles a malos y buenos por igual? (2) ¿Está Dios callado? Si está tan preocupado por que hagamos su voluntad, ¿por qué no la revela con más claridad? (3) ¿Se oculta Dios? ¿Por qué no se muestra ya, de forma visible, y deja pasmados a los escépticos de una vez por todas?[12]

Yancey revisa las historias bíblicas (en particular las de los libros más viejos del Antiguo Testamento) y encuentra indicios de patrones en la forma en que Dios se relaciona con su pueblo. La *desilusión* no es un tema poco común. Pero hay respuestas, y Yancey las entresaca de todas partes: desde León Tolstoi a Frederick Buechner, pasando por una enferma terminal de veintitrés años llamada Peggy que escribió, citando a William Barclay: "Resistencia no es solo la capacidad de soportar algo duro, sino de convertirlo en gloria".[13]

La evidencia de Yancey es clara y convincente. Pasajes como 1 Juan 5:14-15 pueden presentar angustia y abrumadoras preguntas personales sobre la fe. Tenemos que estar capacitados para oírlas y lidiar sinceramente con ellas.

(3) *Pecado que lleva a la muerte.* En la actualidad, la Iglesia Católica Romana prosigue con una tradición medieval que distingue entre pecado venial y pecado mortal. Los primeros son "perdonables" y no excluyen a la persona del reino de Dios (*cf.* Gá 5:19-21; Ef 5:5 con Stg 3:2; 1Jn 1:8). Los mortales, sin embargo, tienen consecuencias más graves y llevan a la muerte espiritual. Tomás de Aquino describe estas diferencias como grados de desorden: el pecado mortal viola el principio básico del orden divino; el pecado venial no toca el principio, sino que trae simplemente desorden al alma. Además, los pecados veniales pueden desordenar el alma hasta tal punto que en un determinado momento la persona da la espalda a Dios. Este apartarse de Dios, repudiarlo, es lo que introduce el pecado mortal y la muerte eterna.

La aclaración me parece instructiva. Juan exhorta a que se ore por las personas cuyas vidas están marcadas por un grado de pecado que *no* conduce a su muerte eterna. Él distingue entre estos pecadores y aquellos cuyas transgresiones son intencionadas, cuyas vidas los han sepa-

---

12. P. Yancey, *Desilusión con Dios* (Miami, FL: Vida, 2011), pp. 44-46 de la edición en inglés.
13. *Ibíd.*, 157.

rado de la comunidad y que ya no tienen vida divina en ellos. En el contexto de Juan, este último grupo describe sin duda a los separatistas que se han aliado con la oscuridad y están dejando la comunidad. Ya no están con Dios; están con el anticristo. Por otro lado, Juan conoce a otros cristianos cuyas vidas están peligrosamente cerca del peligro. Quizás están coqueteando con lados alternos; tal vez han cometido pecados que pueden llevar a lugares peligrosos. Juan tiene esperanza para ellos.

Lo que no está tan claro es cómo aplicamos esto a nuestro presente. La Escritura indica que hay pecados tan graves que el perdón es prácticamente imposible (Mt 12:31-32; Mr 3:28-30; Lc 12:10; *cf.* Heb 6:4-6). Pablo llega a indicar que ciertos pecados excluyen a las personas del reino (1Co 69; Gá 5:21; 1Ts 4:6). Por tanto, no hay que tomarse esto a la ligera. Los pecadores que han llegado a estar absorbidos y satisfechos de sí mismos, en cuanto a sus pecados, se hallan en auténtico peligro.

Pero este no es el interés principal de Juan. Él llama a una seria implicación en las vidas de las personas cuyos pecados no llevan a la muerte. Es posible que se trate de pecados inadvertidos (siguiendo el ejemplo del Antiguo Testamento) o incluso menores (veniales). De un modo u otro, el apóstol llama a realizar una inversión, una participación activa, a una titularidad mutua del problema.

¿Qué valor es este? Juan dice que tenemos que estar atentos a las vidas de quienes están a nuestro alrededor en la iglesia. Tenemos que sostenerlos, orar por ellos, detenerlos y confrontarlos. Los cristianos tienen que "poner nombre" al pecado, a la ruptura, vigente en otros cristianos. Hemos de admitir cuándo hay brechas en nuestras filas, y armarnos de valor para hacer algo al respecto. Cuando unos cristianos dañan a otros a causa de su ruptura (como en el contexto joánico), otros creyentes han de intervenir con oración y palabras.

(4) *Confianza y la presencia sustentadora de Cristo*. Juan está intentando reparar lo que ha roto la división. Quiere que sus seguidores confíen en su conocimiento de Dios, en sus oraciones, y estén atentos a aquellos cuyas vidas espirituales están sufriendo desintegración. No obstante, hay un cuarto punto de interés en este pasaje. Juan quiere que estemos confiados, porque es Cristo y no la iglesia quien nos sostiene en medio de la desintegración del mundo. En 5:18 habla de la protección de Cristo; en 5:20, de estar "en él", que es verdadero, como si nos refugiáramos en el poder de la presencia de Cristo.

Los cristianos heridos por el desorden en la iglesia y la ruptura de su familia necesitan una visión más amplia de Dios, una de Jesús, cuya gloria y poder asoman por encima de los fragmentos de la comunidad que dejan atrás los cristianos enfrentados. Ha de ser una perspectiva que trascienda la experiencia de las astillas y los rotos de una congregación local.

La vida en la iglesia puede ser dolorosa, pero Jesús no nos ha abandonado. Los pastores y líderes cristianos maduros pueden sufrir, y sufrirán, desilusión. Pero Jesús sigue comprometido e implicado. Recuerdo una vez que estaba impartiendo clase, un miércoles por la tarde en la iglesia de Willow Creek, en Chicago. Al finalizar, una cristiana herida que había salido de su iglesia muy abatida se acercó a mí. Llevaba años sin asistir a la iglesia. "Qué difícil es creer estas cosas sobre Jesús cuando sus seguidores hacen lo que hacen", dijo. Le faltó poco para usar la palabra "hipocresía".

Había resultado herida en un enfrentamiento parecido al de la iglesia de Juan. Estoy seguro de lo que Juan le habría contestado: Jesús es verdadero, aun a pesar de todos esos fallos. Sigues siendo una hija de Dios aun cuando tu familia, la iglesia, se haya roto sin remedio. Y todavía puedes seguir descubriendo la luz y andar en ella, aun cuando los que te rodean estén sucumbiendo a la oscuridad

2 Juan

El anciano, a la iglesia elegida y a sus miembros, a quienes amo en la verdad —y no sólo yo sino todos los que han conocido la verdad—, ² a causa de esa verdad que permanece en nosotros y que estará con nosotros para siempre: ³ La gracia, la misericordia y la paz de Dios el Padre y de Jesucristo, el Hijo del Padre, estarán con nosotros en verdad y en amor.

⁴ Me alegré muchísimo al encontrarme con algunos de ustedes que están practicando la verdad, según el mandamiento que nos dio el Padre. ⁵ Y ahora, hermanos, les ruego que nos amemos los unos a los otros. Y no es que les esté escribiendo un mandamiento nuevo sino el que hemos tenido desde el principio. ⁶ En esto consiste el amor: en que pongamos en práctica sus mandamientos. Y éste es el mandamiento: que vivan en este amor, tal como ustedes lo han escuchado desde el principio.

⁷ Es que han salido por el mundo muchos engañadores que no reconocen que Jesucristo ha venido en cuerpo humano.

El que así actúa es el engañador y el anticristo. ⁸ Cuídense de no echar a perder el fruto de nuestro trabajo; procuren más bien recibir la recompensa completa. ⁹ Todo el que se descarría y no permanece en la enseñanza de Cristo, no tiene a Dios; el que permanece en la enseñanza sí tiene al Padre y al Hijo. ¹⁰ Si alguien los visita y no lleva esta enseñanza, no lo reciban en casa ni le den la bienvenida, ¹¹ pues quien le da la bienvenida se hace cómplice de sus malas obras.

¹² Aunque tengo muchas cosas que decirles, no he querido hacerlo por escrito, pues espero visitarlos y hablar personalmente con ustedes para que nuestra alegría sea completa.

¹³ Los miembros de la iglesia hermana, la elegida, les mandan saludos.

A lo largo del comentario he venido sugiriendo que la mejor lente para considerar las Cartas de Juan es la crisis que atenazaba a su iglesia en Éfeso y fracturaba su unidad. El cisma joánico era una lucha interna, alimentada quizás por discusiones en torno a la interpretación del

Cuarto Evangelio y agravada, sin duda, por los maestros pneumáticos/ carismáticos que se arrogaban nueva autoridad en el Espíritu y nuevas revelaciones acerca de Cristo. En una palabra, los falsos maestros eran docetistas que negaban la plena encarnación de Cristo y, sobre todo, la necesidad o realidad de su muerte salvadora (1Jn 2:22; 4:1-3; 5:5-8; 2Jn 7-8). También fomentaban una iluminación inspirada, una nueva visión, una espiritualidad más elevada, de carácter elitista (1Jn 2:9) y perfeccionista (1:8).

Juan lo considera nada menos que una desvergonzada ofensa a Dios mismo (1Jn 5:10), un desafío a la verdad ("verdad" aparece veinte veces en las cartas) y una enseñanza que arriesgaba la vida misma de la iglesia. Las divisiones ya estaban presentes, y, conforme leemos 1 Juan, percibimos una comunidad de separatistas que ya habían cortado sus lazos con la iglesia de Juan (1Jn 2:19).

El contexto de 2 y 3 Juan

La historia que está viviendo la iglesia joánica se puede ver en 2 y 3 Juan. Se han presentado varias teorías para el orden cronológico de estas tres cartas. Algunos se han planteado, por ejemplo, si 2 Juan no será la carta original de Juan y 1 Juan el documento en que amplía sus ideas, el cumplimiento de su deseo de decir muchas más cosas (2Jn 12). Pero esta teoría no explica cómo tendría sentido 2 Juan si el destinatario no ha leído antes los densos argumentos de 1 Juan. Creo que esta segunda carta es una exhortación —un recordatorio— de lo afirmado con anterioridad y que, por tanto, deberían *seguir* cronológicamente a 1 Juan. Además, la primera epístola se debe leer junto con sus otras dos cartas, interpretándose las más breves a la luz de la primera.

Las cartas joánicas nos muestran una comunidad que se tomaba en serio su fe. Algunos se han preguntado si no fomentaba una perspectiva sectaria en la que el amor y la cohesión internos eran algo tan absoluto como la frontera que la comunidad había erigido entre ella y el mundo. Se enseñaba a los cristianos un rotundo rechazo del mundo (1Jn 2:15-17; 4:4-5), a practicar dentro de la comunidad un amor sin parangón (1Jn 4:19-21; 2Jn 5; 3Jn 5-6) y a considerarse escogidos, elegidos de Dios (1Jn 5:19-20; 2Jn 7-9).

¿Es posible que esta comunidad, con su alta pasión por la excelencia, acabase derrumbándose por sus propias presiones internas? La intensidad de su visión dotaba a sus críticos de una intolerancia que acabó desgarrando el tejido de la iglesia. Cuando leemos 1 Juan, ese grupo ya ha salido (1Jn 2:18-19); pero Juan sigue viéndolos desde la entrada de la iglesia que han dejado: podría referirse a ellos como "exmiembros". Eran hombres y mujeres vinculados con la iglesia y con influencia sobre los cristianos que habían quedado atrás (ver 1Jn 2:27 y las muchas negativas de 1 Juan). Para cuando llegamos a leer 2 Juan, la ruptura parece completa (2Jn 7). Ya no son exiliados de la iglesia; ahora están "en el mundo" y aliados con el anticristo. Y Juan advierte que se prohíbe todo contacto con ellos (2Jn 10-11). En 3 Juan se ha desarrollado una crisis más profunda, en la que un círculo de la comunidad joánica (¿una iglesia en casa?) parece estar a un paso de apartarse por completo, por culpa de la influencia de Diótrefes (3Jn 9). ¿Se trata del mismo cisma que 1 y 2 Juan? Ni siquiera los propios emisarios de Juan pueden hacer una incursión en la comunidad (3Jn 10).

Estas cartas son testimonios de crisis pastorales y de heroísmo de pastor. Nos dan un elocuente testimonio de la vulnerabilidad de la iglesia cuando vive en las fronteras del mundo y está sujeta a sus influencias. Nos advierten sobre el que "se descarría y no permanece en la enseñanza de Cristo" (2Jn 9), en particular cuando esos maestros salen de entre sus propias filas. En el caso de Juan, la amenaza tiene que haber parecido más abrumadora ya que había miembros que se iban y algunos círculos de creyentes que se dividían.

Muchos han especulado acerca del destino de la comunidad y han tratado de reconstruir lo que pasó tras la redacción de 3 Juan. Hay buenas evidencias que sugieren que, mucho después, los separatistas se hicieron plenamente gnósticos y se llevaron con ellos el Cuarto Evangelio a sus filas heréticas.[1] Sin embargo, los creyentes que se mantuvieron firmes, sin negar la cristología encarnacional, pronto hallaron apoyo en "La Gran Iglesia", el conjunto de congregaciones que se habían alimentado de los escritos de Pablo y de los otros evangelios. El don que aportaron a esas comunidades ortodoxas fueron los relatos sobre Jesús de su pastor apóstol, es decir, el Cuarto Evangelio. Con él venían las tres Cartas de Juan, refutaciones preparadas en contra del mal uso que los posteriores gnósticos harían de este Evangelio.[2]

---

1. Cabe recordar que los más antiguos comentarios sobre Juan son todos gnósticos. Véase la Introducción, pp. 16-44.
2. Acerca de la historia de la comunidad joánica, ver R. Brown, *Community of the Beloved Disciple* (1979) y *The Epistles of John*, 103-15. Ver bibliografía de Brown en pp. 140-44.

Fidelidad a la verdad: compromiso para amar (1-6)

La segunda carta de Juan es un mensaje "desde la línea del frente", muy parecido a un trozo de papel con correspondencia de guerra muy posterior al final de la batalla. La tensión implicada en 1 Juan adquiere un tono desesperado. Así, Juan escribe con dos propósitos en mente: respaldar el compromiso de sus seguidores con la verdad y advertirles acerca de la severidad de sus oponentes, y de la necesidad de protegerse.

Dado que es una carta personal, sigue la forma epistolar convencional del primer siglo, a diferencia de 1 Juan, que no es en la práctica una carta personal, sino un documento teológico público. El autor se identifica ("el anciano", v. 1), nombra a sus destinatarios ("a la iglesia elegida y a sus miembros", v. 2) y da un saludo (La gracia, la misericordia y la paz de Dios...", v. 3); al final del mensaje añade un saludo de cierre (vv. 12-13). Esta carta es una de las más breves del Nuevo Testamento, incluso más que Judas y Filemón, pero, como ellas, es intensa y directa.

En lugar de dar su nombre, (*cf.* Pablo 1Co 1:1; 2Co 1:1; Gá 1:1), el autor simplemente se define como "el anciano" (gr. *presbíteros*). Por un lado, parece conocer bien a la iglesia, y viceversa. Sin embargo, lo importante ahora es su *posición* y la autoridad que conlleva. "Anciano" se usaba entre los judíos para referirse a los dirigentes religiosos (Hch 4:5); los primeros cristianos adoptaron esta práctica (Hch 11:30; 15:6, 22; 1Ti 5:17; 1P 5:1). Por tanto, el "anciano" (en mi opinión, Juan) era un tipo de supervisor, alguien de fuera de la congregación con labor de inspección pastoral (ver más sobre el tema en pp. 16-44).

Una antigua tradición había considerado que "la iglesia elegida" (lit. "señora elegida") se refiere a una persona. En griego, usa dos palabras que son también nombres personales de mujer (Electa, Kyria). Pero ese uso es poco probable aquí. El tono mismo de la carta implica una audiencia más amplia, pero, además, la misiva en sí cae en el plural en muchos momentos (vv. 5, 6, 8, 10, 12). El Nuevo Testamento piensa en la iglesia con metáforas femeninas (p. ej., "la esposa de Cristo", Ef 5:22-32) e incluso llama escogidos o elegidos a los cristianos (Ro 8:33; 16:13; Col 3:12; 1P 1:1). Por tanto, deberíamos considerar 2 Juan como una carta personal escrita por el apóstol y enviada a una congregación en particular (descrita cariñosamente como "sus hijos" [ver nota al pie en NVI. Nota del Traductor]).[3]

---

3. Juan usa con frecuencia el término griego *tekna* para referirse a sus seguidores (ver 1Jn 3:1, 2, 10; 5:2; 2Jn 1:1, etc.).

Tal vez deberíamos considerar la comunidad joánica como una serie de pequeñas iglesias en casas, repartidas en una cierta distancia. Pueden haber sido grupos aislados de personas, escasas en número, que se encontraban en un hogar en el pueblo para el estudio y la oración. O, si nos imaginamos una comunidad urbana más extensa como, por ejemplo, Éfeso, dichas congregaciones podrían haber sido casas de la ciudad, cada una de las cuales cuidaba a unos veinticinco creyentes y formaban un tejido de conexiones informales con Juan como líder o anciano local. Esta carta se dirige a una de esas incipientes casas de fe que ahora lucha por su vida.

El profundo amor de Juan por su iglesia se expresa en su primera oración: "a quienes amo en la verdad". Esta frase podría ser adverbial ("a quienes amo verdaderamente"), pero, sin duda, Juan le da más sentido. Para él, la verdad no es mera sinceridad, sino una realidad que pertenece a Dios (1Jn 2:4). Las personas que conocen la verdad se aman mutuamente (v. 2), porque esta vive en su interior (*cf.* 1Jn 2:21). Es importante recordar aquí el vocabulario joánico. La verdad no solo estaba encarnada en Jesucristo (Jn 1:17; 14:6), sino que también describe al Espíritu Santo ("el Espíritu de verdad", 14:15-17). Así pues, la comunidad de amor es una comunidad "en verdad", es decir, una comunidad que ha abrazado a Jesucristo (1Jn 5:20) y experimentado el poder del Espíritu Santo que mora en ellos (3:24). Por tanto, la triple bendición del versículo 3 se anuncia triunfante como una promesa y no como un deseo: "La gracia, la misericordia y la paz [...] *estarán* con nosotros". Si la verdad permanece siempre con nosotros (v.2) y Jesús es la verdad, sus dones ("la gracia, la misericordia y la paz") son igualmente seguras.[4]

En realidad, el primer mensaje de Juan empieza en el versículo 4, donde celebra la continua fidelidad y obediencia de estos cristianos a la verdad.[5] Todas las cuestiones eclesiásticas quedan eclipsadas por dos afirmaciones cruciales de la fe, que recita aquí: los cristianos tienen que abrazar y obedecer la *verdad*, y, al mismo tiempo, *amar* a los que son sus hermanos y hermanas en Cristo. "Verdad" y "amor" son el par de temas que resuena por toda 1 Juan y que aparece aquí de forma

---

4. Esta fórmula ("gracia, misericordia y paz") se da en el Nuevo Testamento en 1 Timoteo 1:2; 2 Timoteo 1:2; Judas 2. "Misericordia y paz" era una bendición judía (ApocBar 78:2; *cf.* Gá 6:16) a la que los cristianos añadían el griego "gracia". Ver Smalley, *1, 2, 3 John*, 321.

5. En las cartas de la antigüedad era común manifestar gozo por noticias relativas a los destinatarios (ver Ef 1:15; Fil 1:3, Col 1:3; 2Ts 1:3; 2Ti 1:3; 3Jn 3).

resumida. Son los elementos clave que distinguen a los cristianos del mundo, y, en este caso, diferencian a la comunidad joánica fiel de aquellos que la han dejado. El inflexible odio de los separatistas (1Jn 2:9), su desobediencia ante la palabra de Dios (1Jn 2:4), su abandono de la verdad (4:6), muestran cuánto se habían alejado de Dios.

Pero este es un informe agridulce. Es probable que Juan hubiera recibido correos informándole sobre la gran fidelidad de su iglesia doméstica.[6] Por otro lado, el versículo 4 puede implicar algo diferente. Juan se alegra mucho de que "algunos de" los creyentes se hayan mantenido fieles, y esto podría sugerir que *otros de ellos, no*. Únicamente podemos especular acerca de la relación de ambos grupos. ¿Han conseguido ventaja los separatistas? ¿Están teniendo dificultades los fieles de Juan para resistir? La respuesta a estas preguntas puede explicar la prudente exhortación que sigue (vv. 7-11), así como la exhortación a amar de los versículos 5-6. La autoridad que hay tras la advertencia de Juan no es nueva. Este mandamiento de amor es antiguo, procede de Jesús mismo (Jn 13:34; 15:12, 17; 1Jn 3:11; 2Jn 5-6). Juan hace un llamamiento a estos creyentes para consolidar su asediada comunidad y confirmar la esencia de lo que creen: en otras palabras, para fortalecerse contra los que desde afuera quieren destruirlos.

Advertencias específicas (7-11)

Con una concreción sorprendente, en el versículo 7 Juan pasa de la verdad y del amor que inspiran celebración a la traición y el engaño que están al acecho justo al otro lado de las puertas de la iglesia (vv. 7-11). Estos abundan ("han salido *muchos* engañadores") y, sin duda, Juan está pensando en los que, en un pasado reciente, han causado la división de la iglesia.[7] "Engañadores" (gr. *planoi*) puede también traducirse como "mentirosos"; Jesús emplea el término en Mateo 24:4, 11 y 24 para advertir contra los falsos profetas y mesías que extraviarían al pueblo de Dios. Está claro que estas personas no solo han dejado la iglesia y han pasado a vivir en el mundo, sino que "han salido" al mundo para esparcir sus enseñanzas. Se dedica más atención a la descripción del versículo 7b en 1 Juan 2:17-27. Los que se han ido se han convertido en aliados del mal. Esos falsos profetas han negado la completa encarnación de Cristo (ver 1Jn 4:2) y se les debería considerar como agentes del anticristo. En 1 Juan 4:1-3 se describe su labor al completo:

6. Marshall, *The Epistles of John*, 65; Stott, *The Epistles of John*, 205.
7. El verbo griego del versículo 7, *exelthon*, se conjuga en aoristo, dando a entender que el hecho ocurrió algún tiempo atrás.

... porque han salido por el mundo muchos falsos profetas. En esto pueden discernir quién tiene el Espíritu de Dios: todo profeta que reconoce [LBLA, confiesa] que Jesucristo ha venido en cuerpo humano, es de Dios; todo profeta que no reconoce [LBLA, confiesa] a Jesús, no es de Dios sino del anticristo. Ustedes han oído que éste viene; en efecto, ya está en el mundo.

La confesión presentada en 1 Juan 4:1-6 encuentra un nuevo giro en estos versículos. En lugar de emplear un tiempo perfecto (como en 1 Juan 4:2), Juan dice ahora que la confesión ortodoxa afirma (literalmente) "a Jesucristo viniendo en carne" (v. 7). ¿Por qué en presente? Probablemente no es una referencia a la Segunda Venida; más bien se trata de la manera en que Juan expresa que Jesucristo vino *y sigue existiendo* en carne. En otras palabras, por medio de su encarnación, Jesús recogió nuestra humanidad y la llevó con él eternamente. Esto contradice a cualquier maestro gnóstico que afirme que "el Cristo" descendió sobre Jesús en su bautismo y salió de él justo antes de su crucifixión, separando así permanentemente al Cristo divino del Jesús terrenal. Juan exige una "confesión" que adopte la *vigente* realidad de la encarnación incluso en el presente.

Oponerse a esta enseñanza es estar del lado del "anticristo" (v. 7b; ver comentario de 1Jn 2:18). Esta palabra solo aparece en 1 Juan 2:18, 22; 4:3; y 2 Juan 7. Esta figura es el oponente por antonomasia del cristianismo, radicalmente en contra de Cristo y que ataca el centro mismo de la fe, y no alguien con meras diferencias teológicas marginales. Juan tiene dos palabras de exhortación. No se engañen y no animen a los engañadores.

Los versículos 8-9 constituyen la primera palabra firme de Juan a sus seguidores. No quiere que pierdan todo lo que han ganado desde hace tiempo. La NIV traduce: "Cuídense de no echar a perder el fruto de su trabajo", pero el texto griego preferido está en primera persona de plural: "Cuídense de no echar a perder el fruto de *nuestro* trabajo" [la NVI da esta segunda traducción. Nota del Traductor]. Como evangelista y pastor, Juan ha participado en el nacimiento y proceso de madurez de la fe de los destinatarios de su carta. En otras palabras, no son los únicos custodios de su iglesia, libres de obrar como deseen. Juan ha sido edificador entre ellos, y su contribución y responsabilidad le convierten en un crítico con derecho de lo que está ocurriendo. La trampa más importante contra la que advierte aparece en el versículo 9. Aunque la doctrina a debate es la encarnación de Cristo, el problema de raíz es que algunos "se descarrían" y no continúan en las enseñanzas sobre Cristo. La palabra "descarriarse" traduce aquí un término griego que indica progreso y que solo encontramos en este pasaje de todo el Nuevo Testamento, con una connotación negativa.[8] No se trata de progreso *en la fe*, sino de uno *más allá de ella*.[9]

Esta es la tensión escrita a lo largo de 1 Juan. Los profetas-maestros carismáticos habían propuesto una visión de Cristo que "se descarría", que arranca las antiguas amarras de la tradición. Por ello, 1 Juan repite una y otra vez la idea: "Permanezcan en lo que era desde el principio" (1Jn 1:1; 2:7, 13, 14, 24; 3:8, 11; 2Jn 5:6). Así es como Juan apela al pasado, como insiste en que las perspectivas teológicas creativas no destruyan el cimiento de lo que ya saben acerca de Cristo por las Escrituras. El Cristo encarnado es la única persona a través de la cual conocemos a Dios. La obra histórica de redención y mediación de Cristo es la base de nuestra salvación. En este punto, el apóstol no hace concesiones: echar por la borda el lugar principal de Jesús como revelación exclusiva que Dios hace de sí mismo, negar la plena humanidad de Jesús, supone perder a Dios (ver 1Jn 2:23-24).

Los versículos 10-11 describen la segunda palabra firme de Juan. La consecuencia de esta falsa enseñanza es tan grave que también exige un remedio serio: no se debe brindar hospitalidad a las personas que traen esas doctrinas de error. Una instrucción como esta es peculiar y sorprendente en el Nuevo Testamento que, por lo general, anima a los cristianos a ser generosamente hospitalarios (Mt 10:11-14; 1Ti 5:10; 1P 4:8-10). En Romanos 12:13 y Hebreos 13:2 se insta a los cristianos a mostrar hospitalidad a los forasteros, como si en la mente del autor una puerta abierta y una bienvenida debieran ser características de la comunidad cristiana.

Estos problemáticos versículos deberían tomarse como "reglas de emergencia", directamente vinculadas a la crisis que estamos tratando. Son directrices desde la zona de batalla, y subrayan el extremo peligro en que entra la iglesia cuando no solo tolera, sino que en la práctica invita a sus filas a quienes están minando la cristología tradicional con sus enseñanzas. Pero nótese que la advertencia de Juan no se dirige a los que meramente creen esas doctrinas, sino especialmente

---

8. El griego *proagon* puede también significar "avanzado" y es probablemente una referencia a las actitudes elitistas de los herejes.
9. Stott, *The Epistles of John*, 211-12.

a los que las enseñan ("lleva esta enseñanza"). Juan usa el plural en el versículo 10: "Si alguien *los* visita". Juan no se refiere aquí a una visita personal entre personas, sino más bien a una recepción en público con la iglesia reunida. Además, cuando Juan se refiere a recibirlos "en casa", probablemente esté pensando en una residencia privada *utilizada como lugar principal de reunión y adoración* para la comunidad, una iglesia doméstica. El griego *oikia* ("casa") se refiere a menudo a un lugar de reunión así (Ro 16:5; 1Co 16:19; Col 4:15). Como comenta Smalley: "Juan no está, por tanto, prohibiendo la hospitalidad privada, sino más bien una bienvenida oficial a la congregación, con las amplias oportunidades que esto proporcionaría a los herejes para promover su causa".[10]

Un saludo final (12-13)

La segunda y tercera carta de Juan concluyen de manera parecida. Juan traslada un saludo de su iglesia y expresa su deseo de hacer una visita personal, en lugar de atenerse a "tinta negra y papiro", como lo expresa el griego. Debemos destacar su confianza en que sus lectores le recibirán y tendrán en cuenta sus palabras. La ruptura no es completa; no han caído en el campamento enemigo. La situación en 3 Juan es más lamentable, porque en ella ya se ha rechazado a unos emisarios de la ortodoxia. La visita de Juan, pues, correrá también cierto riesgo de rechazo. Pero este no es aún el caso.

El propósito de Juan al ir a visitar a estos creyentes para hablar "personalmente"[11] es renovar su comunión, fomentando así que pastor y congregación estén gozosos ("para que *nuestra alegría* [plural] sea completa"). Cuando una iglesia sufre o celebra, el pastor hace lo mismo. Juan tendrá la confirmación de que están andando en la verdad (v. 4) y ellos serán confortados para distinguirla del engaño. Esta renovación de la comunión, anclada en una relación confiada en Jesucristo, es la imagen que Juan tiene de la vida cristiana, la que espera celebrar pronto con ellos.

En el versículo 13, el saludo de Juan de parte de "los miembros de la iglesia hermana, la elegida" usa de nuevo el lenguaje metafórico que leemos en el versículo 1. Aunque este es el único lugar del Nuevo Testamento en que se da esta expresión, podemos estar razonablemente seguros de que Juan está construyendo a partir de una imaginería de

---

10. Smalley, *1, 2, 3 John*, 333, *cf.* Brown, *The Epistles of John*, 692-93.
11. El griego dice literalmente "boca a boca" (*cf.* Nm 12:8).

familia para la iglesia (ver comentario a v. 1). Tenemos a "dos hermanas" hablando acerca de las condiciones de la familia, y sus palabras van de las expresiones de amor e intimidad a los sentimientos de preocupación e inquietud.

Al trasladar esta carta del primer siglo al nuestro, nos encontramos con un importante desafío interpretativo. *A menos que el contexto original de 2 y 3 Juan se corresponda de alguna manera con nuestro contexto actual, tenemos que aplicarlas con mucha prudencia.* Es más, 2 Juan puede se puede emplear muy mal si no se define su significado en el contexto original. Parte de la literatura del Nuevo Testamento puede prescindir de su contexto con menos problemas y el mensaje del texto podrá llevarse a los púlpitos modernos con éxito. No es así con 2 Juan, para la que el contexto original lo es todo.

Hace poco visité el Vietnam Memorial en Washington. Era, quizás, mi cuarta visita a ese lugar con tan buen césped, junto al monumento a Lincoln. Allí escuché cómo unos jóvenes guías explicaban a los grupos de turistas el diseño arquitectónico de los muros con sus nombres inscritos, y señaló los recordatorios de bronce en memoria de soldados y enfermeras que había por todo el campo, en los árboles. Pero no se dijo nada acerca de la angustia vivida ni de cómo el muro es un crudo comentario sobre una experiencia nacional devastadora. Nadie interpretó los rostros de las estatuas ni la mirada de la enfermera de bronce fija en el cielo esperando la unidad de rescate que los sacara de su jungla infernal. Nadie habló sobre los años sesenta. Como resultado, la visita de esos turistas fue una auténtica pérdida. Se cruzaron con las flores marchitas y las cartas raídas depositadas en el muro sin dedicarles un solo pensamiento. En el Vietnam Memorial de Washington, *el contexto original lo es todo.*

Cuando leemos 2 Juan debemos ser diferentes a esos insensibles turistas. Esta carta es también el objeto de una guerra. He descrito extensamente el contexto tan concreto en que se produce la carta (ver pp. 230-231); hasta cierto punto, esto rige lo que podemos hacer con ellos. He sugerido que estamos ante una iglesia en una casa dentro del círculo de la comunidad joánica. Han recibido más documentos públicos de Juan esbozando las tentaciones y amenazas procedentes de los falsos maestros (1 Juan); ahora, él se comunica directamente con ellos mediante una carta y un emisario personal. Ambos parecen ser poco apropiados. En un futuro próximo, espera visitarlos personalmente con el fin de restaurar su amistad, hablar acerca de la doctrina y celebrar su unión con la comunidad ortodoxa. Pero el mensaje subyacente de estos comunicados es claro: la iglesia está en grave peligro.

Por tanto, cuando abrimos 2 Juan, debemos mantener en el pensamiento que sus destinatarios estaban bajo asedio. La experiencia que estaban viviendo era devastadora. En algunos casos, las amenazas eran sutiles. En otros, los misioneros "del enemigo" trataban de hacer incursiones en la iglesia. Por ello, Juan emplea el lenguaje más contundente posible —"engañadores", "anticristo"—, porque la propia existencia de la iglesia está en juego.

Esto no tiene nada que ver con los cristianos de hoy que se reúnen con un creyente de otra fe, o con un *evangelista* de otra fe que no supone una auténtica amenaza para la iglesia. Algunos cristianos han usado 2 Juan 11 para desairar a dichas personas. El error interpretativo principal radica en universalizar las serias advertencias de Juan sin preocuparse, en absoluto, del contexto original de la carta. La segunda carta de Juan exige una concienzuda y prudente reflexión antes de llevarla al púlpito.

¿Cuáles son los componentes de su contexto original que podemos identificar y trasladar? ¿Cuáles de los elementos básicos de su contexto original son esenciales en cualquier aplicación actual? Me vienen tres a la mente. (1) Los oponentes de la iglesia están atacando una cuestión teológica que se halla en el corazón de la fe de la iglesia, es decir, la cristología. No se trata de una especulación teológica secundaria como lo sería un debate sobre los dones carismáticos, el modo del bautismo o los grupos pequeños. Es Jesucristo mismo quien se encuentra en el "banquillo", y el resultado de este debate engendrará una religión centrada en su obra y sus palabras u otra que lo relegue a un segundo lugar. (2) Juan está advirtiendo contra los maestros líderes que han salido para sabotear a la iglesia. No se trata de inocentes contactos entre los cristianos joánicos y los que no lo son, o incluso herejes; esos maestros están intentando penetrar en una congregación para conquistar una audiencia y luego otra. Stott llega a creer que Juan se puede estar refiriendo a "visitas oficiales" de esos maestros que planean hablar a la congregación.[12] (Las instrucciones de Juan para repelerlos y negarles el acceso son para su supervivencia. El resultado de esta lucha tendrá consecuencias inmensas para la salvación personal de estas personas, y para que la propia iglesia sobreviva.

---

12. Stott, *The Epistles of John*, 213.

Si alguna vez nos sentimos abrumados por las trivialidades de la vida de la iglesia, por las divisiones centradas en filosofía del ministerio o por su mantenimiento, 2 Juan nos sirve de exhortación y recordatorio. La mayoría de nosotros sabemos muy poco referente al tipo de amenaza aquí descrita. Es posible que, cuando nuestra propia supervivencia no se vea realmente amenazada, encontremos innumerables cosas por las que contender: programas de jóvenes, estilo de adoración, alfombra o himnarios. En febrero de 1994 asistía a una conferencia sobre el cristianismo en Oriente Medio celebrada en Washington y compartí habitación con un pastor egipcio de El Cairo. Cada noche comparábamos observaciones sobre nuestras iglesias nacionales. Me abrió los ojos. En Egipto, la iglesia cristiana árabe está luchando por su supervivencia en un mundo fundamentalista musulmán cada vez más hostil. ¿Cuáles eran las preocupaciones de este pastor? Que sus fieles se amaran unos a otros y permanecieran unidos, defendiendo la verdad sobre Jesucristo sin importar el precio. Últimamente, en el sur de Egipto el precio puede ser alto; ser cristiano puede costarte la vida.

Estos son los temas hermanos que encontramos en 2 Juan y que extraen tanto del gran significado de ser la iglesia. La fórmula de Juan es sencilla: que nos amemos unos a otros como acto de obediencia a Jesucristo, y que vivamos en la verdad; esto implica defender las creencias auténticas sobre Jesucristo. El amor y la verdad son la pareja de estrellas que guiaban la navegación de la iglesia de Juan; todo lo demás era secundario. Tal vez hallarse bajo asedio obligue a que una iglesia se purgue de todos sus programas prescindibles.

Sin embargo, con afirmar que la naturaleza esencial de la iglesia es "amor y verdad" no se resuelven todos nuestros problemas ¡Ojalá fuera tan fácil! Las cuestiones vigentes que Juan deja aquí abiertas se centran en a quién amamos y por cuánta verdad hay que luchar. ¿Estamos obligados a amar a quienes no están de acuerdo con nosotros en cuanto a la verdad?

(1) *Cerrar las puertas de la iglesia*. La enseñanza de Juan sobre no brindar hospitalidad a sus oponentes por parte de los cristianos ha encontrado una seria crítica entre algunos intérpretes. C. H. Dodd, por ejemplo, rechazaba esta enseñanza como algo que contradecía las palabras de Jesús en Mateo 5:46-47:

Si ustedes aman solamente a quienes los aman, ¿qué recompensa recibirán? ¿Acaso no hacen eso hasta los recaudadores de impuestos? Y si saludan a sus hermanos solamente, ¿qué de más hacen ustedes? ¿Acaso no hacen esto hasta los gentiles?

De forma similar, Brown subraya que el tipo de "exclusivismo feroz" que encontramos en 2 Juan suele volverse contra quienes lo practican. En 3 Juan, señala Brown, el apóstol prueba un poco de su propia medicina cuando sus misioneros se encuentran con que les cierran las puertas. "Considerándolo en retrospectiva, el anciano puede haber llegado a preguntarse si no habría sido más sabio actuar con sus adversarios del mismo modo que él habría querido que ellos hicieran con él".[13]

Debemos admitir que Dodd y Brown están acertados en al menos un punto: la iglesia ha "cerrado la puerta" muchas veces para justificar su intolerancia o su desviación teológica. Los Testigos de Jehová han visto muchos portazos evangélicos. Los liberales de las iglesias históricas han dado igualmente con las puertas en las narices a los conservadores. Los evangélicos no solo han alzado el puente levadizo, sino que han puesto un cañón sobre él apuntando a otros conservadores que niegan la inerrancia, beben alcohol o rechazan algún sello de política conservadora. Nada más lejos de lo que Juan pensaba.

Por otro lado, ¿hay necesidad de "cerrar la puerta"? ¿Existe un momento en que se debería rechazar la comunión con algún grupo o incluso cortar todo contacto con él? ¿Deben los cristianos llegar a decir "hasta aquí hemos llegado"? La antigüedad nos proporciona buenas evidencias de que los primeros cristianos eran obedientes a las palabras de Jesús y recibían a los maestros/profetas itinerantes con los brazos abiertos (Mt 10:40; Mr 9:37). Sin embargo, pruebas adicionales demuestran que esa hospitalidad fue muy pronto objeto de abuso. El escrito cristiano de principios del siglo II, la *Didajé*, enseña: "Cuando alguien venga y les enseñe todas estas cosas de las que hemos hablado, recíbanle. Pero si el maestro se ha desviado enseñando otra doctrina que contradice estas cosas, no lo escuchen" (*Didajé* 11:1-2). Encontramos la misma advertencia en el mismo periodo de boca de Ignacio (*A los de Esmirna* 4:1; *A los efesios* 7:1). En su *Carta a los efesios*, Ignacio dice a los cristianos que se "tapen los oídos" para que no los contaminen los maestros embaucadores itinerantes (9:1).

---

13. Brown, *The Epistles of John*, 693.

A pesar de lo que oímos en nuestra cultura popular, la tolerancia no es una virtud por encima de las demás. Resulta apropiado actuar con fuerza cuando hay personas que ponen en peligro la integridad misma de la iglesia. Es significativo que, en Mateo 18:7, Jesús hable de un miembro de la iglesia que peca gravemente y no acepta amonestación. La solución es sencilla; esa persona ha de ser rechazada: "… trátalo como si fuera un incrédulo o un renegado". Pablo expresa la misma opinión en 1 Corintios 5:1-5, 13. En otras palabras, para que la iglesia conserve su integridad, la tolerancia ha de tener sus límites.

Está claro que la cuestión apremiante para la iglesia de Juan tiene que ver con la encarnación, que no es un tema periférico. Pero el apóstol nos proporciona una pequeña guía con respecto a qué otros asuntos pueden considerarse cuestiones "para cerrar la puerta". Es fácil caer en el simplismo en este asunto y aplicarlo a cuestiones verdaderamente periféricas como el bautismo y el tabaco. Pero el tema se vuelve mucho más intenso —y la pregunta se complica— cuando nos preguntamos acerca de la legitimidad de otras cuestiones que dividen. ¿Qué pasa con la inerrancia bíblica? ¿Y la homosexualidad? ¿El aborto? ¿El catolicismo? ¿La ordenación de mujeres? ¿Representan hoy día una justificación para cerrar puertas? ¿Es correcto excluir de la comunión a quienes adoptan estas doctrinas? Este tipo de respuestas suele ser complejo.

(2) *Usar la doctrina de la iglesia.* Muchos de mis alumnos sienten un palpable desdén por la doctrina. Su árbitro principal en cuestiones de fe y práctica es la Biblia. Esto es excelente y los reafirmo en ello. Sin embargo, también me pregunto si reconocen que todos los herejes se iban al destierro con una Biblia en la maleta. Juan presenta una provocadora expresión en el versículo 9 cuando describe a alguien que "se descarría y no permanece en la enseñanza de Cristo": Nótese que Juan no dice que tengamos sencillamente que permanecer en Cristo, sino también mantenernos en las enseñanzas sobre él. ¿Cuáles eran esas doctrinas?

Sin duda, podemos recitar una lista de versículos bíblicos que defienden la humanidad y la divinidad de Cristo, y seguro que Juan también (usando el Cuarto Evangelio). Pero, en el siglo IV, Arrio hizo lo mismo y llegó a un resultado diferente. Juan da a entender que los cristianos harían bien en respetar y aprender del consenso que ha llegado a nosotros desde la tradición, de las cosas transmitidas desde el principio. En su propio lenguaje, esto implicaba las enseñanzas tradicionales autorizadas por los apóstoles. ¿Pero qué tenemos hoy que se le parezca? ¿Qué significa para nosotros aprender del consenso histórico de la iglesia?

Todo esto sugiere un renovado interés en su historia. Tenemos que revivir nuestros credos, en los que hombres y mujeres de fe maduros lucharon para definir el cristianismo. Pienso, por ejemplo, en el potencial de entender Calcedonia cuando leemos la cristología del Nuevo Testamento, o en el poder de lo que sucedió en la Reforma cuando estudiamos Gálatas. Los credos suelen esconder historias de desafíos a la fe análogos a los que vivimos aquí y ahora. ¿Hay mejor tutor que la Declaración de Barmen, de 1934, para enseñar a los cristianos maduros cómo seguir viviendo por la Palabra de Dios en lugar de por las exigencias del nacionalismo (en aquel caso, de los nazis).

(3) *Guardar el mensaje de la iglesia.* En las Cartas de Juan se me recuerda una y otra vez que existe una doctrina teológica central que eclipsa a todas las demás. Tenemos vida únicamente por medio de Jesucristo, el Hijo de Dios, que se convirtió verdaderamente en uno de nosotros para nuestra salvación. Todo esto es obvio. Pero constantemente se levantan voces en nuestra cultura que quisieran diluir la naturaleza exclusiva (y ofensiva) de este mensaje. Para algunos, Jesucristo es un *problema* más que imposibilita la auténtica unión entre las religiones del mundo. Para otros, la encarnación y la muerte de Jesús suponen una *confusión* adicional que se remonta a un pasado arcaico en el que las cruces y el sacrificio significaban algo. Y aun para otros, Jesucristo es una ofensa más que fomenta un sistema patriarcal de abuso que tenemos que eliminar en el mundo moderno.

Mi criterio es: nosotros experimentaremos una presión para diluir el mensaje de Cristo que no diferirá de la que afrontó el mundo joánico. Los seguidores de Juan sintieron una aguda presión por parte de los sofisticados salones de las *academe* helenísticas —por no mencionar las voces populares de la plaza del mercado— para reducir la persona de Cristo hasta convertirlo en menos de lo que era. Juan llama a sus seguidores a permanecer firmes, y lo mismo haría con nosotros.

3 Juan

El anciano, al querido hermano Gayo, a quien amo en la verdad.

[2] Querido hermano, oro para que te vaya bien en todos tus asuntos y goces de buena salud, así como prosperas espiritualmente. [3] Me alegré mucho cuando vinieron unos hermanos y dieron testimonio de tu fidelidad, y de cómo estás poniendo en práctica la verdad. [4] Nada me produce más alegría que oír que mis hijos practican la verdad.

Querido hermano, te comportas fielmente en todo lo que haces por los hermanos, aunque no los conozcas. [6] Delante de la iglesia ellos han dado testimonio de tu amor. Harás bien en ayudarlos a seguir su viaje, como es digno de Dios.

[7] Ellos salieron por causa del Nombre, sin nunca recibir nada de los paganos; [8] nosotros, por lo tanto, debemos brindarles hospitalidad, y así colaborar con ellos en la verdad.

[9] Le escribí algunas líneas a la iglesia, pero Diótrefes, a quien le encanta ser el primero entre ellos, no nos recibe. [10] Por eso, si voy no dejaré de reprocharle su comportamiento, ya que, con palabras malintencionadas, habla contra nosotros sólo por hablar. Como si fuera poco, ni siquiera recibe a los hermanos, y a quienes quieren hacerlo, no los deja y los expulsa de la iglesia.

[11] Querido hermano, no imites lo malo sino lo bueno. El que hace lo bueno es de Dios; el que hace lo malo no ha visto a Dios. [12] En cuanto a Demetrio, todos dan buen testimonio de él, incluso la verdad misma. También nosotros lo recomendamos, y bien sabes que nuestro testimonio es verdadero.

[13] Tengo muchas cosas que decirte, pero prefiero no hacerlo por escrito; [14] espero verte muy pronto, y entonces hablaremos personalmente.

[15] La paz sea contigo. Tus amigos aquí te mandan saludos. Saluda a los amigos allá, a cada uno en particular.

Sentido Original

La controversia histórica y teológica esbozada para 2 Juan (ver comentarios introductorios sobre 2 Juan) es igualmente aplicable a esta breve carta (la más pequeña del Nuevo Testamento).[1] Toda la comunidad joánica estaba probablemente al corriente de las tentaciones de la falsa doctrina, y esta pequeña congregación no habría sido la excepción. Sin embargo, ahora se ha agudizado el desafío al liderazgo de Juan.

La conexión entre 2 y 3 Juan es casi imposible de establecer. Está claro que proceden de un mismo autor, que en ambos casos se refiere a sí mismo como "el anciano", usa términos similares (p. ej., "verdad", "amor", "recibir a") y emplea oraciones de cierre idénticas (ver 2Jn 12; 3Jn 13). No hay razón para dudar de la autoría del apóstol Juan (autor asimismo de 1 Juan).

Los receptores de la carta son más difíciles de determinar. ¿Se envió esta carta a la misma iglesia que 2 Juan? Algunos piensan que la correspondencia anterior mencionada en 3 Juan 9 ("Le escribí algunas líneas a la iglesia") tiene que ser 2 Juan. Si es así, Diótrefes leyó la denuncia que Juan hacía de los falsos maestros en la correspondencia anterior, no le gustó y ahora se desquita. Pero esto es mera especulación sin demostrar. Probablemente sea mejor considerar esa carta anterior, tal vez enviada a Diótrefes, como una que se perdió o incluso se destruyó. Lo que sabemos a ciencia cierta es lo siguiente: la iglesia de 3 Juan pertenecía a la comunidad joánica, había leído la circular pública de 1 Juan y vivía a cierta distancia de él.

Como 3 Juan es muy personal, menciona varios nombres que hoy para nosotros ya no son más que eso y presuponen un contexto que hemos perdido. De hecho, algunos han considerado que es la carta menos teológica del Nuevo Testamento. Por ejemplo, es el único libro del Nuevo Testamento que no menciona a "Jesús" o "Cristo" (pero ver v. 7). En lugar de esbozar una serie de doctrinas teológicas, 3 Juan constituye una breve nota escrita rápidamente a un heroico cristiano que permanece firme, mientras una comunidad cercana lucha bajo la presión de un antagonista. Más que dar una lista de temas, como en 2 Juan, vamos a esquematizar el contexto de la carta, y así las distintas partes encajarán en su sitio.

Reconstrucción del escenario

Imaginemos una iglesia doméstica situada a cierta distancia del ministerio principal de Juan. Se encuentra atrapada en la lucha teológica

---

1. La segunda carta de Juan tiene 245 palabras (la tercera tiene 219). En comparación, Filemón tiene 355 y Judas 457. Esta carta es lo bastante breve como para caber en una sola hoja de papiro.

descrita en 1 Juan y tratada en 2 Juan. El propio Juan escribió una vez a la iglesia, ¡pero un hombre influyente llamado Diótrefes rechazó su carta (3Jn 9)![2] El apóstol envió entonces emisarios a la iglesia, pero Diótrefes dio un paso más y se negó a reconocer a los ministros itinerantes (v. 10). Incluso rechazaba públicamente a Juan (v. 9), difundiendo rumores sobre de su carácter (v. 10). De hecho, Diótrefes detenía enérgicamente a todo el que mostrara simpatía a los visitantes o intentara hablar con ellos. Amenazaba a quienes se pusiesen del lado de aquellos hombres de Juan con expulsarlos con ellos (*cf.* v. 10).

Los misioneros encontraron, sin embargo, un anfitrión valiente, un hombre llamado Gayo. No podemos decir si pertenecía a la iglesia doméstica de Diótrefes o si vivía a cierta distancia de ella. Tal vez fuera un dirigente de otra iglesia casera cercana. Está claro que conocía a Diótrefes, pero no se sintió amenazado por el poder de este. Tenía por costumbre ofrecer hospitalidad a los cristianos itinerantes y ayudarlos económicamente para sus viajes (vv. 5-6). Así, no solo proporcionó a los emisarios de Juan descanso y refrigerio, sino que también los ayudó a seguir su viaje (v. 6) —o sea, les dio dinero— y ellos regresaron a Juan con su informe acerca de la rebeldía de la iglesia de Diótrefes y la fidelidad de Gayo (v. 3).

¿Qué iba a responder Juan? Desea visitar la iglesia personalmente, pero no en ese momento (v. 14). Juan sabe que tiene que afianzar a los verdaderos creyentes y animar su fidelidad; las personas como Gayo, que seguían caminando en la verdad, son las que denomina "hermanos" (v. 5) y a quienes ama entrañablemente (v. 1). Asimismo, ha de conservar un punto de apoyo en la congregación. Así que Juan planifica una estrategia. En los versículos 5-8 alaba a Gayo por su hospitalidad y le anima a continuar. El lado práctico queda claro: cuando el propio Juan vaya a visitarlos, necesitará aliados en defensa de Cristo y contra Diótrefes. Gayo será uno de ellos.

Es significativo que Juan no pida a Gayo su intervención en la controversia enfrentándose personalmente a Diótrefes. Los cristianos son llamados a diferentes roles y este ya ha hecho suficiente con mantenerse firme por Jesucristo y proveer a Juan y a sus mensajeros una entrada en la comunidad.

Por tanto, Juan escribe su carta en anticipación de su próxima visita. El versículo 12 presenta al portador de la carta, un cristiano llamado Demetrio. Sin duda, asume Juan, la hospitalidad y el apoyo económico

---

2. El nombre Diótrefes no es muy común, pero aparece en la literatura griega de la época.

mostrados a otros cristianos de viaje se ofrecerán también a Demetrio, bien conocido por la comunidad joánica y amigo personal suyo. Además, dice Juan, "¡hasta la verdad habla bien de él" ¿Se refiere a Jesús con esta referencia a la "verdad" (*cf.* Jn 14:6)? ¿O significa que el discipulado de Demetrio está en tal armonía con la verdad que su reputación es notoria? No podemos saberlo con seguridad.

Esta contundente afirmación sobre Demetrio se anticipa seguramente a lo que Diótrefes dirá sobre él. Es portador de la autoridad del mismo Juan y, puesto que Diótrefes rechaza al apóstol, hará lo propio con él también. Esto nos recuerda la advertencia de Jesús en Juan 15:18-19 acerca del rechazo y el aborrecimiento, sobre todo por parte de los que se han ido al mundo (*cf.* 17:16):

> Si el mundo los aborrece, tengan presente que antes que a ustedes, me aborreció a mí. Si fueran del mundo, el mundo los querría como a los suyos. Pero ustedes no son del mundo, sino que yo los he escogido de entre el mundo. Por eso el mundo los aborrece.

El testimonio de Juan debía fortalecer la confianza de Gayo, pero el problema solo se resolvería cuando Juan se enfrentase en persona a Diótrefes.

Reconstrucción de la lucha de Juan con Diótrefes

¿Cuál era la naturaleza del problema con Diótrefes? ¿Por qué estaba tan en contra de Juan? El tiempo del verbo griego en el versículo 9, traducido como "no nos recibe", es presente. Esta construcción significa que Juan no hace referencia a un hecho aislado, sino a una actitud persistente. El verbo en sí puede significar dos cosas, y ambas se ven aquí. (1) Formalmente significa "recibir o dar la bienvenida" a alguien. Diótrefes se estaba negando a ser hospitalario con los misioneros. (2) Pero el verbo también tiene un sentido figurado, con la idea de "aceptar o reconocer" a alguien. Diótrefes no estaba simplemente faltando a su obligación de ser hospitalario, sino que estaba rechazando a Juan como anciano. Era su manera de negarse a reconocer la autoridad de Juan, y su actitud seguiría siendo la misma.

Los expertos han presentado muchas especulaciones con respecto a la naturaleza de la tensión existente en 3 Juan. Esta carta ha servido para elaborar teorías acerca de lo que estaba ocurriendo en el periodo apostólico tardío, cuando el liderazgo estaba pasando a una segunda generación. De entre esas teorías surgen dos orientaciones generales.

(1) Algunos creen que Diótrefes representa una discusión centrada en el gobierno, autoridad y liderazgo (lo que conocemos como sistema de gobierno) de la iglesia. En el periodo posterior a los apóstoles, surgieron ancianos-obispos que gozaban de una autoridad independiente sobre sus congregaciones locales.[3] Tal vez Diótrefes era uno de esos líderes que ambicionaba el control. Puede ser que hubiese albergado una iglesia en su casa durante algún tiempo y ahora quisiera más influencia.[4] No le gustaba la autoridad de Juan y pensó que un cuerpo independiente iría por su propio camino, bajo su propia dirección.

Una variante de este tema sugiere que Diótrefes no estaba tratando de reorganizar las estructuras de gobierno de la iglesia, sino que representa a un líder carismático que gozaba de la libertad prometida en el Espíritu para ser espontáneo y creativo. Quizás había tenido un cargo y ahora desempeñaba otro. Tal vez lo había usurpado. En cualquier caso, la fuerza de su personalidad era la que le había dado el triunfo, embriagándole con sueños de autoridad. Desde su perspectiva, Juan representa un cargo eclesiástico controlador que procuraba limitar sus sueños.

(2) El problema de Diótrefes tenía que ver con la doctrina, no con el sistema de gobierno eclesiástico. Quizás había tomado partido por los separatistas mencionados en 1 y 2 Juan; tal vez fuera un misionero rival que operaba en la iglesia, o un miembro convertido fuera de la ortodoxia joánica. En cualquier caso, era un líder intelectual que había abrazado un movimiento y enseñanza contrarios a la defensa que Juan hacía de Jesús. Para este caso, representa a los oponentes descritos en 2 Juan.

Estas dos perspectivas son difíciles de defender, porque 3 Juan nos da muy poca información acerca de las luchas de ese periodo inicial. Sugerir que hay un amotinamiento contra el gobierno apostólico es abusar de las evidencias; asimismo, resulta demasiado forzado sugerir que hubiera una asociación formal entre los separatistas y Diótrefes, cuando prácticamente no hay discusión teológica en la carta respecto a la correcta fe en Jesús o la obediencia. A Diótrefes no se le llama "anticristo", "engañador" ni "falso profeta", ni se le etiqueta con las críticas que Juan usa con frecuencia (ver 1Jn 2:18; 3:10; 4:1; 2Jn 7). Por otro lado, las similitudes literarias entre 2 y 3 Juan sugieren que estas cartas se dirigen a contextos similares. Además, nótese que 3 Juan

---

3. Hay evidencias en este sentido en Ignacio (ver *Philad.* 7).
4. Ver Brown, *The Epistles of John,* 734, para esta perspectiva.

sigue enfatizando "la verdad", como si la creencia ortodoxa fuera el tema de la contienda. En 1 Juan se insinúa también que la controversia cristológica se ha esparcido. Sin duda, los misioneros rechazados defendieron "el Nombre" (v. 7), y uno se pregunta si no sería esta la causa de su rechazo.

Conviene no hacer grandiosos esquemas para esta carta. Diótrefes no era más que un poderoso líder laico que había conseguido el control y rechazaba la autoridad de Juan. Posiblemente, una forma de minar la influencia de este consistía en sacar provecho de la controversia teológica que estaba circulando en la comunidad joánica. Pero no parece haber suficientes pruebas como para decir que Juan considerase a Diótrefes un oponente decisivo en el cisma.

Cuando traemos esta carta a nuestro siglo, nuestra interpretación tiene que dictarla la misma preocupación que regía 2 Juan. Hasta cierto punto, el contexto de nuestra situación tiene que ir en paralelo con el de la de Juan en el siglo I. La tercera carta de Juan es correspondencia privada; debemos ser, pues, prudentes a la hora de buscar una aplicación de todos sus temas a nuestra iglesia, cuando esa no era la intención de Juan.

Un excelente ejemplo de "construir puente" con esta carta que ha resultado equivocado es el que nos llega de Oral Roberts, predicador carismático fundador de la Universidad Oral Roberts de Tulsa, Oklahoma. La tercera epístola de Juan jugó un papel crucial en su vida espiritual. En medio de su sufrimiento y su agonía personales, Roberts sintió que Dios le había hablado a él personal y poderosamente por medio de las palabras de 3 Juan 2. En ese versículo, Juan parecía estar diciendo que Dios no solo deseaba la prosperidad espiritual, sino también en todos los aspectos. La versión King James, que es la traducción que leyó Roberts, dice así: "Amado, deseo por encima de todas las cosas que puedas prosperar y tener salud, así como prospera tu alma". En el pensamiento de Roberts está claro que Dios desea la abundancia espiritual para nosotros; pero ese versículo también afirmaba que la abundancia era algo que debíamos tener "en todas las cosas", especialmente en cuestiones de salud y prosperidad material. David Harrell, biógrafo de Roberts, relata el hecho con atención:

> Oral había salido apurado de casa una mañana para tomar
> el bus a clase cuando se dio cuenta de que no había leído

la Biblia, como tenía por costumbre. Regresó, agarró la Biblia a la carrera, la abrió "al azar" y leyó 3 Juan 2. Cuenta que había leído el Nuevo Testamento al menos un centenar de veces, pero este versículo parecía totalmente nuevo. Llamó a Evelyn [su esposa] y se lo leyó. "Eso no está en la Biblia", le contradijo ella. "Sí está —replicó Oral—, acabo de leerlo. Evelyn, nos hemos equivocado. No he estado predicando que Dios es bueno. Y, Evelyn, si este versículo está en lo cierto, Dios es un Dios bueno". La idea parecía revolucionaria, liberadora. Se habían criado en un sistema de creencias que insistía en que "tienes que ser pobre para ser cristiano". Tal vez no era así. Hablaron emocionados sobre las implicaciones del versículo. ¿Significaba que podrían tener un auto nuevo, una nueva casa, un ministerio totalmente nuevo? En los últimos años, Evelyn miraba en retrospectiva a aquella mañana y la consideraba el punto de partida: "Creo de veras que esa mañana fue el principio de este ministerio mundial que [Oral] ha tenido, porque abrió su forma de pensar".[5]

El "descubrimiento" llevó a Roberts a seguir un mundialmente famoso ministerio de sanidad, y, en la actualidad, 3 Juan 2 se ha convertido en el versículo favorito de muchos creyentes pentecostales y carismáticos. Los que están comprometidos con el denominado "evangelio de la prosperidad" lo conocen bien y lo usan con frecuencia.

Pero, desgraciadamente, no era esa la intención de Juan. La buena salud y el éxito eran temas que se incluían en las cartas personales en el mundo griego (*cf.* Ro 1.10). Las palabras que encontramos en 3 Juan 2 no se escribieron como promesas bíblicas, sino que eran meras fórmulas literarias que se podían usar para saludar al lector. En la God School of Theology (Escuela de Teología de Dios) de la Iglesia Pentecostal de Cleveland, Tennessee, el erudito de Nuevo Testamento Chris Thomas lo utiliza como ejemplo a estudiar en cada una de sus clases de introducción a la interpretación. Según él, 3 Juan es el ejemplo ideal de una carta antigua, e interpretarla correctamente evita que abusemos de versículos como el 2. Un rápido examen de los primeros versículos de las cartas de Pablo nos muestra cómo el apóstol utilizaba fórmulas habituales para iniciar su correspondencia. Hoy nos saludamos entre

---

5. Se puede encontrar un panorama de la vida de Oral Roberts y de cómo este versículo jugó un papel central en David Harrell, *Oral Roberts: An American Life* (Bloomington, Ind: Indiana Univ. Press, 1985), 65-66.

nosotros con fórmulas verbales como "¿Qué tal? ¿Cómo estás?", pero rara vez lo hacemos esperando que se nos dé un informe detallado de cómo está la persona. Por ello, la respuesta conveniente es "Bien", ¡independientemente de cómo nos podamos sentir! Si alguien considera el antiguo saludo de Juan con la categoría de afirmación teológica se desvía totalmente de su sentido; las serias preocupaciones de Juan acerca de la iglesia y su bienestar aparecen en los versículos posteriores.

El anciano Juan intenta trabajar con una congregación —una iglesia doméstica— guiada por un hombre que ha rechazado su autoridad pastoral. Debido a la distancia, o a algún otro problema que ignoramos, no puede visitar la iglesia todavía y, por tanto, hace lo que puede enviando cartas y representantes. Este problema de liderazgo a distancia puede haber sido común entre los primeros líderes apostólicos. Las iglesias de Pablo, por ejemplo, se establecieron en torno al mundo mediterráneo. Cuando surgieron las controversias, la distancia y los inconvenientes de viajar de la época hicieron que la correspondencia fuera esencial. Él se valió de cartas y emisarios para sus iglesias en Galacia, Colosas y Tesalónica por igual. Tito, Timoteo y Silas eran todos hombres que, sin duda, sirvieron al apóstol en este aspecto. Demetrio es uno de esos emisarios para Juan en el contexto que nos ocupa.

La tercera carta de Juan sugiere que la comunidad joánica estaba compuesta por congregaciones esparcidas (la tradición sugiere que estaban todas en Asia Menor, cerca de Éfeso). Conforme crecían, empezó a haber convertidos que no tenían conocimiento de la historia de la iglesia ni de la importancia de la tradición apostólica. ¡Imaginemos a jóvenes cristianos que creían en Jesús y no sabían demasiado sobre sus seguidores ni sus enseñanzas! Los nombres que se dan en 3 Juan (Gayo, Diótrefes y Demetrio) son griegos; este hecho sugiere que estaban en un contexto cultural bastante apartado de Judea y Galilea. Así, cuando se presenta una fuente tradicional de autoridad —un anciano apostólico— a algunos les resultaba molesta la idea del sometimiento. "¡Nos va bien con nuestra religión! ¡Parece correcta! ¿Por qué habríamos de adaptarnos a un extraño que representa tradiciones y personas que ni siquiera conocemos?".

Por tanto, 3 Juan suscita algunas cuestiones interesantes acerca de la resolución de conflictos y el liderazgo pastoral en la iglesia que tiene un valor inmediato para nosotros hoy. Juan sabe que tiene un problema. Esta carta es una evidencia de su estrategia para resolverlo.

En consecuencia, usaré 3 Juan con éxito cuando pueda adaptar su estrategia para mi situación.

Significado Contemporáneo El conflicto no es algo ajeno a la iglesia. A menudo, individuos de fuerte personalidad como Diótrefes, llegan a ser líderes y maestros de hecho; por lo general se les invita y alienta a esos roles y, muy pronto, tienen muchos seguidores. ¿Pero qué pasa cuando las perspectivas de personas como esta entran en conflicto con los pastores responsables? Tal vez no se trate de desacuerdo sobre opiniones, sino de un conflicto de personalidades, una especie de competición, o incluso una pérdida de respeto entre unos y otros. En algunos casos (los más raros, espero), esos líderes laicos plantean una abrumadora amenaza para la autoridad pastoral. He conocido casos en los que un Diótrefes ha conseguido quitar a un pastor de su sitio, o en el que tal persona ha partido la iglesia en dos, provocando a veces una fractura irreparable dentro del rebaño y llevando, en ocasiones, a los miembros a formar una segunda congregación.

(1) *La primera estrategia de Juan.* Me intriga ver cómo Juan no se desentendió de la situación. Persistió; primero envió una carta (que fue desechada) y luego a emisarios (que fueron rechazados). Su segunda carta es 3 Juan, enviada con otro mensajero, Demetrio. Me parece que Juan está decidido a no dejar pasar la situación de esta iglesia ni a Diótrefes.

La primera estrategia de Juan para resolver este conflicto es, por tanto, no retirarse, sino mantenerse en contacto. Esta debería ser también la nuestra. Con demasiada frecuencia, al tener que enfrentarnos a personas de fuerte ambición y voluntad, nuestro primer impulso es retirarnos. Las perspectiva de perder o ser avergonzado es tan real que parece mejor "esperar y ver" lo que pasa, quedarse al margen o guardarse de los causantes. Otros reunirán apoyos contra alguien como Diótrefes y serán pasivo-agresivos, saboteándole en cada oportunidad y desacreditando su lugar en la iglesia. Los que asumen este método emplean precisamente las herramientas criticadas en 3 Juan 10: "… no dejaré de reprocharle su comportamiento, ya que, con palabras malintencionadas, habla contra nosotros sólo por hablar".

Por supuesto, la relación principal para mantener la relación con los Diótrefes de nuestro mundo es salvar a la iglesia. Muchas veces, confunden el celo por el cuerpo de Cristo con la ambición personal y, conforme crece su poder, la iglesia misma resulta dañada. Pero hay otra razón para no rendirse. Diótrefes necesita ser salvado de sí mismo. *Diótrefes necesita a Juan.* Para el apóstol, mostrar debilidad retirándose es asumir una postura que imposibilita que Diótrefes le respete. Este necesita que Juan sea fuerte y persistente, porque es la única estrategia que puede entrar en su corazón. Asumir este valiente rol es una manera en la que Juan puede amar a Diótrefes.

La primera estrategia parece bastante clara, pero en la iglesia de hoy también puede parecer idealista. Cuando los líderes pastores son desafiados por un Diótrefes agresivo y belicoso, se corre un gran riesgo. En algunos casos está en juego el trabajo del pastor. ¿Qué hacer entonces? Si el equilibrio de poder está en manos de sus oponentes, el pastor puede ser fácilmente amenazado. *Y Diótrefes lo sabe.* Por tanto, tiene que haber apoyo y alivio desde otro lugar, desde fuera de la congregación. Asimismo, ha de existir un respaldo proactivo y alentador de parte de los responsables laicos de dentro de la iglesia. De uno u otro modo, no se puede dejar a los pastores solos para acabar con los Diótrefes del mundo.

(2) *Segunda estrategia de Juan.* Pero hay más. Juan ha encontrado un aliado en Gayo. Este hombre no es llamado a manipular la situación ni a enfrentarse a Diótrefes. Gayo conoce a Diótrefes bien y podría, desde luego, jugar su papel. Pero Juan elige no operar indirectamente. Gayo es simplemente un punto de apoyo objetivo en la situación, alguien que ni vive en el campo de Juan ni en el de Diótrefes. Gayo conoce la situación, pero no está enredado en la crisis y está claro que no ha sido infectado por la peculiar forma de rebeldía de Diótrefes.

Cuando Demetrio (el mensajero de 3 Juan) llegó a quedarse con Gayo, ¿de qué se enteró? ¿Usó Juan esto como una oportunidad para obtener una "lectura" objetiva de la crisis? Y cuando el propio Juan llegó finalmente a la región y Juan y Gayo pudieron hablar "personalmente" (v. 14), ¿qué pidió? No cabe pensar que Juan se aprovechara de Gayo ni de su posición para desacreditar a Diótrefes. Aun cuando el lenguaje de los versículos 9-10 pueda sonarnos fuerte, es suave comparado con el tono de Juan al referirse a los herejes que estaban separando a sus congregaciones (ver 1 y 2 Juan). Ninguna de las estocadas dialécticas de las primeras Cartas de Juan aparece aquí.

Gayo se convierte en un punto de referencia que otorga a Juan una objetividad pastoral en cuanto a esta remota congregación. Sin duda, Gayo podría corregir las ideas equivocadas del apóstol con respecto a la gravedad de la crisis, más o menos como Tito aconsejó a Pablo durante su conflicto con la iglesia de Corinto (2Co 7:5-13). Los pastores heridos —incluido Juan— tienen problemas para ser objetivos. *Juan necesita a Gayo.* Sin él, no puede confiar en que su manera de abordar la situación sea la correcta. Las crisis actuales no son diferentes de las del mundo del primer siglo. La objetividad pastoral que tiene su ancla en el consejo de sabios ancianos es siempre superior.

(3) *Tercera estrategia de Juan.* La llamativa dimensión final de esta carta es la disposición de Juan a hablar personalmente con Diótrefes. Cuando no puede estar ahí, envía una carta. Pero cuando tenga la oportunidad, irá en persona. Este patrón sorprende, porque la situación es claramente peligrosa. Pablo corrió este mismo riesgo cuando fue a Corinto por su visita "de tristeza" (2Co 2:1). Y, como sugieren las evidencias de 2 Corintios, se le pidió, contra su voluntad, que dejara la iglesia.[6] Los que estaban al mando decidieron que Pablo no era bienvenido. Afortunadamente, gracias a los esfuerzos de mediadores como Tito, la iglesia se arrepintió y Pablo regresó. No obstante, estos enfrentamientos implican un alto riesgo.

La tentación de evitar a Diótrefes y callarse tiene que haberle rondado a Juan. Una cosa es escribir una carta, o incluso enviar un mensajero, pero otra muy distinta es ir en persona y enfrentarte a tu oponente. Podemos conseguir racionalizar de muchas maneras la opción de evitar el conflicto. Sé de líderes cristianos que, siendo niños, crecieron con tanto conflicto que para ellos es prácticamente imposible afrontar una situación potencialmente hostil. Conozco a otros que poseen un sentido inherente de impotencia, fruto de la destructiva labor de padres tiránicos, que suele disfrazarse a menudo de mansedumbre y piedad cristianas, pero que no es ninguna de las dos.

Juan tiene confianza en que puede abordar esta situación con éxito, porque está preparado. Ha seguido comunicándose con los de la iglesia; ha aconsejado con sus mensajeros; hablará a fondo con Gayo cuando esté allí; y sabe que Dios está con él y que el deseo divino es que la verdad triunfe y su pueblo ande en su libertad y gozo. Dios quiere que su iglesia —las iglesias de Juan y las nuestras— crezcan en amor y verdad. Si todas las partes —Juan y Diótrefes, los pastores y los líderes laicos por igual— no defienden la verdad ni obran en sincero y valiente amor, el vigor de la iglesia se verá comprometido.

---

6. Acerca de las evidencias de la visita "para tristeza" de Pablo (no registrada en Hechos), ver cualquiera de las introducciones más importantes a las cartas a los Corintios.

Por supuesto, esto plantea innumerables cuestiones actuales. ¿Cómo debe planificar la iglesia ante un enfrentamiento? ¿Qué procesos hay que establecer para asegurarse de que se presta oído a los temas de preocupación de forma imparcial y objetiva? Muchas denominaciones de hoy tienen estructuras judiciales que ayudan a arbitrar en tales enfrentamientos, pero muchas iglesias independientes no. ¿Tendrá entonces el pastor un choque frontal, él solo? ¿Surgirá el caos? Además, las congregaciones tienen que lidiar con otra cuestión más problemática. En 2 Juan 10-11 se sugiere que el apóstol está dispuesto a tomar serias medidas contra personas como Diótrefes. En caso de no arrepentirse, estoy seguro de que habría optado por echarlo de la iglesia. Nótese cómo en 1 Corintios 5 Pablo sugirió esa táctica con respecto a un hombre inmoral de la congregación. ¿Debería la iglesia de hoy tener una resolución y coraje similares? ¿Estamos en teoría listos para rechazar a un Diótrefes impenitente? ¿Y seríamos capaces de hacerlo en la práctica?

Nos agradaría recibir noticias suyas.
Por favor, envíe sus comentarios sobre este libro
a la dirección que aparece a continuación.
Muchas gracias.

Vida@zondervan.com
www.editorialvida.com